Die Kunst des Miteinanders

Rolf Mohr

Die Kunst des Miteinanders

Verführung zu friedfertig konstruktiver Zwischenmenschlichkeit

Rolf Mohr
Mannheim, Deutschland

ISBN 978-3-658-33309-6   ISBN 978-3-658-33310-2 (eBook)
https://doi.org/10.1007/978-3-658-33310-2

Die Deutsche Nationalbibliothek verzeichnet diese Publikation in der Deutschen Nationalbibliografie; detaillierte bibliografische Daten sind im Internet über http://dnb.d-nb.de abrufbar.

© Der/die Herausgeber bzw. der/die Autor(en), exklusiv lizenziert durch Springer Fachmedien Wiesbaden GmbH, ein Teil von Springer Nature 2021
Das Werk einschließlich aller seiner Teile ist urheberrechtlich geschützt. Jede Verwertung, die nicht ausdrücklich vom Urheberrechtsgesetz zugelassen ist, bedarf der vorherigen Zustimmung der Verlage. Das gilt insbesondere für Vervielfältigungen, Bearbeitungen, Übersetzungen, Mikroverfilmungen und die Einspeicherung und Verarbeitung in elektronischen Systemen.
Die Wiedergabe von allgemein beschreibenden Bezeichnungen, Marken, Unternehmensnamen etc. in diesem Werk bedeutet nicht, dass diese frei durch jedermann benutzt werden dürfen. Die Berechtigung zur Benutzung unterliegt, auch ohne gesonderten Hinweis hierzu, den Regeln des Markenrechts. Die Rechte des jeweiligen Zeicheninhabers sind zu beachten.
Der Verlag, die Autoren und die Herausgeber gehen davon aus, dass die Angaben und Informationen in diesem Werk zum Zeitpunkt der Veröffentlichung vollständig und korrekt sind. Weder der Verlag, noch die Autoren oder die Herausgeber übernehmen, ausdrücklich oder implizit, Gewähr für den Inhalt des Werkes, etwaige Fehler oder Äußerungen. Der Verlag bleibt im Hinblick auf geografische Zuordnungen und Gebietsbezeichnungen in veröffentlichten Karten und Institutionsadressen neutral.

Zeichnungen: Lutz Backes

Planung/Lektorat: Rolf-Guenther Hobbeling
Springer ist ein Imprint der eingetragenen Gesellschaft Springer Fachmedien Wiesbaden GmbH und ist ein Teil von Springer Nature.
Die Anschrift der Gesellschaft ist: Abraham-Lincoln-Str. 46, 65189 Wiesbaden, Germany

Inhaltsverzeichnis

1 Zur Einstimmung: Zugang und Umgang – Text eines SWR-Fernseh-Interviews zum Thema ‚Gute Gespräche'   1

Teil I   Zwischenmenschliches

2 Von Scham bis Charme – und eine Übung, die Sie freier macht   11

3 Kleider machen Leute? Bilder machen Beziehungen, und Stile Umgang   25

4 Soziale Kompetenzen aneignen   35

5 Umgehen mit dem Nachbar(sch); so ohrfeigen, dass was zurückbleibt, aber nichts zurückkommt   63

6	Duett statt Duell – klären statt gären	73
7	Vom Trumpelpfad aufs Parkett des Umgangs	91
8	Unbedacht verräterisch geäußert	103

Teil II   Zwischenmanageliches

9	Der Vorgesetzte – Despot oder Dienstleister?	115
10	Die Gruppe – Haifischbecken oder Streichelzoo?	121
11	Der Mitarbeiter – entlohnter Feind oder Goldesel?	127
12	Abwesenheitsvertreter – ist er weg bin ich dran; aber wie?	133
13	Abhelfen bei Minder- und Fehlleistung	153
14	Mein Beritt wird fit – plötzlich Chef, was nun?	169
15	Gutes Leben gestalten	195

Teil III Zwischenmächtiges

16 Aus der Radikalisierung zurück zur
vielseitigen Realität   225

17 Aus der naiven in eine qualitative
Demokratie   239

18 Durch Staatenpatenschaften zum
globalen Miteinander   247

Teil IV Illustrationen

19 Die Kunst des Miteinanders illustriert
von Lutz Backes   255

Über den Autor

Rolf Mohr teilt in diesem Buch seinen außergewöhnlich breiten und tiefen Hintergrund im Feld ‚sozialer Kompetenzen' mit dem Leser – basierend auf seinen Erfahrungen als Führungskraft, als Dozent an Hochschulen und als Trainer für Konzerne, Verbände und Verwaltungen. Psychologie und Sprachwissenschaften als akademischer Hintergrund haben seine Sinne geschärft für Problem-, Dissens- und Konfliktgeschehen und deren mögliche Wendungen ins Gute. Berufliche Einsätze in der seltenen Bandbreite vom ‚Kasernenhof' über Verwaltung und Wissenschaft bis in die Diplomatie haben sein kommunikatives Repertoire erweitert und ihn angeleitet, selbst in diffizilen zwischenmenschlichen Lagen konstruktiv-kooperative Lösungen zu finden.

Über den Autor

Rolf Mohr zum zeichnenden Multitalent Lutz Backes, Bild- und Wortkünstler

Weltbekannter, international preisgekrönter Karikaturist, Kabarettist, Buch- und Theaterautor, Regisseur, Bildhauer und was sonst noch alles ihn als Künstler auszeichnet – immer ist er vorne dabei, in Breite wie in Brillanz! Eine Gnade gab mir Gelegenheit, ihn kennenzulernen, Lutz Backes, dessen Karikaturen unter seinem Künstlernamen ‚Bubec' weltweites Renommee erlangt haben – und zugleich seine Muse. Dass unsere recht junge Bekanntschaft Lutz Backes bewegt, mein Buchprojekt mit seinen Zeichnungen zu unserem gemeinsamen zu machen, und meine schlichten, wenngleich überzeugten Texte mit visuellen Genüssen um Qualitäten zu bereichern, beschämt mich zwar tief, macht mich zugleich aber hoch zufrieden, ein selten erlebter Zustand.

Genießen Sie die karikierende Drastik seiner Fantasie und die zeichnerische Eleganz seiner Linienführung!

1

Zur Einstimmung: Zugang und Umgang – Text eines SWR-Fernseh-Interviews zum Thema ‚Gute Gespräche'

Text eines SWR-Fernsehinterviews zum Thema ‚Gute Gespräche' vom 16.02.2016 in der Sendung „Kaffee oder Tee", (als wir von Trump noch nichts ahnten). Interviewer Martin Seidler.

Anmoderation des SWR-Redakteurs Martin Seidler
Die meisten haben sehr viel Spaß daran, die wenigsten würden es als Hobby bezeichnen: ein gutes Gespräch. Warum das selten „Hobby" genannt wird? Vielleicht weil da immer das Gefühl besteht, irgendwie machtlos zu sein. Es gibt allerdings einige Grundlagen, mit denen Sie selbst sehr wohl für gute Gespräche sorgen können. Und das ist viel wert: Freundschaften können daraus werden; gute Gespräche können Streits beenden, vielleicht sogar Kriege verhindern. Unser Gast: Rolf Mohr aus Mannheim.

Woran kranken Gespräche Ihrer Beobachtung nach am häufigsten?
An fehlender Bereitschaft, sich auf den oder die andere einzustellen. Daraus entwickeln sich häufig unentdeckte Fehlverständnisse. Das Gesagte bildet das Gemeinte nicht immer für den anderen unmissverständlich ab. Thomas meint etwas, sagen wir, etwas Nettes, ein Kompliment, und fasst das in Worte. Sylvia hört die Worte, fasst sie aber als verletzende Ironie auf und reagiert nun entsprechend verärgert und aggressiv, was Thomas als empörend unangemessen bewertet. Er reagiert entsprechend gegenaggressiv, was sie wieder unangemessen findet. Das geht dann ein paar Mal hin und her, dann kommt die Ehre ins Spiel: ‚sowas kann ich mir nicht bieten lassen' usw. Beide erinnern sich an ähnliche Vorerlebnisse und pauschalieren: ‚schon wieder hast Du…, immer… und nie…', Ich nenne das ‚Kriegsgeschichte'. Dann ist schnell die Tür zu, durch die beide zueinander hätten kommen können. Manches Gesagte wird eben anders aufgefasst als es gemeint ist, und wir erkennen das nicht zur rechten Zeit. Gut zu kommunizieren verlangt mehr von mir, als nur zu sagen was zu sagen ist; ich muss dafür sorgen, dass es so aufgenommen wird, wie ich es gemeint habe.

Was ist das Fundament eines guten Gesprächs?
Mit dem Sprachbild ‚Fundament', fürchte ich, machen wir es uns zu einfach. Es gibt ein paar empirische Befunde aus den einschlägigen Wissenschaften, die sowohl die Haltung der Gesprächspartner als auch die gesprächspraktischen Seiten beleuchten: für ein von beiden Seiten als gut empfundenes Gespräch sollten die Partner eine zugewandte, wertschätzende, eine empathische, engagierte und den anderen wenig lenkende Haltung zueinander einnehmen, was sich in vielem praktisch zeigt. Dazu gehört unter anderem aktives Zuhören bzw. Paraphrasieren.

Dabei drücken Sie das, was der andere gesagt hat, mit eigenen Worten aus. Ihr Gesprächspartner erkennt, ob er richtig verstanden wurde. Zum aktiven Zuhören zähle ich auch, sich dem Gesprächspartner körperlich zuzuwenden, ihn als Mensch mit all seinen Facetten zu bejahen, ein ehrliches Interesse zu haben, sich selbst zurückzunehmen, auf Bewertungen zu verzichten, seine bzw. ihre Gefühle zu spiegeln.

Das klingt aufwendig. Grundlage für ein gutes Gespräch ist vermutlich auch ein angemessener Rahmen
Sie sollten sich nicht unter Zeitdruck fühlen. Genügend Zeit zu haben ist allein schon deshalb wichtig, weil u. U. auch mal Schweigen auszuhalten ist. Es kommen neue Ideen, neue Sichtweisen, auch Bewertungen ins Spiel. Und möglichst keinen Druck aufbauen auf der Suche nach einer schnellen Lösung. Viele Menschen überfahren ihre Gesprächspartner mit vorschnellen Lösungsansätzen.

Wie bereiten Sie sich auf ein Gespräch vor, das schwierig werden könnte?
Ich mache mir das einfach, und das geht, weil ich sehr gut mit der Verschiedenartigkeit der Menschen zurechtkomme. Ich richte nur meine Haltung für dieses Gespräch an vier Größen aus: meiner Absicht, meinem Gegenüber und der Lage. Die vierte Größe bin ich selbst – ich will mich ja nicht verbiegen. Alles Weitere folgt quasi organisch und wirkt auch nicht in abschreckender Weise ‚methodisch'.

Und da kommt es auch drauf an, ob Sie mit einem guten Freund plaudern oder mit dem Chef verhandeln müssen?
Hierarchien – auch lediglich empfundene – spielen in Gesprächen eine Rolle, richtig. Wir sind nicht nur durch Sozialisation und Enkulturation auf hierarchische Beziehungen vorbereitet, sondern sogar genetisch. Studien zufolge macht sich das in einer Asymmetrie z. B. der Gesprächsanteile bemerkbar. Der Chef spricht typischerweise dreimal so lang wie der Mitarbeiter. Er unterbricht ihn auch achtmal so häufig, wie dass dies umgekehrt geschieht, mit der Folge, dass der Chef es als achtmal so schwerwiegend erlebt, wenn der Mitarbeiter mal ihn unterbricht, nämlich als Unbotmäßigkeit, so als würde er in seiner übergeordneten Funktion nicht ausreichend geachtet.

Kann ich den Chef dennoch unterbrechen, ohne das Gespräch gleich zu verderben?
Es gibt eine Trickschaltung, um den Chef sanft zu unterbrechen: Sagen Sie seinen Namen. Das ist ein Automatismus – sobald wir unseren Namen hören, horchen wir kurz auf. Sie müssen Ihrem Chef dann aber sofort ‚ein Bonbon an die Backe kleben', um ihn zum weiteren Zuhören zu bringen: „Herr Weber, da sagen Sie was besonders Wichtiges!" Jetzt will er das Lobende auch hören. Und dann steuern Sie von seiner Aussage vorsichtig auf Ihr Anliegen zu.

Manch Gespräch bekommt eine überraschende Würze durch Emotionen. Plötzlich liegt Ärger in der Luft, aus Argumenten werden Vorwürfe. Lässt sich solch ein Gespräch noch retten?
Mir ist vor vielen Jahren klargeworden, dass ich jedes Mal gegen meine eigenen Interessen handle, wenn ich

meinem Gegenüber, an dem mich etwas stört, einen Vorwurf mache oder Kritik äußere. Der oder die andere geht sofort in Opposition, und damit wird der Lösungsweg natürlich länger und die Lösung schwieriger. Also habe Ich mich von meinem Ziel, das ich erreichen will, selbst entfernt. Folglich: um Himmels Willen keine Vorwürfe, keine Kritik. Jetzt taucht die Frage auf: Wie spreche ich das an, was mich so stört, ohne dass es beim Partner wie Kritik ankommt, mit der kontraproduktiven Wirkung? Ganz einfach: als Bitte oder als Wunsch. Eine Bitte kommt als Bitte an, ein Wunsch als Wunsch, und beide primär nicht als Vorwurf. Eine dritte Möglichkeit ist das, was im Trainerjargon ‚Ich-Botschaft' genannt wird: ich teile meinem Gegenüber mit, welche Beeinträchtigung ich erlebe; und je nach Güte unserer Beziehung wird er oder sie künftig mehr oder viel mehr Rücksicht nehmen. Vorwürfe und Kritik werden nun mal als Aggression erlebt, und seien sie noch so berechtigt. Unsere Emotionen sind ja nicht sachlogisch. Wir reagieren ‚aus dem Bauch', eigentlich mit unserer Amygdala, dem ‚Mandelkern' unseres Hirns, dem ‚Angstzentrum'. Und dann reagieren wir auf Aggression mit Gegenaggression, und der oder die andere mit Gegengegenaggression usw. Der Volksmund sagt: ‚Wie man in den Wald hineinruft, so schallt es heraus', hier mit der verheerenden Wirkung einer Eskalation der Aggression. Ist ja nicht in meinem Interesse, mehr Feinde zu haben. Mein Anspruch für jedes Gespräch lautet: Die Welt muss hinterher besser sein als vorher.

Wie schützen Sie sich vor verletzenden Bemerkungen?
Neben Fehlverständnis und widerstreitenden Interessen sind Verletzungen – der Ehre – die dritte Ursache für Konflikte. Ich profitiere nicht vom Konflikt, sondern von Kooperation. Es ist vielleicht fünfzehn Jahre her, dass mir

klargeworden ist, wie frei ich wirklich bin. Nehmen wir an, jemand sagt mir etwas in verletzender Weise – Tonfall o. ä. Um im Bild zu bleiben: er ‚ruft negativ in meinen Wald hinein'. Fast jeder würde dann ebenso negativ ‚herausschallen', und der teure Konflikt wäre perfekt. Ich habe gelernt, meine neue Freiheit zu nutzen und halte zu seinen und unseren Gunsten für möglich, dass diese verletzend wirkende Äußerung einfach nur missraten ist und er mich eigentlich auf eine Gefahr aufmerksam machen wollte, die ich gar nicht gesehen habe, gehe also mit einer Gutheitsvermutung daran und bedanke mich z. B. für diesen hilfreichen Hinweis. Im Bild: jetzt rufe ich positiv in seinen Wald hinein, und die frappierende Erfahrung ist: nun schallt er positiv zurück! Mich überrascht immer wieder, wie gut das funktioniert: man formt die Gegenüber mit solcher Gutheitsunterstellung zu Kooperationspartnern, übrigens eine Erkenntnis, die ich später bei Goethe wiedergefunden habe.

Es gibt dennoch Momente, in denen ein Gespräch klemmt. Wie reagieren Sie dann?
Ich verlasse die Konfliktebene und wechsele auf die Meta-Ebene, spreche also über das Gespräch selbst. Bei einem eskalierten Konflikt in der Partnerschaft kann ich doch erstaunt feststellen und sagen: ‚Ich habe mich gerade dabei ertappt, dass ich dir wissentlich und willentlich wehgetan habe; ich fasse das nicht! Dabei mag ich Dich doch. Ich frag mich, wie ich mich so vergessen kann. Ich bin mit unserem Gespräch absolut unzufrieden. Wie geht's Dir damit?' Zwei Vorteile sind plötzlich da: wir sprechen im Moment nicht mehr über den Konfliktgegenstand, sondern über unsere Zufriedenheit mit dem Gespräch, ein unbelastetes Thema. Zweitens wird sie ähnlich unzufrieden sein, d. h. wir sind plötzlich gleichsinnig; im Streitgegenstand gab's nur Gegensinnigkeit.

Herr Mohr, wie wichtig ist Ihnen Ehrlichkeit in einem Gespräch – wenn Sie etwa ein guter Freund fragt, ob Sie seine selbstgemalten Bilder mögen?
Ich habe mir mit 18 Jahren vorgenommen, nicht mehr zu lügen. Das klappt bis heute. Viele Menschen unterscheiden nicht zwischen ‚ehrlich' und ‚offen'. Ich tu das. Ich werde auf jeden Fall ehrlich sein. Ob und wie weit ich aber auch ‚offen' sein will, überlege ich mir genau. Offenheit würde von mir ja verlangen, dass ich jedem, den ich für einen Blödmann halte, dies auch auf die Nase binde; ich wäre doch mit dem Klammerbeutel gepudert! Meinem Freund würde ich sagen, dass seine Bilder nicht mein Geschmack sind. Das ist ja auch o.k.; die Welt ist bunt und ästhetisches Empfinden vielfältig.

Teil I
Zwischen-menschliches

2

Von Scham bis Charme – und eine Übung, die Sie freier macht

Ist ‚Würde' unser kategorischer Konjunktiv? Kleine Kinder halten sich die Hände vor die Augen, bilden sich ein, wenn sie selbst nichts mehr sähen, wären sie auch nicht mehr zu sehen. Und genau das hätten sie gerade jetzt am liebsten: dass niemand von dem erführe, was ihnen gerade passiert ist. Und uns Erwachsenen wäre in vergleichbarer Situation willkommen, gäbe es unter unseren Füßen eine Klappe, die sich auftäte und durch die wir, ohne Spuren (auch der Erinnerung) zu hinterlassen, die Szene verlassen könnten: Scham! Wegen einer Peinlichkeit, die uns – üblicherweise ja ungewollt – unterlaufen ist, büßen wir augenblicklich unsere situative Souveränität ein und re-/agieren inkompetent.

Manche meiden nach solch öffentlicher Schmach Orte oder Gesellschaften und einzelne Menschen, die ihnen bis zu diesem Ereignis sehr wichtig waren: eine gravierende Einbuße an Lebensqualität. Diese ab jetzt gemiedenen Menschen oder Gesellschaften haben vielleicht die auslösende peinliche Situation mitbekommen, können aber in der Regel kaum nachvollziehen, dass diese Begebenheit Anlass sein soll für den Totalrückzug des schamhaften Menschen. Sie schließen daraus dann eher, dass diesem Menschen wohl so sehr an ihrer Gesellschaft nicht gelegen war. Nun sind in der vordem intakten Beziehung Nachteile auf beiden Seiten entstanden.

Andererseits haben wir wohl alle schon mit Menschen zu tun gehabt, denen nichts peinlich zu sein schien, die wegen einer Geringfügigkeit öffentlich eine ‚Riesenszene' veranstaltet haben. Und wir, unmittelbar daneben, haben uns ‚fremdgeschämt' wegen der Schamlosigkeit dieser Person, umso intensiver, wenn wir nicht nur in der Nähe, sondern offenkundige Begleitperson dieses sozial Auffälligen waren. Wir werden uns nach solchem Erlebnis in Zukunft weniger freiwillig dem Risiko einer solchen Mit-Bloßstellung aussetzen. Wir werden also die Begleitung dieses Menschen in irgendeine Öffentlichkeit tunlichst vermeiden.

Was angemessen ist in solchen Situationen der Anfechtung, lässt sich in der gegebenen peinlichen Situation von den Betroffenen selbst kaum ermessen: von dem Schamhaften mit dem puterroten Kopf nicht, ebenso wenig vom Schamlosen, der gern noch ‚eins drauflegen' würde, und auch nicht von dessen sich ‚fremdschämender' Begleitperson. Alle drei Beispielmenschen und all die unzähligen Individuen, die sich wegen eines unvorhergesehenen Missgeschicks plötzlich im Focus öffentlicher, missachtender Aufmerksamkeit fühlen, können das in dieser Situation einfach nicht adäquat bewerten. Das Erlebnis überstrapaziert ihr persönliches Repertoire an situativ und sozial erprobten Verhaltensweisen.

Uns muss klar sein, dass dieser gesuchte Maßstab der sozial-situativen Angemessenheit des Verhaltens außer von dem in den drei Beispielen angedeuteten individuellen

2 Von Scham bis Charme – und eine Übung ...

Parameter von (mindestens) zwei weiteren bestimmt wird: dem kulturhistorischen und dem ethnokulturellen.

Als Mitschüler habe ich (kulturhistorisch) noch erlebt, dass Störenfriede sich ‚in die Ecke stellen' mussten für den Rest der Unterrichtsstunde, auch, dass Lehrer missliebiges Verhalten (keine Hausarbeiten gemacht oder nur mit erkennbarer Nachlässigkeit, aber auch Schwätzen mit Nachbarn usw.) mit dem Stock auf die zur Bestrafung artig darzubietenden Hände ahndeten. Das wäre heute – vom System her – gewiss eine seltene Übertretung dessen, was Schülern an Beschämung zugedacht werden darf. Und selbst die geschilderten Maßnahmen waren mild im Vergleich zum zuvor praktizierten ‚Karzer', einem lehranstaltseigenen Gefängnis, oder gar dem öffentlichen ‚Pranger' noch früherer Zeiten.

Seit dem Karzer und seit dem ‚in-die-Ecke-Stellen' hat sich viel verändert in unserer kulturellen Auffassung, wieviel Demütigung unsere Gesellschaft einem ihrer Mitglieder zumuten darf, welches sie (im Mehrheitskonsens) nachsozialisieren will. Würde heute der Lehrer einer fünften Klasse tatsächlich einen seiner Schüler auffordern, sich für den Rest der Stunde in die Ecke zu stellen, fürchte ich, würde er nicht nur später schwierige Gespräche mit der Schulleitung und der Elternvertretung gewärtigen müssen, ich vermute, er hätte sich bereits jetzt vor seiner Klasse lächerlich gemacht, Anlass für ihn, sich zu schämen: das mimisch ablesbar missbilligende Erstaunen der anwesenden anderen Schüler müsste ihn beschämen.

Die Maßstäbe verändern sich, aber das Mittel, mit dem auf den Verhaltens-Außenseiter zunächst sozialisierend eingewirkt wird, ist dasselbe, überall auf der Welt: seine Scham. Der einzelne erstrebt gesellschaftliche Achtung, die Gesellschaft droht bei Übertritten mit Ächtung. Immer geht es dabei um das Konzept der ‚Angemessenheit': welches Verhalten empfindet der einzelne Handelnde als angemessen in der Situation? Und wieviel Scham sollte dem Übertreter angemessenerweise als Quasi-Strafe durch seine Umgebung zugemutet werden?

Diesem – sowohl individuell als auch zeitgeschichtlich determinierten – Konzept der Angemessenheit steht als dritte Dimension die oben bereits erwähnte ethnokulturelle zur Seite. Da jede Kulturgemeinschaft auf dem Globus, jede Organisation, sogar jede Familie eigene Ansprüche an das gemäße Wohlverhalten ihrer Mitglieder stellt, bildet sie und verfügt sie hernach über eigene Konventionen, was an schambegleiteter Bloßstellung ihr Mitglied im Übertretungsfall zu erwarten und zu erdulden hätte.

Aus der Differenz dieser Konventionen von Wohlverhalten und Scham von Zugezogenen in die aufnehmenden Gesellschaften resultieren viele der beiderseitigen Schwierigkeiten bei Integrationsprozessen und die auf beiden Seiten entstehenden Frustrationen. Die weltweite Skala der Fremd- und Selbstbestrafung aus Scham reicht vom ‚erstaunten Blick' des Gegenübers bis zum ‚Harakiri'.

Auf diese informellen Zurechtweisungen des Übertreters mit seiner eigenen innewohnenden Scham, also seiner Selbstbestrafung durch den gemutmaßten Ansehensverlust in der umgebenden Öffentlichkeit, folgen dann auf der Eskalationsleiter die faktisch unabweisbaren Zurechtweisungen durch die organisierte Sozietät, zumeist in formell dekretierter Form. Das sind gesellschaftliche Katalog- oder Gerichtssanktionen in Gestalt von Bußgeldern bei Ordnungswidrigkeiten und gerichtlich zu verhängenden Strafen bei Vergehen und Verbrechen.

Wessen persönliches Repertoire an Skrupeln und antizipierter Scham vor einer sozial wahrnehmbaren Inter-/Aktion situativ nicht ausreicht, ihn vor der Übertretung zurückschrecken zu lassen, der muss, so will es die gesellschaftliche Konvention, ‚in seine Schranken

2 Von Scham bis Charme – und eine Übung ...

gewiesen werden'. Wessen eigene Schranken ihn nicht vor Übertretungen bewahren, den beschränken (hoffentlich) anschließend die konsensuellen Sanktionen dieser seiner Gesellschaft, mit perspektivisch erzieherischer Wirkung.

Nach solch einordnender Grundsatzbetrachtung sollten wir unseren Blick zurücklenken und fokussieren auf die relevanten drei Seiten konkreter Situationen peinlichen Charakters – durchlitten von Individuen in unserer Zeit und Kultur. Zu betrachten und miteinander in Beziehung zu setzen sind dabei die drei Ereignisse:

- die jeweilige auslösende, als ‚peinlich' zu erlebende Begebenheit
- die spontane Schamreaktion des (Haupt-) Betroffenen und
- die Reaktion in der umgebenden Öffentlichkeit.

Mir liegt daran, eine vierte Größe in unsere Betrachtung einzubeziehen, deren Relevanz ich herleiten muss. Hintergrund ist, dass ich hunderte von Seminaren veranstaltet habe, mit entsprechend tausenden von Teilnehmern, die sich, jeweils mehrtägig, mit der Thematik ‚Gewinnend auftreten, sich passend verhalten und durchsetzen' beschäftigen wollten. Dazu hatten diese Teilnehmer sich mir als ihrem Dozenten anvertraut.

Redlicherweise hatte ich jedes Mal zu Beginn der Veranstaltung in der Skizze des gedachten Ablaufs auch auf eine Übung am vorletzten und letzten Seminartag hingewiesen, in der es um den Umgang mit Peinlichkeit und adäquaten Umgang mit Scham gehen solle. Im ‚Psycho-Anglizismus' heißen derlei Übungen auch ‚Shame-attacking-exercises', frei übersetzt: ‚schamreduzierende Übungen'.

Im aufbauenden Vorlauf zu solcher Übung sind die Teilnehmer/innen mit selbstbewusstseinsfördernden, das

Repertoire der Muster im Umgang mit zwischenmenschlichen Problemen erweiternden Rollenspielen im Seminar vorbereitet worden. Dann habe ich die Teilnehmer mit der Aufgabenstellung in die Großstadtöffentlichkeit geschickt, dort etwas zu tun, das sie im Normalfall in der Öffentlichkeit nicht tun würden, was also die Überwindung einer sozialisationsbedingten inneren Scheu verlangt. Das konnte z. B. etwas sein, das sie selbst als peinlich oder anderweitig von eigener Scham begleitet erleben würden. Das Niveau der gezielten Überwindung ihrer persönlichen Schamgrenze war völlig in ihr Ermessen gestellt.

Dieses Vorhaben sollten sie zuvor mit einem Seminarkollegen besprechen, der sie dann bei dem Geschehen als ‚wissender Beobachter' begleitet. Am darauffolgenden Morgen würden wir im Plenum des Seminars über ihre eigenen Eindrücke des Geschehnisses sprechen und über die Beobachtungen Ihres Partners.

Hier kommt die oben angekündigte vierte Größe ins Spiel, nämlich die, neben dem schamauslösenden Ereignis und der Schamreaktion selbst sowie der erkennbaren Reaktion der Öffentlichkeit wichtige Betrachtung und Bewertung der Szene durch den in das inszenierte Peinlichkeitsvorkommnis zuvor eingeweihten Vertrauten, der sowohl den Vorgang selbst als auch das sich schämende Individuum und ebenso die umgebende Öffentlichkeit kundig, aber vergleichsweise neutral wahrnimmt.

Regelmäßig hat sich in der rückschauenden Besprechung der schamreduzierenden Übungen ergeben, dass die Wahrnehmungen des Übenden, der seine peinliche Aktion schilderte, wie auch das, was währenddessen in ihm selbst vorging, aber auch, und vor allem, was er an Reaktionen der umgebenden Öffentlichkeit registriert hatte, völlig anders waren als die seines begleitenden ‚eingeweihten Vertrauten' mit seinem neutralen Blick auf dieselbe Szene – meist ein Unterschied wie Tag und Nacht.

2 Von Scham bis Charme – und eine Übung ...

Es lässt sich leicht nachvollziehen, dass mein Bewusstsein, im Moment öffentlich so zu sein, wie man auf keinen Fall sein sollte, meine Wahrnehmung der Signale aus meiner Umgebung selektiv beeinflusst und maßgeblich verzerrt: ich werde viele übliche Geschehnisse als kritische, auf meine peinliche Erscheinung gemünzte Reaktion werten; nicht so mein neutraler Begleiter.

Ich habe diese (Rote-Ohren-) Übung lieben gelernt (wie meinen ganzen Auftrag, durch interaktive Seminargestaltung Leute zu zwischenmenschlich sehr bereichernder Austauschbeziehung anzustiften als Fitmacher für zwischenmenschliche Situationen), und nicht nur ich. So wurde ich, mehrere Jahre nach einem solchen Seminar an der Uni Mannheim, von einem der (vormaligen) Studenten zu einem Treffen der Ex-Teilnehmer eingeladen, die sich, wie ich dann erfuhr, jährlich trafen, um ihre schamreduzierenden Erfahrungen auszutauschen und ad hoc eine neue Übung folgen zu lassen.

Das verstehe ich sofort; denn solche Übungen helfen, sich zu befreien von einem Joch der vielleicht allzu restriktiven, vielleicht vorgestrigen, vielleicht fremder kultureller Norm folgenden Erziehungsauflagen und von den – häufig im Anschluss – als einengend erlebten (nur unterstellten) Ablehnungen eigenen Verhaltens durch eine (vermeintliche) öffentliche Meinung. Diese Übung fördert sozialen Mut, günstigerweise, nachdem die soziale Angemessenheit als Konzept im Repertoire konkret platziert und verankert wurde. Sie schafft persönliche Befreiung von zu engen Grenzziehungen aus der individuellen Sozialisationsgeschichte (,das tut man nicht', ,nimm Dich nicht so wichtig' und viele andere), die im Kleinkindalter von den maßlos überlegenen, vermeintlich weltgewandten Erwachsenen des familiären Umfelds geäußert wurden als Hinweise auf das noch nicht vertraute Maßstabssystem der Gesellschaft in ihrem soziokulturellen Zustand.

Bisweilen ist solcher Mut bedeutsam, indem er dauerhafte Unterwerfung abzuwenden hilft unter inakzeptable persönlichkeits- oder statusmindernde Bedingungen. Noch wichtiger ist wohl der allgemeine persönlichkeits- und souveränitätsstärkende Freiheitsgewinn des Einzelnen durch die (verallgemeinerungsfähige) individuelle Erfahrung aus solcher Übung, dass die persönliche Schamgefühle auslösende Situation von der Umgebung – wenn überhaupt registriert – um Größenordnungen milder bewertet wird.

Vielleicht werden obige kommentierende Bemerkungen nachvollziehbarer durch Beispiele. Aus den mehreren tausend praktizierter, geschilderter und ausgewerteter Peinlichkeitserlebnisse, auf die ich durch die Seminargestaltung zurückblicken darf, eine Auswahl zu treffen, fällt mir schwer. Es waren außergewöhnlich beeindruckende Beispiele darunter in Hinblick auf den erforderlichen Wagemut des Übenden, ebenso frappierende Exempel, was die Reaktion der Öffentlichkeit betrifft, und auch einfach goldige Ideen für die verlangte Selbstüberwindung. Sie zu schildern und zu kommentieren wäre ein Buch wert.

Die erste von zwei zur Bebilderung auszuführenden Begebenheiten hat ein höherer Beamter aus einem Bundesministerium wesentlich gestaltet, der auf dem nobleren Teil der Mannheimer Innenstadt-Verkaufsmeile, den ‚Planken', ein Café aufsuchte, um – ohne Konsumabsicht – lediglich den Toilettenbereich aufzusuchen. Allein dies würde für viele ein hohes Maß an Überwindung bedeuten. Drinnen hat er am Wasserhahn seinen gepflegten grauen Cashmere-Anzug mit einem auffälligen Wasserflecken dekoriert an einem Bereich der Hose, wo jeder Betrachter den großen Flecken nicht auf Wasser zurückführen sondern einem männlichen Missgeschick zuschreiben würde. Zurück in der Fußgängerzone ging er nun die belebten Planken einmal auf und wieder ab, in seitlich versetztem Abstand begleitet von seinem ‚eingeweihten Partner' aus der Seminargruppe. Bei der ‚Blütenlese' am nächsten Morgen im Seminar leitete er seine Schilderung mit den Worten ein: *„Ich kann mich in Mannheim nicht mehr sehen lassen"*. Auf die Frage nach dem Warum sagte er, dass alle, die zu dieser Zeit auf den Planken gewesen seien, Zeugen dieser seiner Schmach geworden seien.

Daraufhin beschrieb der Begleiter, was er wahrgenommen hatte, nämlich nicht hundert Prozent der Plankenbesucher, sondern wohl unter zehn Prozent und diese von nur den Entgegenkommenden hätten von dem Ereignis Notiz genommen. Und er habe mehrere von den paar Prozent angesprochen, die seinem Eindruck nach den auffällig großen ‚Urinfleck' bemerkt hatten, ob sie das auch gesehen hätten. Dabei habe es zwei typische, wiederholte Reaktionen gegeben: *„Nee."* und: *„Ist mir auch schon mal passiert"*.

Ergebnis ist also (und in tausenden anderer Beispiele desgleichen, folglich wohl generalisierbar): wir überbewerten den real entstandenen Image-Schaden um mehrere Größenordnungen, büßen unsere situative Souveränität also völlig ohne realen Anlass ein.

Wir können derlei Zusammenhänge theoretisch nachvollziehen und den regelhaften Unterschied zwischen unserer schambesetzt verzerrten, selektiven Wahrnehmung in unserer Peinlichkeitslage und der befangenheitsfrei neutral wahrgenommenen tatsächlichen öffentlichen Situation gewiss selbst rational herbeidenken. Allerdings macht uns diese eher nachvollziehend-theoretische Gedankenarbeit noch nicht wesentlich freier in unserem künftigen Verhalten. Der rein intellektuelle Blick beschert uns noch nicht die freiheitgewährende künftige Vielfalt der Optionen. Wir wären in einer künftigen ‚peinlichen'

Lage immer noch unnötiger- und unangemessenerweise inkompetent. Es bedarf der Überzeugungskraft unserer wiederholten experimentellen, also praktischen Erfahrung. Erst die hat tatsächlich die Überzeugungskraft und befreit uns von kontraproduktiven Einschränkungen unserer Gestaltungskraft im Sinne unserer situativen Interessen.

Wenn Sie mittels solcher ‚Rote-Ohren-Übungen' zusätzliche Freiheitsgrade erwerben wollen, ein perspektivisch wie anekdotisch lohnendes Vorhaben, hätte ich zwei ergänzende Empfehlungen:

1. Gehen Sie (samt Verabredungspartner) umsichtig auf Ihrer Tabu-Skala nach oben, von ‚*Naja*' nach ‚*Na? ob auch das noch hingenommen wird?*'. (Sollte ‚oben' mal was aus dem Ruder zu laufen drohen, können Sie ausweichen mit einer Bemerkung wie: ‚*Ist nur ne Übung, die mir mein Therapeut aufgegeben hat*')
2. Überschreiten Sie auf dem Weg nach oben nicht die Grenze zu Ordnungswidrigkeiten oder gar Straftaten. Es geht um Ihre Verhaltensspielräume als geachtetes Mitglied der Gesellschaft. Wenn Sie Ihre erweiterten Freiheitsräume souverän zu nutzen gelernt haben, verhalten Sie sich nach Ihren persönlich-situativen Zweckmäßigkeiten.

Beim zweiten Beispiel war es weniger der Begleiter, der dem Akteur einen Schuss Realismus in seine überwindungsverzerrte Sicht der Situation beisteuern musste; das taten hier seine menschlichen Gegenüber selbst.

Dieser Seminarteilnehmer war in seiner beruflichen Funktion zuhause Chef von etwa sechshundert Mitarbeitern. Er hatte sich etwas vorgenommen, das wohl die meisten weniger als Peinlichkeit ansehen würden, und auch er selbst stellte es als eine für ihn sehr große ‚Überwindung einer sozialen Scheu' dar.

2 Von Scham bis Charme – und eine Übung …

In der abendlichen Mannheimer Innenstadt hatte er einem Afghanen, der mit vielen roten Rosen von Lokal zu Lokal unterwegs war, um die Blumen Lokalgästen zum Verkauf anzubieten, die vermutlich Verehrer ihrer Tischgenossin waren, sieben dieser langstieligen Rosen abgekauft. Seinem Begleiter übergab er die übrigen, um nun mit jeweils einer Rose auf eine wildfremde Dame in der Stadt zuzugehen und ihr diese mit einem Begleitsatz zu übergeben. Erwartet hatte er, wie er in seiner Schilderung ausführte, dass diese seine Zudringlichkeit entsprechend harsch, vielleicht sogar mit einer Ohrfeige, quittieren würde – daher seine Überwindungsfurcht. Siebenmal hat er sich in dieser Weise überwunden und dabei feststellen müssen, dass statt der befürchteten Ohrfeigen oder rüden Zurückweisungen eher gegenteilige Reaktionen folgten, beispielsweise der Art: *„Seit zehn Jahren hat mir niemand mehr eine Rose verehrt, und jetzt macht das sogar einer, den ich noch gar nicht kenne"*. Auch in allen anderen Reaktionen war positive Überraschung und Dankbarkeit der Damen zu spüren, zu seiner völligen Verblüffung.

Das hätte ich ihm vorher sagen können, der ich meine sozialen Schranken ganz woanders eingerichtet habe. Für ihn war diese Erfahrung hoffentlich ein Schlüsselerlebnis von wegweisendem Wert. Wir sind eben alle in vielerlei Hinsicht verschieden. Ich hoffe zudem, dass seine Ehe durch seinen neuen Erfahrungshorizont nicht gelitten hat.

Dieses Beispiel ermuntert zu einer ergänzenden Anregung, jenseits zwar der Peinlichkeit, aber im Sinne der Überwindung von sozialer Scheu. Zumeist spüren wir solche Scheu in uns, wenn wir vor der Entscheidung stehen, einem Gegenüber etwas ihm vermutlich Unangenehmes zuzumuten. Aber es gibt noch eine andere soziale Scheu, deren Überwindung uns zunächst schwerfällt, bevor wir damit reiche Ernte einfahren.

Wenn wir akzeptieren, dass ein übergeordnetes unserer Lebensziele lauten kann: ‚Die Welt soll durch mein Da- und Sosein ein wenig besser werden', dann bieten unsere Alltagssituationen ein vielfältiges Betätigungsfeld zur profitablen Steigerung unseres sozialen Muts und gleichzeitig zur Verbesserung der Welt im Kleinen. Seit vielen Jahren gewöhne ich mir erfolgreich Hemmungen ab, hab sie mir größtenteils bereits abgewöhnt, einen – gegebenenfalls auch fremden – Mitmenschen, quasi spontan, für diesen überraschend, auf etwas anzusprechen, das mir an ihm bzw. ihr gefällt. Warum sollte ich sowas auch für mich behalten? Auch zu dieserlei Minimalüberwindungen anerzogener Scheu zu Fremdkontakten kann ich Sie auf der inzwischen breiten Basis meiner Positiverfahrungen nur ermuntern.

‚Mein Gott, sind Sie hübsch', ‚Wie liebevoll Sie mit Ihrem Kind umgehen!', ‚Das war sehr rücksichtsvoll von Ihnen, dass Sie der Person den Vortritt gelassen haben', ‚Sie haben einen feinen Geschmack, was Garderobe betrifft', ‚Donnerwetter, es ringt mir Respekt ab, dass Sie diese Unkorrektheit nicht auf sich beruhen lassen' und unzählige andere Anlässe, einen anderen Anerkennung erfahren zu lassen für etwas, das ihn (auch in meinem Sinne) in dem bestärkt, was er und ich für gut halten, diese kleinen Interventionen des Alltags haben eine vielfach positive Binnen- und Außenwirkung.

Drinnen tut zunächst gut, Anerkennung gegeben zu haben, Geben macht Freude, zudem für etwas Förderungswürdiges, und dies sogar in einer wegen ihrer Außergewöhnlichkeit auch woanders mitzuteilenden Multiplikatoren-Variante: *‚Da hat mich doch heute ein Fremder auf meine geschmackvolle Kleidung angesprochen...'* wäre eine wahrscheinliche Bemerkung am Abendbrottisch.

Draußen, beim Angesprochenen, verfestigt und verstärkt sich das von mir gelobte und für vermutlich auch seine Umwelt Positive (weil gelobt). Wenn es am Abendbrottisch anekdotisch erwähnt wird, entwickelt es einen Anreiz für andere, setzt Maßstäbe (weil durch mein Überschreiten der allgemeinen ‚Scheu-Schwelle' als offenbar außergewöhnlich hervorgehoben). Außerdem führt solch positive Ansprache beim Angesprochenen häufig zu positiver Erwiderung in meine Richtung.

In der Summe also: ich habe mit einer Einzelaktion (die mich derzeit kaum noch Überwindung kostet) vielfach positive Einflüsse auf meine Innen- und Außenwelt genommen. Das (inzwischen nur noch bisschen) Überwinden war meine Saat. Die Ernte ist:

1. Gegenüber freut sich

   - über Anerkennung,
   - verstärkt, weil unerwartet,
   - persönlich würdigend (Handlung, Eigenart, Geschmacksrichtung, Haltung, etc.),
   - von Fremdem,
   - unter Überwindung seiner Scheu, also unter ‚Opfer',
   - was erkennen lässt, wie weit dieses ‚Positive' aus dem Gewöhnlichen herausragt.

2. Ich freue mich

   - an seiner Freude,
   - dass ich deren Auslöser bin – als Gebender,
   - dass dieses von mir positiv Gewürdigte beim Gegenüber höheren Wert erhält,
   - dass auch sein Umfeld seine Wertung tendenziell aufwertet,
   - dass auch dessen Handlungen, gezeigte Eigenarten, …etc. in die gelobte Richtung beeinflusst werden,
   - dass eine erinnernswert angenehme Begegnung unser beider Tag bereichert.

3. Allgemein habe ich die Welt positiv beeinflusst,

- indem ich meinen Werten mehrfach größere Bedeutsamkeit verliehen, also meine Umwelt zentral in meine Richtung bewegt habe,
- indem ich folglich die Wahrscheinlichkeit erhöhe, künftig mehr von dem zu entdecken, was mich freut,
- indem ich meinen Einfluss auf meine menschliche Umgebung faktisch ausgeübt und damit experimenteller Kontrolle unterworfen habe.

Was will ich mehr? Bessere Bilanzen schreibt man als einzelner kaum jemals mit derart geringem Aufwand.

Hier sei folgendes als summarische Anregung formuliert: Menschlicher Charme (den ich gern dauerhaft besäße) macht vieles, wenn nicht gar alles Zwischenmenschliche leicht, lebenswert und freudig, und ist mit ein wenig Fantasie doch so einfach. Charme ist doch nichts anderes als die gezeigte Fähigkeit, Lebenssituationen mit unaufdringlichen, möglichst originellen, positiven Überraschungen zu begleiten.

Jedoch allein so überaus hilfreiche Fragen wie die Folgenden werden kaum jemals gedacht, weit seltener kommt es zu Antworten, noch seltener werden solche gar umgesetzt:

1. ‚Was würde mir im Moment besonders gut gefallen, wäre ich jetzt mein Gegenüber?' oder:
2. ‚Mit welcher Bemerkung oder Tat könnte ich meinem Gegenüber jetzt eine überraschende Freude machen?'

Es lohnt sich, diese Fragen zu ständigen Begleitern zu machen und immer mal wieder im Sinne einer Antwort zu handeln: Es macht uns schätzenswerter und lädt unsere Mitmenschen zu positiven Erwiderungen ein.

3

Kleider machen Leute? Bilder machen Beziehungen, und Stile Umgang

Bevor wir uns einen konkreten Begriff davon machen, was zu einem funktionstüchtigen, handhabbaren Repertoire sozialer Kompetenzen gehört und wie wir unsere einzelnen, für die diversen Situationen hilfreichen Fähigkeiten erwerben bzw. ausbauen können, ist ratsam, zu erkennen, wie unsere *soziale Wahrnehmung* funktioniert; denn von ausschlaggebender Bedeutung in Begegnungen ist, wie die Partner sich und einander auffassen. Davon hängt ab, wie sie sich einbringen, einander akzeptieren oder ablehnen, und auch die Fähigkeit, die andere Seite zu beeinflussen. Die folgenden Bilder sollen diese Wahrnehmung strukturieren, im Bewusstsein verankern und erläutern (ich bin ‚A', mein Gegenüber ist ‚B').

Mein *Selbstbild* – Wie sehe ich mich selbst? Ich bin nicht blind für meine eigenen Defizite und Schwächen, habe Erfahrungen mit mir selbst in einer großen Bandbreite unterschiedlicher Situationen, kenne mich, meine Neigungen und Verhaltenstendenzen daher recht differenziert. Insgesamt ist das Selbstbild der meisten wohl ein wenig geschönt, wenigstens, wenn sie sich akzeptiert und zu kontrollieren gelernt haben.

Mein *Fremdbild* – existiert in B's Kopf, also in dem meines Gegenübers. Wie sieht mich der oder die andere tatsächlich? Mein Fremdbild zu kennen wäre für mich äußerst interessant. Nur habe ich kaum eine Chance, es unverfälscht zu erfahren. Was immer ich versuche, um es mit Beobachtungen, Vergleichen und Vermutungen zu erschließen, führt allerdings nicht zum wirklichen Fremdbild, sondern bleibt meine Interpretation, eine Hypothese mit schwer zu kalkulierender Irrtumswahrscheinlichkeit.

Auf der Suche nach meinem Fremdbild gewinne ich folglich nur mein *vermutetes Fremdbild*, oder *hypothetisches Fremdbild*, weil das für mich besonders interessante Fremdbild hinter der Stirn des/r anderen verborgen bleibt. Ich interpretiere das mir zugängliche Verhalten des anderen, z. B., wie dieser mit mir im Vergleich zu anderen umgeht. Aus solchen Elementen setzt sich mein vermutetes Fremdbild zusammen. Es ist eine schlussfolgernde Hypothese über mein Bild bei anderen – in meinem Kopf.

Mein *Wunschbild* ist mein bisweilen von Situation und Umgebung unterschiedliches Konzept, wie andere mich möglichst sehen sollten. Gerne hätten wir, unsere Mitmenschen würden uns achten. Welche schätzenswerten Wesenszüge, Eigenschaften und Fähigkeiten – und in welcher Situation in welchem Maße – wir besonders gern zugeschrieben bekommen würden, daraus besteht unser persönliches Wunschbild. Es macht uns verführbar, manipulierbar im selben Maß, in dem uns daran gelegen ist, unseren Inbegriff des persönlichen Seinsollens vor anderen zu verkörpern. Bewusst und unbewusst verhalten wir uns in einer Art, die uns Hoffnung macht, dass andere uns in der gewünschten Weise auffassen.

Bis hierhin waren dies meine vier ‚Grundbilder'. Partner B hat auch ein *Selbstbild* und auch Interesse, sein – in mir verstecktes – *Fremdbild* zu erfahren, stellt seinerseits Beobachtungen, Vergleiche und Interpretationen an, um sein *vermutetes Fremdbild* möglichst dem wahren aber verborgenen Fremdbild anzunähern, und verhält sich so, dass andere und ich ihn möglichst seinem *Wunschbild* entsprechend auffassen und erleben.

Aus seinem Verhalten das Wunschbild unseres Partners möglichst differenziert abzuleiten, gibt uns viele Gestaltungsoptionen:

1. Aus seinen typischen Verhaltensweisen in verschiedenen Situationen lassen sich Neigungen ableiten, die Rückschlüsse zulassen auf seine Wirkungshoffnungen, sein Wunschbild. Wenn wir mit diesen Rückschlüssen einigermaßen richtigliegen, können wir steuernden Einfluss gewinnen.
2. Erkennen wir zudem, wie sehr ihm an dem Erreichen solcher Wirkungen gelegen ist, können wir unsere Einflussnahme feiner dosieren.
3. Wenn wir Art und Stärke seines speziell auf uns selbst bezogenen Wirkungsbegehrens einschätzen, können wir mit unseren Aktionen und Reaktionen umso genauer steuern.

Selbstbild, Fremdbild, vermutetes Fremdbild und Wunschbild sind die Archetypen der zwischenpersönlich bedeutsamen Bilder. Interessant und wirksam sind auch Ableitungen erster und sogar der folgenden Ordnungen. Z. B. in Partnerschaftsangelegenheiten wird durchaus bedeutsam sein, was unser Partner (B) vermutet, welches Bild wir von ihm/ihr haben, also Interesse an seinem Fremdbild bei uns, das vielleicht sein vermutetes Fremdbild korrigieren hülfe. Auch wird bisweilen beziehungsrelevant, was wir glauben, das unser Partner uns als das von uns ihm zugeschriebene Wunschbild unterstellt.

Unsere soziale bzw. Beziehungslogik vermag unsere intellektuelle Logik auf eine harte Probe zu stellen. Ich behaupte jedoch, dass für mich durchaus interessant wäre, zu erfahren, was meine Partnerin glaubt, was ich vermute, welches ihre Einschätzung meines ihr unterstellten vermuteten Fremdbildes ist.

Mich hat der Reiz des geistesakrobatischen Nachvollzugs unserer diffizilen Beziehungslogik zu einem riskanten Experiment mit meiner Ehefrau verleitet. Ich habe zwei gleiche Listen mit einer Kolumne von je 35 Eigenschaftswörtern (etwa: aufrichtig, selbstbewusst, eitel, ...) vorbereitet, daneben Felder mit jeweiligen Abstufungen von 0 bis 5 für jede der Eigenschaften. Sie hatte ihre und ich meine Liste. Zwischen uns war eine Sichtblende, die den Blick auf das fremde Blatt verwehrte. Und dann haben wir nach strikter Vereinbarung der Markierung (Kreuz, Häkchen, Kreis, Dreieck und andersfarbig rot, blau, etc.) der Reihe nach die eigenen Grundbilder, dann die beim anderen vermutlich markierten Grundbilder usw. notiert. Nach all den (ich glaube es waren je zwölf Markierungen der Ausprägung jeder der 35 Eigenschaften) Kennzeichnungen haben wir die Blätter ausgetauscht. Es wurde ein äußerst aufschlussreicher, zuguterletzt recht glücklicher Abend.

Wenn Sie sich zu einem ähnlichen Experiment entschließen sollten, versäumen Sie bitte nicht, zuvor eine Flasche Champagner kalt zu stellen. Meine Ehe existiert noch immer; möglicherweise wäre unser Schampus nicht mal nötig gewesen, aber wer weiß das schon vor dem Tausch der Blätter, dem Erkennen der rubrizierten Realität? Im nüchternen Dialog, so meine einmalige Erfahrung, ist der Austausch über die für den einen fraglichen

Bewertungen durch die andere Person noch gewinnbringender als mit beiderseitigem Promillewert.

Diese Bilder vom jeweils anderen entwickeln wir unwillkürlich nebenher und verändern sie bisweilen ruckartig durch unerwartet positive Überraschungen oder menschliche Enttäuschungen, zumeist jedoch nahezu unbemerkt durch die Entwicklung unserer Beziehung, die uns differenzierteren Aufschluss vermittelt. So prägen die Bilder unsere Beziehungen und diese dann in Wechselwirkung unsere Bilder.

Die zweite Grundsatzbetrachtung vor dem Blick ins Repertoire sozialer Kompetenzen muss dem Stil gewidmet sein, in dem wir miteinander umgehen. Dass unser Stil des Umgangs Türen zu öffnen oder zu verschließen vermag, wird niemand bestreiten wollen. Im Berufsleben hat unser Umgangsstil in der Ausfächerung situativer Adäquatheit deutlich stärkeren Einfluss auf die Karrieren als das fachliche Können, wie in Studien belegt wurde.

Es gibt Leute, die eine heute gekaufte Jacke, an der sie zuhause einen Fehler entdecken, lieber zwei Jahre lang mit täglichem Ärger im Schrank hängen lassen, als sie gleich morgen zu reklamieren. Es gibt andere, die in der gleichen Lage am nächsten Tag in einer Riesenszene den ganzen Laden aufmischen und sich danach dort eigentlich nicht mehr sehen lassen dürften.

Wenden wir uns zuerst den geläufigst zu unterscheidenden drei Stilkategorien zu. Vermutlich wird uns allen ‚selbstsicheres' Verhalten als das erstrebenswerte in den Sinn kommen. Aber wie muss ich sein, um auf andere selbstsicher zu wirken und mich auch selbst so zu fühlen? ‚Nicht unsicher' hilft uns als Antwort nicht weiter; denn auch das gibt in konkreten Situationen keine praktikablen Verhaltensimpulse. Auch bildet unsere naive Kategorisierung ‚was nicht selbstsicher ist, das ist unsicher' nicht die Breite der Realität ab; denn es gibt eine dritte Stilkategorie, die wir weder als selbstsicher noch als unsicher erleben und bewerten.

Das Beispiel einer Lage, die ich dem (alten, dennoch auch heute empfehlenswerten) Buch ‚Durchsetzungstraining' von Ken und Kate Back entnehme, hilft uns bei der Orientierung in der Stilfrage. Unsere Diskussion dieser Lage schafft Klarheit und zeigt uns die Erkennungszeichen der drei Stile menschlicher Kommunikation:

Heute ist Termin für den Bericht Ihrer Arbeitsgruppe, in dessen Formulierung Sie vertieft sind, als ein Kollege mit Ihnen dringend über die Änderung des von Ihnen beiden verfassten Artikels zu sprechen verlangt: *„nur etwa eine Stunde, aber auf jeden Fall noch heute Vormittag, weil die geänderte Fassung schon zum gestrigen Redaktionsschluss hätte vorliegen müssen"*. Sie wollen erst – bis etwa 15:00 Uhr – Ihren Bericht zum Abschluss bringen.

Sie antworten:

1. *„Oh, da hoffe ich auf Ihr Verständnis, eine gewisse Schwierigkeit liegt darin, dass heute eigentlich auch noch der Bericht meiner Arbeitsgruppe fertig werden sollte, an dem ich gerade gesessen habe. Im Prinzip müsste ich da schon noch ein bisschen dran arbeiten. Wäre es Ihnen recht, wenn wir uns mit dem Artikel am Nachmittag beschäftigen könnten, vielleicht ab 15.00 Uhr? Dann hoffe ich etwa so weit zu sein".*

Häufig höre ich auf meine Frage, in welche Verhaltenskategorie wir diese Antwort einordnen, von der Mehrheit ‚unsicher', von einer Minderheit ‚selbstsicher'. Ich behaupte, sie ist extrem *unsicher*. Sie unterbewertet eigene Interessen, strotzt bei deren Nennung von ‚Weichmachern' (‚gewisse', ‚eigentlich', ‚im Prinzip', ‚ein bisschen', ‚vielleicht', ‚etwa'). Auch unnötige Konjunktive verschleiern die berechtigten Interessen („sollte', „müsste',

‚wäre', ‚könnten'). Daneben gibt der Mitteilende mehrfach seine Unterwerfung unter die überbewerteten konkurrierenden Interessen des anderen kund durch die Darstellung seiner vormaligen Interessen in der Vergangenheitsform (‚fertig werden sollte', ‚gesessen habe'). Hätte er sich so ausgedrückt: ‚fertig werden muss, an dem ich gerade sitze', wäre das Rennen offen. So sehe ich als Eindringling, dass ich bereits gewonnen habe. Es sind weitere Unsicherheiten im Beispiel 1, z. B. das Übermaß an Höflichkeit, das, sobald es den Signalwert ‚ich lebe in einer kultivierten Umgebung' deutlich übersteigt, als unzweifelhaftes Indiz für Unsicherheit gilt.

2. *„Ich bitte Sie! Sie platzen hier rein und erwarten, dass ich alles umschmeiße, bloß, weil Sie plötzlich entdecken, dass Sie ein Problem haben. Sie sollten schleunigst bei der Redaktion anrufen und bekennen, was Sie verbockt haben. Ich mache jetzt bis 15.00 Uhr meinen Bericht fertig. Viel Glück".*

Hier stoßen wir auf die dritte Verhaltenskategorie neben ‚unsicher' und ‚selbstsicher': *‚aggressiv'*. Wer aggressiv ist, verhält sich nicht sozial adäquat, also nicht selbstsicher. Unsicher würden wir sein Verhalten üblicherweise aber auch nicht benennen. Was sind typische Indizien für aggressiven Stil? Das Beispiel strotzt von Vorwürfen. Allein dies ‚ich bitte Sie' bedeutet ja: ‚nun überlegen Sie mal, ob Ihr Verhalten noch normal zu nennen ist!'; ‚Sie platzen hier rein' ist purer Vorwurf; neutral wäre ‚Sie suchen mich auf'. ‚Bloß, weil Sie plötzlich' steckt voller Vorwürfe, usw. Die anderen Interessen werden unterbewertet. Es folgt die Verhaltensvorschrift ‚Sie sollten schleunigst'. Und die Wahl sozial inadäquater Begriffe (‚schmeißen', ‚verbockt') ist untrüglich aggressives Zeichen, ebenso der zynische

Schluss ‚Viel Glück'. Zynismen, Sarkasmen, ja bereits Ironie induzieren Aggressivität.

3. *„Klar, gerne, nur jetzt bitte ich Sie, mich konzentriert meinen Bericht zu Ende schreiben zu lassen. Ich will da termintreu sein und brauche bis etwa 15.00 Uhr. Direkt danach stehe ich uneingeschränkt zur Verfügung – O.K.?"*

Diese Reaktion ist *selbstsicher* durch angemessene Bewertung beider Interessen, situativ erwartbare Höflichkeit, Begründung der eigenen Haltung, konstruktiven Vorschlag und die ‚good-will'-Signale ‚konzentriert', ‚uneingeschränkt zur Verfügung'. Das sind Hinweise auf gesunde, selbstbewusste Kooperation. Im Übrigen ist diese Fassung auch die knappste. Selbstsicherheit kostet in der Regel keinen Mehraufwand.

Die in untenstehender Aufstellung aufgeführten Charakteristika der drei Stile lassen sich um etliche weitere ergänzen. Hier war das bescheidene Anliegen, Anhaltspunkte für ein Bewusstsein der drei Stile zu liefern, und zwar nicht nur zur Praktik und Kontrolle des eigenen Umgangsstils, sondern auch für fällige Klarstellungen bei unangemessenem Stil eines Gegenübers.

Hier folgt nun die *Aufstellung typischer Indikatoren* der besprochenen drei Kommunikations- und Verhaltensstile:

1. unsicher

- Übersteigerung des situativ und sozial erwartbaren Maßes an Höflichkeit
- Überbewerten der anderen, Unterbewerten der eigenen Position
- inhaltlich unnötige ‚Weichmacher' (irgendwie, ein bisschen, etwa, eventuell,…)
- vermehrte Konjunktive

- Verzicht auf Darstellung und Begründung eigener Interessen
- Unterschiede in Auffassung oder Bewertung werden nicht oder nur andeutungsweise thematisiert
- überflüssige Rechtfertigungen
- unnötiges Entschuldigen, um Verzeihung bitten
- Betonung eigener Unzulänglichkeiten
- eigenes Gelingen wird externen Faktoren oder dem Glückszufall zugeschrieben
- Unterwerfung

2. selbstsicher

- situativ angemessenes Maß an Höflichkeit
- angemessene Bewertung der involvierten Positionen
- sachlich klare Ansprache der Lage und ihrer Implikationen
- Fragen zur weiteren Klärung der Situation und ihrer Hintergründe
- Unterscheidung von Fakten und Ansichten
- konstruktiver Umgang mit Lösungsbedürftigem
- Begründungen bei Stellungnahmen

3. aggressiv

- Verzicht auf übliche, situativ erwartbare Höflichkeit
- Überbewerten der eigenen, Unterbewerten der anderen Position
- Vorwürfe und Kritik
- Unterstellungen
- Empörung
- Imperative und Forderungen
- Schuldzuweisungen
- Belehrungen
- Drohungen
- Ironie, Zynismus, Sarkasmus
- sozial deklassierte Ausdrucksweise
- Verhaltensvorschriften

4

Soziale Kompetenzen aneignen

Warum sollten wir und wie können wir unser Verhalten differenziert gestalten? Wenn heute noch stimmt (dafür spricht vieles), was empirische Studien um das Jahr 2000 ausgewiesen haben, nämlich, dass beruflicher Erfolg nur zu 10 % auf fachlicher Leistung, dagegen zu 30 % auf Image und zu den weiteren 60 % darauf gründet, dass man ‚den richtigen Leuten bekannt' ist, also zu 90 % auf dem Einfluss unserer Art des Umgangs, dann lohnt sich ein genauerer Blick auf unsere – wie man sie zusammenfassend benennt – sozialen Kompetenzen. Ich nenne diese gern auch ‚zwischenmenschliche Bildung'.

Jeden Rechtschaffenen, der sein Berufsleben in der Überzeugung gestaltet, es zähle die Leistung, und die zähle umso mehr, wenn sie – doppelt tugendhaft – mit Bescheidenheit gepaart sei, wird solche Erkenntnis schockieren. Die objektiv beschreib- und bewertbare fachlich-sachliche Qualität der Leistung/des Produkts müssen wir doch höher bewerten als das stilistisch noch so geschliffene Auftreten und die gekonnten Anpreisungen eines Handelsvertreters, selbst wenn diese wahrhaftig sein sollten.

Der Schock lässt nach, wenn wir unseren Blick über das Vertreterhafte hinaus weiten in die Zusammenhänge arbeitsteiliger Gesellschaften mit horizontaler wie vertikaler Struktur, und uns zudem genauer Rechenschaft ablegen, welche Kompetenzen die Mitglieder solch differenzierter Gesellschaften im Interesse ihrer Funktionstüchtigkeit einzubringen haben. Da sind gewiss die operativen Fertigkeiten am Werkstück, die in hinnehmbarer Weise sogar vorausgesetzt werden können, den Fähigkeiten zu Kontakt, Austausch, Kooperation und Durchsetzung unterlegen.

Sozialadäquates Verhalten erhält sicher auch daher ein vergleichsweise hohes Gewicht, weil Aufstieg zumeist auch mit dem Verlassen der fachlichen Detailebene auf einen übergeordneten Level einhergeht. Es ist eben nicht zwingend, dass der Technikvorstand auch der beste Mechaniker zu sein hat. Wegen ihrer Querschnittstauglichkeit für sämtliche menschlichen Interaktionen kommt all den Einzelfähigkeiten eines Individuums, die wir mit dem Begriff ‚soziale Kompetenzen' zusammenfassen, auch heute noch die über die Karriereverläufe weit hinausragende große Bedeutung zu.

Dieser Blick lohnt umso mehr, als auch unser privates Glück in Familie, Nachbarschaft, Verein und Kneipe ganz wesentlich vom differenzierten, adäquaten Stil unseres Verhaltens in mitmenschlichen Situationen geprägt wird.

Nach dem vorherigen, grundlegend vergleichenden Blick in die beiderseitig komplexe Bilderwelt unserer Begegnungen und die kategorischen Stiloptionen im sozialen Austausch und deren anzustrebenden oder zu meidenden Charakteristiken sollten wir uns den Situationen zuwenden, die unterschiedliche Forderungen

4 Soziale Kompetenzen aneignen

an unser soziales Geschick stellen, also an unsere zwischenmenschliche Bildung, und uns der Frage zuwenden, wie wir diese und unser Geschick sie zu nutzen entwickeln.

Ärgern wir uns nicht bisweilen, dass wir einem lästigen Mitmenschen nicht zur rechten Zeit klargemacht haben, wie unwillkommen er hier im Moment ist? dass wir eine herrliche Gelegenheit zu einem passenden Kompliment ungenutzt haben verstreichen lassen? dass wir uns nicht getraut haben, den Kontakt zu einem begehrenswerten Partner zu knüpfen?

Was aber ist unter sozialen Kompetenzen zu verstehen? Was sollten wir, als an ihrem Erwerb Interessierte, uns im Einzelnen aneignen – und dann auch: wie?

Der Begriff, obwohl häufig benutzt, ist merkwürdig unbestimmt. Seine Auffassung reicht von ‚situativer Selbstsicherheit' über die ‚Fähigkeit, zwischen divergierenden Partei-Interessen integrative Brücken zu bauen', bis zur ‚neomacchiavellistischen Durchsetzung' eigener Ziele. Vielleicht lässt sich auf generellem Level akzeptieren: ‚der vielgestaltige Raum zwischen allem Unpassenden im Umgang'. Nur bringt uns solch allgemeine Fassung nicht viel weiter.

Was gehört in mein Repertoire, damit ich mich künftig nicht im Nachhinein ärgere über verpasste Chancen oder schäme für eigenes unangemessenes Verhalten? Hier kommt eine Aufstellung sozialer Fertigkeiten, die zusammen auch als Programm zur zwischenmenschlichen Bildung verstanden werden kann: Was ich – auf Basis von Empathie und Menschenkenntnis – entwickeln und verfeinern sollte, um in sozialen Situationen jeweils kompetent sein zu können:

1. den ersten Eindruck gestalten und adäquat bewerten
2. mit Informationen zweckdienlich umgehen
3. superior und inferior auftreten können

4. erwünschte Kontakte herstellen und ausbauen
5. Wertschätzung zeigen und akzeptieren
6. Einfluss erwerben und ausüben
7. Emotionen wecken und dämpfen
8. unerwünschte Kontakte verhindern und beenden
9. Gruppenprozesse anregen und beeinflussen
10. konfliktäre Prozesse lenken und heilen
11. auch in peinlichen Situationen souverän bleiben
12. sich selbst im Griff haben und steuern

Bevor nun auf dieses Set erstrebenswerter sozialer Fertigkeiten – der Reihe nach – beschreibend eingegangen wird, sei kurz benannt, welche persönlichen, charakterlichen Dispositionen den Erwerb maßgeblich erleichtern. Es sind:

- Sensitivität
- Kontaktfähigkeit
- Soziabilität
- Teamorientierung und
- Durchsetzungsstärke

Nun aber zu obigen zwölf Einzelübungen für das Ballett unserer sozialen Kompetenzen, ihrer Erläuterung und zu den Wegen, sie sich anzueignen und sie zu verfeinern.

(1) Den ersten Eindruck gestalten und adäquat bewerten
Unweigerlich sind unsere Begegnungen mit einer anderen Person (auch mit mehreren) begleitet von gegenseitiger Wahrnehmung, mit allen dafür verfügbaren Sinnen. Ergebnis solch erster Begegnung sind (ziemlich konkret pauschalisierende) erste Eindrücke – und zwar in beide Richtungen: von mir über mein Gegenüber und von dem über mich. Wer hätte nicht schon mal erlebt, im ersten

4 Soziale Kompetenzen aneignen

Kontakt bereits den unabweisbaren Impuls zu verspüren: ‚mit dieser charakterlosen Person möchte ich möglichst nicht erneut zu tun haben', oder, im anderen Extrem: ‚Liebe auf den ersten Blick'. Eine Zehntelsekunde reicht in der Regel für die grobe, meist überzeugende soziale Verortung zwischenpersönlicher Kompatibilität.

‚Meist' heißt nicht ‚sicher', und nicht alle Signale des Sendenden, und Wahrnehmungen des Empfängers, sind vertrauenswürdig. Eigene Wahrnehmungsfehler haben wir lebenslang erfahren müssen (auch und vielfach jenseits der ‚optischen Täuschungen' ins eigene – gern verlegte – Irrtumsalbum abgeheftet), nachdem wir den zuvor als Leichtfuß abgetanen neuen Bekannten als veritablen Freund erfahren haben – und umgekehrt.

Sich offen zu halten für zweite und weitere Eindrücke mit der Differenzierung, aber auch der Korrektur unseres in der menschlichen Stammesgeschichte entwickelten, hochkomplex zustande gekommenen ersten Eindrucks ist der Appell, den wir uns bewusst geben müssen, um unser Gegenüber adäquat zu bewerten. Soweit zur Fairness gegenüber unseren zunächst als vertrauenswürdig oder hinterhältig rubrizierten Mitmenschen.

Wichtig ist auch, ein klares Bild zu entwickeln, wie der erste Eindruck ist, den meine Gegenüber von mir haben. In der Regel folgern wir aus kleinen und kleinsten, bisweilen unwillkürlichen Reaktionsweisen im Ausdrucksverhalten unserer neuen Partner, quasi auf statistische Weise, wie die uns auffassen und bewerten, was die uns unterstellen und bei uns für möglich halten. Auf solch äußerst indirektem Weg erhalten wir jedoch keineswegs Gewissheit über diese für uns häufig so bedeutsame reale Fremdeinschätzung.

Mit einer Übung, die sich auch als Spiel auf einer Party mit einander mehrheitlich unvertrauten Gästen gestalten lässt, habe ich in Seminaren den Teilnehmenden häufig eine Gelegenheit organisiert, dieses Unwissen über das eigene (im Kopf der anderen verborgene) Fremdbild durch konkretes Wissen zu ersetzen: der Reihe nach setzt sich jeder – stumm und mit ‚Pokerface' – vor alle anderen, und die spekulieren dann über Alter, Herkunft, Werdegang, Hobbies, Urlaubspräferenzen, Punkte in Flensburg, Extremsporterfahrung, bevorzugte Küche etc., möglichst auch hochspeziell, über sein Da- und Sosein, ohne dass er selbst – auch bei überraschenden Treffern oder völlig abwegigen Unterstellungen – irgendwie erkennbar reagieren darf (Pokerface schaffen die wenigsten).

Wenn genug spekuliert worden ist, ‚packt er/sie aus' und offenbart (zumeist sehr erstaunt), welche Charakteristika tatsächlich richtig gemutmaßt wurden, und stellt richtig, worüber falsch spekuliert wurde. Nicht nur ist solches Spielchen interessant, um Aufschluss über das eigene, bei den anderen verborgene Fremdbild zu erhalten, es entsteht auch ein Wettbewerb der Spekulanten in der Präzision ihrer Wahrnehmung und Menschenkenntnis. Mit solcher Erfahrung fällt mir leicht, den ersten Eindruck, den andere von mir gewinnen, im Sinne meines Wunschbildes zu beeinflussen.

(2) Mit Informationen zweckdienlich umgehen

Für den zweckdienlichen Umgang mit Informationen ist ein kritisch desillusionierter Blick auf die Fehleranfälligkeit menschlicher Kommunikationspraxis ratsam, und dies nicht nur historisch mit ‚Emser Depesche' usw., sondern in unserer Alltagskommunikation, in der Gerüchtebildung beispielsweise, in welcher jeder vermutlich von eindrucksvollen Erfahrungen berichten kann.

Insbesondere sei an dieser Stelle verwiesen auf das Kapitel ‚Mein Beritt wird fit' (Kap. 14) dieses Buches, in dem es darum geht, den eigenen hierarchisch strukturierten Verantwortungsbereich ‚fit zu machen', und nachvollziehbar dargelegt wird, dass und wie dies bereits allein mit zweckmäßiger Kommunikationspraxis zu bewerkstelligen ist.

Diese sieht vor, wo immer möglich auf Zwischenträger von Mitteilungen zu verzichten, also direkt mit dem Zieladressaten zu kommunizieren. Wo dies beispielsweise aus Gründen allzu großen hierarchischen Abstands nicht möglich ist, sollten wir wenigstens jeweils zwei Stufen in der Leiter mit derselben Info bedienen und bedienen lassen (nach oben wie nach unten). So minimieren wir Effekte von Informationsverlusten, Verfälschungen und Entstellungen.

Was den Sachverhalt einer Mitteilung, sei diese mündlich oder schriftlich, also das, was der Text hergibt, verständlich macht, war Untersuchungsgegenstand einer wissenschaftlichen, empirischen Erhebung in den siebziger Jahren, die angesichts ihres Werts und der grundlegenden Bedeutung auch heute gültig ist. Nachfolgend finden Sie die Aufstellung der Faktoren, die Aussagen leichter oder schwieriger verstehen lassen. Ihre Gewichtung (I–IV) und Ausdifferenzierung lässt sich so darstellen (vgl. Abb. 4.1):

Neben dem Text, also der in Worten und Sätzen gefassten *verbalen* Mitteilung drücken wir uns mündlich immer auch mit dem Einsatz unserer Stimme, also *paraverbal* aus, und in der Vis-à-vis-Kommunikation auch noch körpersprachlich, bzw. *nonverbal*. Diese drei Kategorien umfassen die folgenden Teilbereiche unseres Ausdrucksgeschehens:

- *verbal:* Artikulation, Dialekt, Sprachfärbung, Begriffswahl, Satzbau, Sprachfiguren, Soziolekt, Sprachcode, Sprechstil, Sprachmarotten
- *paraverbal:* Lautheit, Stimmhöhe, Klangfarbe, Melodie, Tempo, Sprechfluss, Pausen
- *nonverbal:* Blick, Mimik, Gestik, Haltung, Erscheinung, Körperbewegung, Abstand

I	Einfachheit	vs	Kompliziertheit
	• einfache Darstellung • kurze, einfache Sätze • geläufige Wörter • Fachwörter erklärt • konkret • anschaulich		• komplizierte Darstellung • lange, verschachtelte Sätze • ungeläufige Wörter • Fachwörter nicht erklärt • abstrakt • unanschaulich
II	Gliederung, Ordnung • gegliedert • folgerichtig • übersichtlich • gute Unterscheidung von Wesentlichem und Unwesentlichem • der rote Faden bleibt sichtbar • alles kommt der Reihe nach	vs	Ungegliedertheit, Zusammenhangslosigkeit • ungegliedert • zusammenhanglos, wirr • unübersichtlich • Wesentliches und Unwesentliches kaum zu unterscheiden • roter Faden kaum zu finden • alles durcheinander
III	Kürze, Prägnanz • kurz • aufs Wesentliche beschränkt • gedrängt • aufs Ziel zentriert • knapp • jedes Wort notwendig	vs	Weitschweifigkeit • lang • viel Unwesentliches • breit • abschweifend • ausführlich • vieles hätte fehlen können
IV	Anregende Zusätze • anregend • interessant • abwechslungsreich • persönlich	vs	Keine anregenden Zusätze • nüchtern • farblos • gleichbleibend neutral • unpersönlich

Abb. 4.1 Das ‚Hamburger Textverständlichkeitsmodell' (Quelle: Langer et al. 2015)

(3) Superior und inferior auftreten können

Unser Verhaltensrepertoire sollte uns (künftig) gestatten, superior und auch inferior auftreten zu können. Mit superior ist hier nicht arrogant und mit inferior nicht unterwürfig gemeint; aber es gibt Interessenlagen, die zweckmäßig erscheinen lassen, dass ich selbstbewusst und bestimmend einer sozialen Situation meinen ordnenden

Stempel aufdrücke, und es gibt auch Situationen, in denen ich mich geschickterweise fügen sollte. Eine Unfallsituation beispielsweise kann ein chaotisierendes Durcheinandergewusel der Anwesenden verursachen, in dem (m)ein klarer Kopf zur rechten Zeit nachteilige, später kaum zu heilende Entwicklungen vermeiden helfen kann. Nun muss ich, (verbal) klar und (paraverbal) bestimmt, mit angemessenem, nicht hysterischem Stimmeinsatz Einfluss nehmen und dies in einer Kontrolliertheit meiner auch nonverbalen Erscheinung, die bei zumeist auch Fremden das Vertrauen weckt, dass nun geeignete Maßnahmen folgen werden, denen die einzelnen dann auch tätig folgen mögen, weil mein Auftreten situative Souveränität (nicht Anmaßung) zeigt.

Aneignen lässt sich superiores Verhalten am ehesten in der Übernahme gestaltender Funktionen in Vereinen, im Rahmen von Lehreinsätzen, im Organisieren von Nachbarschaftsaktivitäten oder der Übernahme von Sprecherfunktionen in Gremien wie Elternpflegschaft, Betriebsrat oder anderen Interessengruppen.

Auch sich fügen zu können gehört in unser Repertoire. Es gibt – hoffentlich selten – Situationen, in denen opportun ist, zurückzustecken, z. B., weil die Machtdifferenz oder das Mehrheitsverhältnis absehbar so ungleich zu unserem Nachteil, und die Lage so regelwidrig ausfällt, dass aktiver Widerstand Selbstmord gleichkäme oder Lynchjustiz zur Folge hätte.

Ein aufgebrachter Mob von Extremisten, eine Horde stark alkoholisierter Hooligans beispielsweise könnten uns nahelegen, hier und jetzt nicht ordnend eingreifen zu wollen. Mit geradem Kreuz ‚aus dem Felde zu gehen', wie Psychologen das nennen, und von sicherer Position aus für Abhilfe dieser akuten Schieflage der Rechtlosigkeit zu sorgen, ist gewiss ratsamer, als aussichtslos ins Verderben zu steuern. Nennen wir dieses – taktische – Kuschen ‚inferior'.

(4) Erwünschte Kontakte herstellen und ausbauen
Wie stelle ich erwünschte Kontakte her und baue sie aus? Zufallskontakte, sei dies auf einer Party, im Theaterfoyer in der Pause oder sonstwo, wo wir ebenso wenig in akuter Eile sind wie unsere ‚Zielperson', zu der ein Kontakt erstrebenswert scheint, lassen sich – ungemein leicht – nutzen, wenn wir die Person – spontan anerkennend – auf irgendetwas ansprechen, was uns an ihr positiv auffällt: die feine Farbwahl der Garderobe, die exquisiten Geschmack verrät, der gesunde Teint als Begleitwirkung angenehmer Urlaubstage, die Anstecknadel, die eine Vereinszugehörigkeit verrät, die sportliche Figur, die eine bedachte Lebensgestaltung vermuten lässt, oder Ähnliches.

Interessieren wir uns wohlmeinend für den anderen, werden auch wir interessanter für ihn, und es kommt zum Gespräch. Was den meisten für diesen beidseitig positiven ersten Kontakt (als Fundament für weitergehende) im Wege steht, ist unsere schon im Kindesalter erlernte Kontaktscheu gegenüber noch Fremden. Im Kapitel ‚Von Scham bis Charme' (Kap. 2) dieses Buches sind einige nachempfindbare und zur eigenen gezielten Erweiterung des Verhaltensrepertoires geeignete Einsichten und Schritte ausgeführt in die Richtung: ich befreie mich von den Fesseln unzweckmäßig einengender Kontaktscheu, weil's für mich gut ist und zugleich für die Welt.

Durch die Spontaneität meiner anerkennenden Bemerkung bekommt diese Begegnung größeres Erinnerungsgewicht für meine Zielperson (man verzeihe mir diesen Begriff aus dem NSA/KGB-Vokabular), weiß sie doch auch um meine gesellschaftlich normale Kontaktscheu zu Fremden, die nur durch außergewöhnlich

4 Soziale Kompetenzen aneignen

positive Beeindruckung hier mal spontan außer Kraft gesetzt wurde. Und diese Beeindruckung bei mir ausgelöst zu haben, wird ihr sehr gefallen.

In dieser Erstsituation entwickelt sich häufig gegenseitiges Interesse aneinander, weil ich als der Lobende auch für den Gelobten begehrenswert werde, umso mehr, wenn im Austausch unserer Hinweise auf geschmackliche, dann biographische und, in der Folge, Interessenskompatibilitäten und gleiche Gestaltungsabsichten offenbar werden (alles mein Geschick!).

Visitenkartentausch mag hier bereits folgen. In angemessenem Erinnerungs- Abstand wird mir ein für den erneuten Kontakt ausreichender Anlass aus den Aktualitäten auffallen, der den Mail-, Brief- (oder gar akut begründeten) Telefonüberfall als angemessen rechtfertigt, auf Basis der entstandenen gesellschaftlichen, vielleicht menschlichen Nähe. Ist der traditionelle Visitenkartentausch oder der Austausch von E-Erreichbarkeit beim Erstkontakt nicht erfolgt und die unmittelbare Sozialkontaktnähe nicht verlässlich gesichert, müsste ich mich für eine angestrebte künftige weitere Begegnung mit diesem Partner ein wenig mehr bemühen. Angesichts seines Auftretens als Gastgeber, Gast oder als Besucher der seinem Profil gemäßen Events habe ich gute Chancen zu erneuter Begegnung. Die kann ich ähnlich anlegen wie zuvor und dann – sympathieunterstützt – ausbauen. Eine Garantie für jeweiligen Erfolg gibt es nicht.

(5) Wertschätzung zeigen und akzeptieren

Uns sollte klar sein, dass Menschen meist menschlich re- und agieren. Daraus folgen viele praktikable Verhaltensempfehlungen. Wiederum gilt es, die unnötige Scheu abzulegen, den Mitmenschen wissen zu lassen, was uns an ihm und seinem Verhalten gefällt, was wir gar bewundern. Mit dem Überwinden dieser verbreiteten kulturell bedingten Hemmung ergeben sich zugleich zwei positive Wirkungen: zum einen verstärke ich mit lobender Erwähnung das von mir geschätzte Verhalten des anderen, zum anderen verbessere ich die Qualität unserer Beziehung. Meist ergänzt sich noch ein drittes Positivum und mein Partner wird umso leichter auch ansprechen, was er an mir schätzt, mit doppelt positiver Wirkung auch hier.

Nun ist uns beigebracht worden, dass Bescheidenheit eine sehr schätzenswerte Tugend sei. Das werden wir gewiss auch nicht bestreiten. Vielen fällt schwer, ein empfangenes Lob bejahend anzunehmen, wegen ihres Anspruchs, nicht unbescheiden wirken zu wollen, und sie reagieren mit irgendeiner, ihr Verdienst daran mindernden Bemerkung, etwa, wenn sie wegen einer gelungenen Leistung gelobt wurden, mit den Worten: *„Glück gehabt; der Zufall war mir diesmal gnädig"*, oder vergleichbar.

Solch ein Umgang mit der gezeigten Wertschätzung zeigt nicht in erster Linie die schätzenswerte Eigenschaft Bescheidenheit, sondern stattdessen zwei Mängel: ein Defizit an Selbstbewusstsein und einen Mangel an sozialer Kompetenz. Auf das empfangene und verdiente Lob dagegen mit einem schlichten und knappen *„Danke"* zu reagieren wäre keineswegs unbescheiden, hätte zudem keinerlei Hinweis auf fehlenden Selbstwert signalisiert und würde auch die zwischenmenschliche Situation nicht unnötig befrachten. Niemandem hilft, wenn ich mich kleiner (oder größer) mache, als ich bin.

(6) Einfluss erwerben und ausüben

Wenn uns darum zu tun ist, Einfluss zu erwerben und auszuüben, dann können wir beherzt zurückgreifen auf Einsichten und Verhaltensmuster, die bereits in unserem Bestand sind, nämlich Kontakte zu knüpfen, diese je nach Bedeutsamkeit für unser Einflussbegehren auszubauen, was besonders effizient geschieht durch Zeichen der

Wertschätzung und deren reziproker Erwiderung durch den Partner, auf den wir unseren Einfluss verstärken wollen.

Zwei Ergänzungen sind hier angezeigt: Einflusssteigerung über ‚aktives Zuhören' und mit dem Hebel des ‚Wunschbildes'. Wir sind im Bereich des moralisch zweifelhaften Begriffes ‚Manipulation'. Dabei sollte uns klar sein, dass all unser Verhalten Einfluss auf unser Gegenüber hat, wie seines natürlich auch auf uns, dass also jedes Verhalten in sozialem Kontext manipulativ ist.

Eine amoralische Wertigkeit entsteht dann, wenn ich mein Verhalten einem ausgeklügeltem Plan subversiver Einflussnahme folgen lasse und zugleich sicher bin, dass mein Gegenüber naiv ist. Beispiel solch verwerflicher Manipulation ist etwa das Verhalten von Heiratsschwindlern, die im Interesse eigener Besitzesmehrung die naive Gutgläubigkeit der vermeintlich umschwärmten Partnerin planvoll zu deren Nachteil ausnutzen.

Immerhin muss das Gefälle ‚planvoll' versus ‚naiv' den planvollen Partner nicht zwangsläufig zum amoralischen Bösewicht machen. Er kann seinen unwissenden Partner auch zu dessen Vorteil ‚manipulieren', wie das in der Regel in der Erziehung beabsichtigt sein sollte. Soweit grundsätzlich zur Begrifflichkeit ‚Einfluss', ‚Manipulation' und ‚Moral'.

Nun zum ‚aktiven Zuhören' als Möglichkeit, meinen Einfluss zu mehren, indem ich als besonders zugewandter Partner erlebt werde. Und ‚zugewandt' ist bereits der Schlüsselbegriff, der mein non-, para- und verbales Verhalten leiten soll. Die Körperhaltung, die Gestik und Mimik drücken Zuwendung und Interesse am Partner aus, ebenso, dass ich mich selbst zurücknehme mit eigenen Stellungnahmen, sondern Anteil nehme an seinen Ausführungen und dem Geschilderten, mit meinen Nachfragen Unklares klären lasse und ihn ermuntere, auch Beweggründe und Gefühle zu äußern.

Mit eigenen Worten das von ihm Geäußerte zu wiederholen, also zu paraphrasieren, räumt die Gefahr des Fehlverstehens aus, indem er bestätigt oder korrigiert: *„genauso mein ich's"* oder *„nein, nicht ganz so, sondern ... "*. Das von mir in jeder Hinsicht aktiv gezeigte Interesse macht mich zum begehrten Partner und mein Einfluss wächst.

Mit dem ‚Wunschbild' hat es folgende Bewandtnis: verführbar sind wir alle – in individuellem Ausmaß – über unser persönliches Wunschbild, also unsere Lieblingsvorstellung davon, was unsere Mitmenschen von uns halten sollten, wie wir am liebsten be- und geachtet werden wollen. Jeder ist geneigt, einiges zu tun, damit ihn seine Umwelt in der von ihm gewünschten Weise auffasst.

Wenn ich mir die Mühe mache, bisherige Begegnungen und Beobachtungen nach teils verdeckten Hinweisen auf das Wunschbild des Partners zu prüfen, ergibt sich häufig ein Puzzle von Eigenschaften und Fähigkeiten, die dieser Mensch gern von seinen Mitmenschen zugeschrieben bekäme: sein Wunschbild. Um in dieser Weise (auch von mir) aufgefasst zu werden, ist er bereit einiges zu investieren – meine Chance zur Manipulation.

(7) Emotionen wecken und dämpfen

Die eigenen Emotionen zu kontrollieren, fällt vielen schwer genug. Wieviel schwieriger muss es sein, bei anderen Emotionen zu wecken und zu dämpfen?

Mich selbst betreffend kann ich negative Emotionen anderer leicht wecken. Ich greife in mein ‚*RABAUKE*-Arsenal' und produziere *R*egelbrüche, *A*ggressivität, *B*rutalität, *A*nbiederung, *U*nsicherheit, *K*ontrastierung oder *E*iferertum und wecke im selben Moment antipathische Emotionen. Greife ich dagegen in das ‚*REALIST*-Arsenal', zeige also *R*espekt, *E*intracht, *A*uthentizität, *L*iebenswürdigkeit, *I*nteressiertheit, *S*piegelungen und *T*ugend, wecke ich – mich betreffend – positive Emotionen.

4 Soziale Kompetenzen aneignen

Geht es nicht um mich, sondern um eine Sachdiskussion, und ich möchte dieser Diskussion ein wenig mehr Emotionalität verpassen, kann ich meine Statements mit erregterer Mimik und Gestik vorbringen, ich kann auch stimmlich, also mit meinen paraverbalen Möglichkeiten emotionale Aufladung zeigen und zugleich erzeugen; denn beides bleibt nicht ohne Wirkung bei den anderen Diskutanten.

Um meinen Argumenten auf dem rein verbalen Kanal mehr Gefühlsqualität beizumischen, formuliere ich ausschließlich knappe, stakkatoartige Sätze, gefolgt von Effektpausen, und nutze im weiteren Vergleiche, Metaphern und Analogien der aufheizenden Qualität, weil diese drastische Gefühlserlebnisse ins Gedächtnis zurückrufen. Ich kann per Kino im Kopf der anderen deren Emotionen ansteuern.

Ist mir's um's Dämpfen einer überhitzten Diskussion zu tun, steht mir das Arsenal metakommunikativer Interventionen zur Verfügung, also die Reihe von Möglichkeiten, einfach statt des nächsten Arguments die Diskussion selbst zum Thema zu machen: ein Gespräch über das Gespräch anzuzetteln.

Beispielsweise kann ich ‚metakommunizieren'

- *über organisatorische Belange,*
  - weil ich diese Unterhaltung lieber
    zu anderer Zeit,
    an anderem Ort,
    mit anderem Gesprächspartner oder
    unter sonstwie anderen Bedingungen führen will,
- *über Formelles und Beziehung,*
    weil ich dieses Gespräch nicht aus meiner Funktion, sondern als Mitmensch führen möchte,

- *über Ziel und Struktur,*
    weil ich – warum auch immer – eine andere Abfolge der zu besprechenden Themen bevorzuge,
- *über die Einhaltung von Regeln,*
    weil ich nicht will, dass man mich weiterhin immer wieder unterbricht,
- *über die Qualität der Aussagen,*
    weil ich lieber über Fakten als über gemutmaßte Motive sprechen möchte,
- *über die Emotionalität der Auseinandersetzung,*
    weil ich mit wachsender Erregung die Einigungsmöglichkeit gefährdet sehe,
- *über die Eskalation selbst,*
    weil ich fürchte, dass durch unkontrollierte Eskalation irreparable Schäden entstehen.

Eine besondere Variante metakommunikativer Mäßigungsmühen bei einem erregten Partner ist die ‚Verbalisierung emotionaler Erlebnisinhalte' genannte Entlehnung aus dem Instrumentenkasten der Gesprächspsychotherapeuten. Der zähflüssige Begriff bezeichnet eine uns allen gegebene Möglichkeit, die von einem affektiv aufgeladenen Partner vorgebrachte Äußerung zwar auch von der inhaltlichen Aussage aufzufassen, aber in der Reaktion zunächst völlig unberücksichtigt zu lassen, stattdessen nur seine richtig erkannte emotionale/affektive Lage zu spiegeln.

Habe ich im Verlauf seiner erregten Schilderung einer, wie er dargestellt hat, ungerechten Behandlung, z. B. richtig erkannt, dass sein Gemütszustand ‚wütend' ist, kann ich – äußerst effizient – auf seine wutentbrannte Schilderung reagieren mit: *„Das hat Sie aber richtig wütend gemacht"* und habe ihm nicht nur mein gleichsinnig verständnisvolles Mitempfinden signalisiert, und damit empathiegetragene Vertrauenswürdigkeit.

Ich habe ihn – sehr wichtig für das Ziel der Kontrolle seiner überschießenden Emotionen – auch dazu gebracht, das zu ‚verbalisieren', was ihn zu der von mir erkannten wütenden Erinnerung der unverarbeiteten Situation gebracht hat. Seine Reaktion wird auf dieser vertrauensgestützten Basis vermutlich etwa so ausfallen: *„Ja natürlich hat mich das wütend gemacht – und wie! Stellen Sie sich doch mal vor, was das nach all meinem Einsatz für mich bedeuten muss ..."* oder vergleichbar.

Was ist hier – aus der Vogelperspektive betrachtet – geschehen (und kann sich in ähnlich klärender Weise fortsetzen)? Nüchtern betrachtet ‚spuckt er nun aus', was den emotionalen Überdruck verursacht hatte in der beklagenswerten Situation, deren Entwicklung außer Kontrolle geraten war. Wir kommen dem Druckausgleich näher, und er wird in der Folge ein weniger von unkontrollierten Affekten getrübtes, sachlich kontrollierbares Bild der erlebten Szene entwickeln.

(8) Unerwünschte Kontakte verhindern
Weiterhin wollen wir über Verhaltensweisen verfügen, die uns gestatten, unerwünschte Kontakte nicht entstehen zu lassen und entstandene zu beenden. Im Kapitel ‚Umgehen mit dem Nachbar(sch)' (Kap. 5) werden wir uns mit Möglichkeiten befassen, die uns helfen, dem unvermeidbar begegnenden ‚Widerling' mit ‚Mann-Stop-Munition' in selbstwertrettender Weise seine Grenzen deutlich zu machen. Ich habe ihn dort ‚Nachbarschloch' tituliert. Allein seinetwegen werden wir wohl nicht einen Umzug aus dessen Nachbarschaft auf uns nehmen wollen.

Immer wieder ist mir versichert worden, dass es solche unausweichlichen, vom Naturell des anderen her unersprießlichen Begegnungen, zwangsläufig gibt. Meine überraschte Haltung hierzu war, dass solche Erfahrung mir selbst – trotz sehr weitgefächerter Umtriebigkeit in meinen vielen Erwachsenenjahren – nicht mehr als Problem aufgetaucht sei. Die Gründe für meine diesbezügliche Sondererfahrung und deren mutmaßliche Begründung hoffe ich, im oben erwähnten Kapitel nachvollziehbar (und, wenn gewollt, auch nachgestaltbar) dargelegt zu haben.

In Seminaren des (titelmäßigen) Anspruchs ‚Gewinnend auftreten, sich passend verhalten und durchsetzen' war eine der (kamera- und mikrobegleiteten) Übungen genau darauf angelegt, einen an der Intensivierung des Kontakts interessierten Partner dazu zu bringen, dass er seine Avancen einstellt. Die Instruktion des ‚Interessierten' war, mit dem anderen – koste es, was es wolle – einen gemeinsamen Urlaub zu verabreden. Die Instruktion des ‚Umworbenen' verlangte nur, sein Gegenüber ‚fernzusteuern', und zwar mit Signalen des Interesses oder Desinteresses – und zwar völlig willkürlich und losgelöst von tatsächlichen Neigungen. Von der jeweils anderen Rolle wussten beide nichts, nur, dass es um ein Gespräch über Urlaub gehen werde.

Für viele Inhaber der zweiten Rolle (willkürlicher, von Inhalten und Verhalten des anderen völlig unabhängiger Einsatz von Signalen der Zu- oder Ablehnung) war das rein willentliche Abstrahieren von eigenen Neigungen oder auch von den sympathischen Annäherungsbemühungen des Partners eine Überforderung. Sie vermochten sich selbst, ihre tatsächlichen Urlaubspräferenzen und ihre Zugänglichkeit bei besonders gewinnender Vorgehensweise des Werbenden nicht zu neutralisieren, nur um auftragsgemäß Ihre Macht über den anderen mittels völlig willkürlicher Signale auszuüben.

In den eindrücklichsten dieser Rollenspiele allerdings gelang es den ‚Fernsteuernden', ihren werbenden Partner, der sich nach vorherigen unmissverständlichen Zeichen geteilter Begeisterung für seinen sportlichen Strandurlaub auf sicherer Straße zur gemeinsamen Reise wähnte, plötzlich schockartig zu desillusionieren, indem sie sich von seiner begeisterten Schwärmerei unerwartet abwandten, begannen die Fingernägel zu reinigen, in einer Handtasche zu kramen und dann gähnend auf ihre Uhr am Handgelenk zu schauen. Folge war, der Werbende bekam keinen Ton mehr heraus.

Diese Macht über andere ist uns gegeben, wenngleich wir anständigerweise nicht willkürlich davon Gebrauch machen, obwohl wir könnten. Umso leichter können wir diese Signale von Desinteresse oder Ablehnung zeigen, wenn wir diesen Partner tatsächlich nicht schätzen oder gar ablehnen, wenn sie ja konkordant unsere innere Haltung ausdrücken; wir müssen sie in diesem Fall nicht mal inszenieren, sondern brauchen unser unwillkürliches Ausdrucksgeschehen nur nicht zu unterdrücken.

Querschnittlich kann ich bilanzieren, dass Frauen darin geübter sind als Männer, mit ihren vorsichtig gestuften Signalen – von sehr dezent bis ziemlich deutlich – die von ihnen gewünschte Distanz einzurichten. Hier beziehe ich mich auch auf hunderte Erfahrungen mit einem Rollenspiel, in dem ein Verheirateter seine neue Berufskollegin umwirbt und sich Hoffnung macht, weil sie bis dahin seine Aufmerksamkeiten und Komplimente nicht deutlich genug (für ihn als testosterongesteuerten Mann) abgewiesen hat. Sie sucht im anstehenden Gespräch Gelegenheit, ihn von weiteren Avancen abzubringen, während er nun die ‚Affaire' perfekt machen will.

Diese konträre Zielsetzung beider bürdet einseitig der Frau gleich zwei Schwierigkeiten auf. Die erste ist: ihm ‚einen Korb zu geben' könnte ihn so schmerzen, dass künftig die Kollegialität leidet. Das verlangt von ihr, und nur von ihr, dass sie ihr berechtigtes Desinteresse an einer Beziehung zwar unmissverständlich mitteilen muss, aber keinesfalls so verletzend für seinen ‚männlichen Stolz', dass dies die Zusammenarbeit behindert.

Die zweite ihrer Schwierigkeiten liegt darin, dass sie angesichts der bisherigen Komplimente und Nettigkeiten *interpretiert*, dass er an mehr als der rein kollegialen Arbeitsbeziehung zu ihr interessiert ist. Das könnte er, sobald sie ihre Interpretation seines Verhaltens als ‚Anbaggern' anspricht und ihm klar wird, dass er da gleich einen Korb bekommen soll, brüsk leugnen, als abstruse Unterstellung abtun und z. B. mit fieser Attacke kontern: „*Ich? Sie anbaggern? Ja haben Sie denn keinen Spiegel zuhause? Gucken Sie da doch mal rein!*".

Solche Wunde würde vermutlich jahrelang wehtun; das vergisst man nicht rasch. Und ohnehin wäre auch die Arbeitsebene von beiden nach solcher vorauseilenden Rache und in keinem Szenario zu rechtfertigenden Entgleisung irreparabel geschädigt. Gottseidank ist solcher Typ Mann recht selten (ich hoffe, Sie bestätigen meinen Blick auf die männliche Seite des Umgangs).

Eine Hilfe aus dieser doppelten Schwierigkeit auf Seiten der Frau liegt darin, nicht mit ihrer (ja zutreffenden) Interpretation seines Verhaltens als Annäherungsversuch aufzuwarten, sondern stattdessen zu ‚hypothetisieren'. Das könnte etwa so gelingen: „*Herr Schröder, ich schätze Sie als Kollegen und auch unsere sachliche Zusammenarbeit, und ich hoffe, dass es Ihnen damit genauso geht. Das sollte gewiss so bleiben. Ergänzen möchte ich, dass, wenn Sie irgendwann auf die Idee kommen sollten, in mir mehr als die schätzenswerte Kollegin Karin Fischer zu sehen, ich Ihnen sagen kann: das wird nichts. …*"

(9) Gruppenprozesse anregen und beeinflussen

Als einzelner Prozesse einer Gruppe anzuregen und bereits bestehende zu beeinflussen wird mir umso leichter fallen, wenn ich eine zentrale Rolle in der typischen

4 Soziale Kompetenzen aneignen

Gruppenstruktur innehabe. Wie ich die nötigen Kontakte knüpfe und ausbaue, wie ich meine Akzeptanz steigere bei jedem Gruppenmitglied und mich in der Summe solcher Ergebnisse auch der gesamten Gruppe als Impulsgeber empfehle, folgt vielen bereits behandelten Einzelaktivitäten.

In vielen sozialen Gebilden, seien dies Kleingruppen oder Betriebe bilden sich typischerweise zwei zentrale Funktionen heraus, in der Kleingruppe in Gestalt einer Figur, in größeren Sozietäten häufig in Gestalt einer offiziell dazu ermächtigten oder inoffiziell als solche agierenden Instanz. Die eine (Person oder Instanz) sorgt für das Verfolgen der Gruppenziele (häufig also für Leistung). Dieses Streben wird auch mit ‚*Lokomotion*' bezeichnet. Der anderen ist es um den Zusammenhalt zu tun. (hier geht's z. B. um Fürsorge, Rücksicht, Beliebtheit usw). Diese Bestrebung wird auch mit ‚*Kohäsion*' bezeichnet.

In Betrieben gibt's den leistungfordernden Chef und den für Beschwernisse eingerichteten Betriebsrat, ggf. ergänzt um den für das neben aller Leistung wichtige Wohlergehen eingerichteten Ausschuss für Betriebsfest und/oder -ausflug. Beim Militär gibt's den Einheitsführer und den Spieß, und in Kleingruppen bildet sich meist jemand heraus, der ein Auge darauf hat, dass das, wofür sich diese Gruppe zusammengefunden hat und einsetzt, auch verfolgt wird, und jemand anders meist, der besonders beliebt, vertrauenswürdig und auch für Persönliches der Mitglieder zugänglich ist.

Die Inhaber dieser Zentralfunktionen haben mehr Einfluss als jedes Nur-Mitglied. Wenn Sie als Gruppenmitglied Interesse am Gestalten der Prozesse oder des Klimas dieser Ihrer Gruppe haben, sollten Sie sich möglichst dicht an eine der zwei einflussstarken Funktionen entwickeln oder diese gar selbst einnehmen und ausfüllen.

Gute Möglichkeiten und Wege, sich Menschen gewogen zu machen, sind (weiter oben) bereits in unser Portfolio sozialer Kompetenzen transportiert worden.

(10) Konfliktäre Prozesse lenken und heilen
Verstehe ein anderer, warum die Welt voller Konflikte ist! Mit Konfliktlagen umzugehen und diese ggf. zu heilen ist eine gewiss unverzichtbare Kompetenz im Rahmen unserer erstrebten Umgangsformen, so wichtig, dass ihm ein ganzes Kapitel dieses Buches gewidmet ist: ‚Duett statt Duell' (Kap. 6). Daher an dieser Stelle – so knapp es geht – nur die ‚Essentials'.

Wenn wir ‚Konflikt' auffassen als einen Prozess mit dem *Primärziel gegenseitiger Schädigung,* also im Unterschied zu ‚Konkurrenz', ‚Rivalität' und anderen Lagen, wo das Gegeneinander nur als Begleiterscheinung durch den Wettbewerb um das eigentliche Ziel entsteht, dann ist der Konflikt etwa das Irrationalste, dessen wir fähig sind, nämlich mit zweiseitigen Primär- und unkalkulierbar vielen und gravierenden Sekundärschäden, ebenfalls zweiseitig.

Auslöser bzw. Ursachen sind Fehlverständnis, ausschließende Interessen und (Ehr-) Verletzung. Der einen Ursache gesellen sich üblicherweise die anderen zu. Lösungen sind Kompromiss, Kompensation und Komplementarität. Schwelle unserer Neigung zur Eskalation ist die Wertung der anderen Seite als ‚empörend unangemessen'. Unsere Neigung zur Rache ist körperlich in uns angelegt durch das bei Rache endokrinologisch ausgeschüttete Dopamin und seine psychogene Triumphwirkung.

Bedenken wir (rational) die zu erwartende verheerende Bilanz des Konflikts, gelingt uns, aus Affekt und Dopaminsucht in den Freiraum zu einem der drei Lösungswege zu steuern (Kompromiss/Kompensation/Komplementarität) und mit – beidseitigem – Vorteil in eine kooperative Zukunft mit dem vordem vermeintlichen Gegner.

(11) Auch in peinlichen Situationen souverän bleiben
Auch unser wichtiges Bestreben, auch in peinlichen Situationen souverän zu bleiben, ist so grundlegend bedeutsam, dass ihm im Buch das eigene Kapitel ‚Von Scham bis Charme' gewidmet ist. Daher hier das Wichtigste dazu in knappster Darstellung.

Je nach kultureller Prägung und individueller Sozialisation engen wir uns ein in unseren Verhaltensmöglichkeiten. Im – meist zufälligen, ungewollten – Überschreiten dieser Grenzen reagieren wir mit Scham und büßen unsere Fähigkeit ein, die interne und externe Situation objektivitätsnah wahrzunehmen, und zeitgleich auch unsere situative Souveränität.

Beide Verluste sind in aller Regel gänzlich unnötig, mindestens aber in ihrem Ausmaß völlig ungerechtfertigt, wie sich im Vergleich der schaminfizierten Eindrücke mit den Schilderungen neutraler Zeugen derselben Situation(en) erfahren und erlernen lässt. Verhaltensrelevantes Ergebnis dieses (erfahrungsgestützten) Abgleichs der beengenden Schamreaktion mit den als angemessen zu bewertenden tatsächlichen Verhaltensoptionen ist ein generalisierbarer Zugewinn an Freiheit in jedweden sozialen Situationen, an Freiheitsgraden.

(12) Sich selbst im Griff haben und steuern
Unser letztes Etappenziel im Katalog ist, uns selbst im Griff zu haben. Wir leben in und mit unserem Körper, sind materiell sogar dieser, und können nicht mal des Konstrukts dessen sicher sein, was mit dem Begriff ‚Seele' religiös oder sonstwie transzendental verheißend über den Körper hinausgeht, trotz (oder wegen?) aller medizinisch- oder psychologisch-wissenschaftlichen Erkenntnisse und Praktiken.

Verschiedentlich sind hier, in diesem Kapitel und in anderen dieses Buches, organische, physiologische, auch endokrinologische Eigenheiten angesprochen worden. Unsere unvorstellbar lange Ahnenreihe hat zu unzählbaren anpassenden oder disruptiven Veränderungen unserer Körperlichkeit geführt, die unser heutiges Empfinden und Verhalten beeinflussen und mitbestimmen.

Gemeinsamkeiten in Genetik, Epigenetik, Sozialisation und Kultur haben das entstehen lassen, was wir (im Moment noch) als Gesellschaft bezeichnen. Eine solche Gesellschaft, von der Familie über den Clan, die Stammesgesellschaft bis zum Staat, zeichnet aus (und ist Teil ihrer begrifflichen Definition), dass ihre Mitglieder einem Wertekanon unterworfen sind, dessen vorbildliche Erfüllung belohnt und dessen Nichteinhaltung geahndet wird. Positive wie negative Sanktionen bemessen sich an Kriterien wie Zentralität der jeweiligen gesellschaftseigenen Erwartung, Ausmaß ihrer Über- oder Untererfüllung sowie Status und Macht des zu sanktionierenden Mitglieds.

Mich selbst im Griff zu haben setzt zunächst voraus, dass mir das Normengefüge und die Erwartungen meiner jeweiligen Gesellschaft (denn wir gehören mehreren zugleich an) bewusst sind. Auch muss ich die Bandbreite der Toleranz einschätzen können, innerhalb der mein Verhalten von der sozialen Umgebung zu bewerten sein wird. Dies sind die Parameter der *äußeren Norm*.

Da alle Menschen ungleich sind, wie jeder weiß, und auch ich als Individuum nicht exakt eine Verkörperung des Durchschnitts aller Werte dieser Gesellschaft sein kann und werde, gibt es eine, von der äußeren abweichende, mich ebenfalls bestimmende *innere Norm*. In einer vielleicht außergewöhnlichen Situation die sozialen Normen nicht zu verletzen und gleichzeitig ‚mir selbst treu' zu bleiben, erzeugt dieses akute Dilemma, dessen Nachspiel bisweilen vor Gericht stattfindet.

Ehrgefühl, Temperament, Sensibilität, Überzeugungen, eigene soziale, kulturelle oder religiöse Verhaltensnormen stehen im Dilemma zu dem, was die Umwelt zu akzeptieren bereit ist. Was vielen in dieser Konfliktsituation schwerfällt, sich aber erlernen lässt, ist das ‚Sich selbst Wachrütteln' und aus dem physiologisch gelenkten ‚Blindflug' in die – vernunftgelenkte – ‚Handsteuerung' zu wechseln, wie im Konfliktkapitel näher ausgeführt. Nicht in allen komplexen Situationen ist unser ‚Bauchgefühl' dem wägenden Denken überlegen.

Wachrütteln muss ich mich, wenn ich an und in mir selbst ‚Empörung' feststelle; denn dann ‚will' mein Körper ein anderes Verhaltensprogramm initiieren, als mir das überlegte Denken empfehlen müsste. Nicht mal eine Sekunde Wachheit brauche ich nach dem Alarmsignal Empörung und mir wird die Entscheidung bewusst, in der ich mich befinde: Blindflug in die Katastrophe oder Steuerknüppel in die Hand, Blick auf Karte und Gelände, Kurs auf sichere Landung auf geeignetem Platz.

Genau diesen Empörungsalarm und die durch ihn ausgelöste kurze ‚wache Pause' (ich nenne sie ‚wohin-führt-das-Pause') muss ich mir angewöhnen, um mich selbst im Griff zu haben, mehr nicht; aber es ist von großem Wert, sich diese nicht mal eine Sekunde abzuverlangen. Von noch größerem Wert ist dieses mein Programm, wenn ich Führungsfunktionen anstrebe; denn, wie soll jemand glaubwürdig und überzeugend andere führen, der nicht einmal sich selbst zu führen vermag, sondern sich seinem Affekt preisgegeben und unterworfen hat. Mit solchem Hampelmann wären selten und nur per Zufall mal Vernunftziele erreichbar.

Hier folgt eine Aufstellung, wie wir zwischenmenschliche Situationen positiv gestalten.

Begegnungen, Gespräche und Beziehungen ins Positive wenden

Wie wir Mitmenschen zu mehr interaktiver Freude bringen (ego- wie altruistisch):

1. **Eigene Haltung**
   - souverän – nicht dominant; dabei selbstrelativiert
   - selbstsicher – nicht unsicher und nicht aggressiv; dabei humorvoll
   - Konflikt ist die nach-, Kooperation die vorteiligste Beziehung (beiderseits)
   - daher werden auch meine Gegenüber die Kooperation bevorzugen
   - ‚Kopf-' statt ‚Bauchsteuerung'; raus aus dem Joch des nucleus caudatus

2. **Haltung zum Gegenüber**
   - neugierig auf den anderen Menschen und die dadurch neuen Chancen
   - zugewandt in Körperhaltung und per Sympathie
   - Empahie: anteilnehmen, mitempfinden, mitleiden, vor allem mitfreuen
   - ein- statt ausladen, Brücken bauen, ziehen statt drücken
   - menschlicher Charme, verständnisinnig gemeinsam amüsiert

3. **Thematik**
   - Gemeinsamkeiten in Haltungen, Empfindungen und Lachanlässen
   - Entsprechungen und Parallelen
   - bei Andersartigkeit: Perspektiven gegenseitiger Ergänzung
   - Empfindungen, Gefühle und Wertungen des Gegenübers
   - Aus- und Absichten und Regeln für Kommunikation und Kooperation

4. **Methodik**
   - bewusste Registrierung para- und nonverbaler Mitteilungen (im Kontext)
   - angriffsfrei, ‚auf Augenhöhe', nicht hierarchisch

- professionell fragend; sicherstellend, standpunkt- und perspektivorientiert
- bei Abweichung vom Kooperationsweg: instrumentell-metakommunikativ
- Weckruf zu rationaler Kosten-Nutzen-Bilanz beider und ihrer Intentionen

5. **Äußerungen**
   - Regeln des Umgangs
   - Verbalisierung emotionaler Erlebnisinhalte, Spiegeln der Empfindungen
   - Chancen von Kompromiss oder Kompensation; hilfsweise Komplementarität
   - auf Basis guter Beziehung: Ich-Botschaft als Mitteilung eigener Erschwernis
   - Wunsch und/oder Bitte, (statt Kritik und Vorwurf)

Literatur

Langer, I., Schulz von Thun, F., & Tausch, R. (2015). *Sich verständlich ausdrücken.* München: Ernst-Reinhard Verlag.

5

Umgehen mit dem Nachbar(sch); so ohrfeigen, dass was zurückbleibt, aber nichts zurückkommt

In einem Gespräch über dieses Buchprojekt hatte ich gerade meine überzeugt friedfertige, konstruktive und zur Konstruktivität einladende, wenn nötig auch verführende Grundhaltung und deren Einwirkungsmöglichkeiten dargelegt und, wie ich glaube, auch stichhaltig begründet, da hat mich ein Einwand überrascht. Dieser lautete: *„Aber es gibt doch diese unverbesserlichen Arschlöcher, denen wir aus verschiedenen Gründen nicht aus dem Wege gehen können. Was mache ich denn in diesen unvermeidbaren Begegnungen?"*

Diese Frage, so werden wohl die meisten denken, hätte ich doch mir selbst stellen müssen, und zwar ganz früh, und nicht erst nach jahrelang fortgeschrittener Arbeit in der Thematik ‚wie gehen Menschen miteinander um und wie sollten sie's künftig besser tun?'. Vielleicht habe ich im Umgang mit dieser Kategorie Mensch außergewöhnlich wenig Erfahrung.

Zwar erinnere ich mich an Schulzeiten, eher vor oder noch während meiner Pubertät, in denen es einen Mitschüler gab, den ich nicht ‚verknusen' konnte, wie man in Hamburg sagt, und dessentwegen ich ja nicht in Schulstreik treten oder die Schule hätte wechseln können (letzteres zudem mit der Ungewissheit, ob solch Wechsel nicht einem Wechsel vom Regen in die Traufe gleichkäme).

Dieser aus jetziger Betrachtung naheliegende Einwand hat mich stutzig gemacht und mir die Frage aufgenötigt, warum dieses ‚nicht-verknusen-Können' in meiner frühen und späteren Reifezeit kein persönliches Problem mehr aufgeworfen hat, während es doch – folgt man den üblichen Unterhaltungen unter Kollegen, Nachbarn oder Vereinskameraden – für sehr viele eine lästige Begleiterscheinung in der Breite ihres zwischenmenschlichen Umgangs ist.

Aus vielen dieser Gespräche ließ sich unschwer erkennen, dass der Schildernde mindestens einen ‚Lieblingsfeind' hatte, mit dem ein friedfertiges Auskommen völlig außer Reichweite schien: man war unvereinbar, die Begegnung aber unvermeidbar. Und bei mir gab's das auch beim Durchforsten meiner Erwachsenenjahre nicht. Welch glückliches Schicksal hat diese fiesen Typen von mir ferngehalten oder mich von ihnen?!

Solch begnadeter Zufall ist eine mögliche Erklärung. Und das Schicksal war mir eben gnädig über so viele Jahre hinweg. Ist es wirklich unabwendbares Glück oder Pech, das uns den Fiesling in der Nachbarschaft erspart oder aber beschert, mit dem kein gedeihlicher oder wenigstens neutraler Umgang machbar ist?

Der durch den ebenso unerwarteten wie doch so naheliegenden Einwand ausgelöste Reflexionsprozess hat mir zwei weitere Erklärungen jenseits des Schicksals nahegelegt, und damit sogar meiner persönlichen Einflussnahme zugänglich gemacht, nämlich die eine: durch mein eigenes *aktives* Verhalten, die andere: durch meine eher neutrale statt provozierte *Reaktionsweise*.

Wer mir fies gegenübertritt fordert mich dadurch auf, im Sinne der uns allen eigenen Reziprozitätstendenz, zu einer vergleichbar fiesen Reaktion, sei diese nun auf gleichem Level, ein wenig milder, oder etwas verstärkt – je nach empfundener Provokation und Empörung; so sind wir nun mal konstruiert.

Aber ich muss ja nicht Gleiches mit Gleichem vergelten. Ich kann mir die Freiheit nehmen und das vordergründig desavouierend wirkende Verhalten als nicht wirklich so gemeint auffassen; ich könnte es sogar als vom Motiv her eigentlich gut gemeint, aber eben sehr missverständlich geäußert unterstellen und mit einer dankbaren oder sonstwie anerkennenden Bemerkung quittieren. Mit meiner für ihn überraschend wohltuenden Reaktion hätte ich ihn dann zu wohlmeinender Reziprozität eingeladen und diese Begegnung auf ein neues, ein akzeptables Fundament gestellt.

Diese auch im Kapitel ‚Vom Trumpelpfad auf's Parkett des Umgangs' näher dargestellte, mir vor Jahrzehnten zugewachsene Freiheit, den Partner durch meine überraschend positive Reaktion so kompatibel oder gar zugewandt zu machen, wie es für mich besser auskommt, hat eine weitere positive Folge: ich werde ein beliebterer, weil immer als konstruktiv erlebter Umgang – und mit dem will sich's ja keiner verscherzen; also schwindet die Wahrscheinlichkeit eines Fieslings in meiner persönlichen Umgebung.

Je angenehmer ich in meiner Umgebung erlebt werde, desto größer ist das Gewicht meines Einflusses auf die mir zugetanen Mitmenschen. Das dürfte eine erfahrungsbasierte und leicht nachvollziehbare Erkenntnis sein.

Den meisten Menschen ist wohl daran gelegen, dass sie in ihrem Umfeld geschätzt werden. Welche Kombination von guten Eigenschaften der einzelne am liebsten von seinen Mitmenschen zugeschrieben bekommen möchte, und in welcher jeweiligen Ausprägung, dürfte individuell deutlich variieren. Ich nenne dieses Set persönlicher Akzeptanzhoffnungen das ‚Wunschbild‘ eines Individuums.

Von Person zu Person verschieden ist gewiss auch das Begehren, in der angestrebten Weise erlebt zu werden. Ebenso unterschiedlich ist auch die Motivation und das Geschick, sich gezielt so zu präsentieren, dass wahrscheinlicher wird, in der erhofften Weise erlebt zu werden.

Hier tut sich ein höchst effizienter Weg auf, den persönlichen Einfluss – wenn Sie wollen: auch taktisch – zu nutzen und zu steigern. Je konkreter und differenzierter Sie das Wunschbild des Partners erfasst haben, desto leichter und effizienter können Sie diesen Menschen zu ‚Investitionen‘ zugunsten dieses seines Wunschbildes bewegen. Es lohnt sich, darüber konkret nachzudenken – gerade im Zusammenhang mit dem zunächst als ‚Arschloch‘ aufgefassten Mitmenschen, aber auch mit anderen.

Mir ist noch kein Mensch begegnet, der ausschließlich negativ zu bewertende Eigenschaften hatte – und ich habe privat und beruflich unzählige Menschen, und sehr viele darunter auch näher kennengelernt. Unter denen, die ich näher kennenlernen durfte oder konnte, war kein einziger, der aus meiner Sicht mehr abzulehnende als schätzenswerte Eigenschaften hatte; und ich bin geneigt, diese Erfahrung zu generalisieren: jeder Mensch hat mehr schätzenswerte als abzulehnende Eigenschaften.

Allerdings spielt uns bisweilen unsere Subjektivität einen Streich, und wir entdecken die guten, aber durch den Schlagschatten der gerade entdeckten schlechten Merkmale verdeckten, nicht sogleich. Hier lohnt sich, mal in stiller Stunde bewusst mit der Taschenlampe in der Hand der Frage nachzugehen, welche schätzenswerten Eigenheiten wir beim verärgerten Blick auf diesen Menschen übersehen haben könnten und welche bereichernden Perspektiven sich in deren Nutzung ergeben können. Dies wäre der oben erwähnte, aus der Änderung der eigenen (vorgefasst ablehnenden) Haltung sich ergebende Ausweg aus dem unabwendbar wiederkehrenden Ärgernis der Begegnung mit dem ‚Noch-Arschloch'.

Meine aufklärungsbedürftige persönliche Erfahrung, im Erwachsenenalter keine unwiederbringlichen Fieslinge in meiner Umgebung erlebt zu haben, schreibe ich weniger einem wohlmeinenden Zufalls-Schicksal zu, sondern eher einer wie auch immer gewachsenen Haltung, mit der Verschieden- und Andersartigkeit der Menschen um mich herum akzeptierend umzugehen, ja, diese sogar als bereichernd und nützlich zu erleben, und dies auch in meinem Verhalten auszudrücken.

Nun aber, als Einschub, der Versuch einer kleinen Überlebenshilfe für die Situation, in der Sie den unvermeidbaren Fiesling nicht zum Besseren konvertieren wollen, weder, indem Sie ihn durch Ihr (Positives unterstellendes) Verhalten ‚bekehren', noch, indem Sie Ihre verärgerte Haltung zu einer ausgewogeneren korrigieren. Sie wollen souverän und möglichst mit kultivierter Bosheit Ihren verdienten Respekt einfordern.

Die Lage ist: es lässt sich nicht vermeiden: ich begegne ihm immer wieder, und die Lebensfreude ist hin, manches Mal schon im Voraus, in der Erwartung des unvermeidbaren Zusammentreffens, z. B. im selben Wohnkomplex oder Gremium. Und diese Begegnungsstätte (Wohnnachbarschaft, Eigentümerversammlung, Sportausschuss, Elternpflegschaftsversammlung, Vereinsvorstand, etc.) kann oder sollte ich auch nicht verlassen allein wegen dieser Unperson; denn das wäre gleich doppelt unverantwortlich: ich würde meinen Einfluss verlieren, an dem mir doch gelegen ist, und statt meines – guten – Einflusses würde die – schlechte – Seite gestärkt. Kommt also gar nicht in Betracht.

Natürlich habe ich für mich selbst und bisweilen auch mit vertrauten Partnern darüber fantasiert, mit welchen Reaktionen ich bei einer nächsten unliebsamen Begegnung so die Oberhand behalte, dass sich dieser Genuss der Genugtuung einstellt, der ja einige der leidvollen Vorerlebnisse ausgleichen könnte und bei diesem Nachbarschloch auch als Warnhinweis für die Zukunft wirken würde. Das ist die ‚hohe Schule': Ohrfeigen so zu geben, dass was zurückbleibt, aber nichts zurückkommt.

Das Bewusstsein, im Besitz sorgfältig ausgewählter Munition zu sein, ist zwar nicht der Weisheit letzter Schluss, stärkt aber – bereits vorbereitend – das Selbstbewusstsein, und viel mehr noch nach erfolgreicher Anwendung. Daher folgt hier als Anregung eine Auswahl an pro- und reaktiven Einlassungen, die (dezidert dediziert) dem Fiesling eine souveräne Reaktion in gegebener Situation erschweren wird. Stecken Sie für den Bedarfsfall einige solcher Patronen in Ihr Magazin, am besten natürlich welche aus Ihrer eigenen Produktion, zu der diese Auswahl Sie auch deswegen anregen soll, weil das Absondern körpereigenen Gifts wohltuende Effekte zeitigt; also hier fünfzig nutzbare Anregungen von mir:

1. Ich akzeptiere Ihre Bemerkung in dem Bewusstsein, dass unsere Gesellschaft jedem gestattet, den Grad seiner Lächerlichkeit selbst zu bestimmen
2. Dass Sie regelmäßig wiederkommen unterscheidet Sie von anderen Katastrophen
3. Reden sie ruhig weiter, bis Ihnen etwas einfällt

4. Ich vermute, Ihr Verhalten hat medikamentöse Ursachen
5. Lassen wir mal jeglichen Verstand beiseite und wenden uns Ihrer Bemerkung zu
6. Sie haben viel von einem Vulkan; allerdings ist ein Vulkan ein Erdloch
7. Sie verstehen zwar das meiste nicht, das aber ungemein schnell
8. Wenn Sie sich von außen erleben würden, wären Sie ähnlich amüsiert wie wir
9. Ihre Auftritte zeugen weit mehr von Verwegenheit als von Kompetenz
10. Die Werbung sagt: nichts ist unmöglich. Sie belegen als Person überzeugend, wie falsch das ist
11. Was? Sie können nicht hexen? Kann denn Aussehen so sehr täuschen?
12. Ihr lautes Echo auf die simple Idee lässt auf viel Resonanzraum in Ihrem Kopf schließen
13. Was haben wir der Personalabteilung angetan, dass die uns Sie geschickt hat?
14. Figürlich haben Sie sich nicht groß verändert, nur anders verteilt
15. Sie sind noch unter uns, aber nicht mehr bei sich
16. Hat Ihnen das Ihr Therapeut aufgegeben?
17. Wenn Sie sich für etwas erwärmen, wird das bestenfalls ein Strohfeuer; das liegt an dem, was man bei anderen ‚Hirn' nennt
18. Sie sehen aus, als bliebe Ihnen nur der zum Scheitern verurteilte Fluchtversuch in die Intellektualität
19. Sie sind so ganz anders, als die lobenden Worte bei Ihrer Einführung erwarten ließen
20. Kennen Sie Ihren Chef auch vom Angesicht? Bestens vertraut ist Ihnen offenbar ja seine Hinterpartie
21. Angekündigt wurden Sie als ‚graue Impertinenz'
22. Sie gehören zu den Promis der Kuität

23. Ich frage mich, was zu meiner seelischen Gesundung nötig wäre, wenn ich, in den Spiegel blickend, mich darin mit einer Gestalt wie der Ihren konfrontiert sähe
24. Wenn Sie mich unterbrechen ist das insofern unentschuldbar, als Ihr Format ausschließt, dass Sie bereits ahnen könnten, was ich im Weiteren zu sagen beabsichtige
25. Haben Sie jemals verantwortlich darüber nachgedacht, diese malade Welt zum Zwecke ihrer rascheren Genesung zu verlassen?
26. Ihr Dasein in der Funktion belegt unzweideutig, dass für Karrieren andere Kriterien den Ausschlag geben als Eignung und Leistung
27. Das war phonetisch wohl nicht klar genug: hier ging es um einen ‚grandiosen Einfall‘, nicht um ‚grandiose Einfalt‘!
28. Man spürt bei Ihrem Erscheinen und sieht Ihnen an: Sie gehören zur Promillenz
29. Es hat sich als überlegen erwiesen, in Führungstrainings exzellente und desaströse Beispiele plastisch gegenüberzustellen. Für die zweite Rolle wollen wir Sie gewinnen und können dabei auf langen Schauspielunterricht verzichten
30. Das Artenschutzgesetz ist nachvollziehbar begründet; Ihr Dasein verlangt von der Legislative nun ein Unartenschutzgesetz
31. Für die Fliegerei modellhaft, was Ihnen da intellektuell gelingt: übergangslos von der Schubabschaltung zur Schubumkehr
32. War mir bislang nicht bekannt, dass es jetzt auch Familienpackungen gibt mit Schwachsinn
33. Wie lange wir schon kein Feindbild mehr hatten, wird mir erst durch Ihre Erscheinung bewusst
34. Klar. Ich begreife: Sie sind Dozent, nicht dezent
35. Verbeamtung macht's möglich: Leergut auf Lehrstuhl

36. Was hier Licht reflektiert ist der Arroglanz Ihres Alkohohlkopfes
37. Vorgänge, die über Ihre Mitzeichnung zu mir gelangen, datiere ich mit der C-14-Methode
38. Als Redner fallen Sie unter das Betäubungsmittelgesetz
39. Für das Heer hat die Luftwaffe das Erdgeschoss
40. Lieber Gast, Du fühlst Dich bei mir viel zu Hause!
41. Unter Akademikern sind Sie mit Ihrem zweiten juristischem Examen nun ein Jenachdemiker
42. Sie sind mein erster Chef mit rheinischem Akzent: ein Hierarsch
43. Beamte beatmen! Unkundig weil unkündbar
44. Bei Aufnahme Ihrer Dienstpflichten ist Ihnen offenbar ein Begriff verrutscht: es war mit ‚Aufgabe' nicht Kapitulation sondern Pflicht gemeint
45. Ihre Treue zum Staat ist die des Schmarotzers zum Wirt
46. Sie sind Beamter? – Bei Ihnen ist das zugleich Beruf und Befund!
47. Zum Priester wurden Sie wohl nicht gesalbt, sondern angeschmiert
48. Ich erkenne: trotz Verbeamtung sind Sie Exkremist
49. Als Zwischenvorgesetzter haben Sie ein ausgeprägtes SadoMaso-Profil: nach unten Sado, nach oben Maso
50. Unter der Tarnkappe Ihrer Beflissenheit erkennt man Sie als kotaugebeugten, geiferbesabberten, mikrozephalen Charakterzwerg in der Funktion Hofschranze.

Wohlgemerkt: ich habe zwar das ‚Kriegshandwerk' mal gelernt und darin gewissermaßen auch ein wenig reüssiert, aber aus Überzeugung kann ich niemandem den Weg in den Konflikt empfehlen. Näher ausgeführt, begründet und mit profitablen Alternativen zum zerstörerischen Konflikt ergänzt ist diese meine Position im Kapitel ‚Duett statt Duell – klären statt gären' (Kap. 6).

Eleganter als der im besten Falle respekterzeugende Einsatz obiger ‚Mann-Stop-Munition' dürfte sein, wenn Sie die von Ihnen als feindselig bewertete Begegnungssituation mit dem besagten ‚Nachbarsch' mit einer sie beide zum Lachen reizenden, vielleicht entwaffnend bekenntnishaften Offenbarung angehen, wie: ‚*Ich hab mir's Hirn zermartert, wie ich Ihnen mal ähnlich fies begegnen könnte, wie Sie mir üblicherweise. Mir ist nichts Taugliches eingefallen. Könnten Sie mir mit Ihrem unerschöpflichen Born mal aushelfen?*' oder: ‚*Eben denke ich mal an nichts Böses und dann kommen plötzlich Sie*'. Wichtig ist, dass Sie unmittelbar darauf lachen, weil Sie damit signalisieren, dass Sie sich Ihres Angriffs bewusst sind, zum anderen aber auch Ihrer eigenen Schäbigkeit, nämlich normalerweise immer Böses zu denken. Hier haben Sie sich selbst eine Ohrfeige verpasst und dabei auch den anderen getroffen.

Selbstrelativierung lädt zu klärender Kommunikation ein und ist eng verwandt mit Humor, einer überaus schätzenswerten menschlichen Eigenschaft. Gemeinsames Lachen verbindet, und solche doppelte Offenbarung fordert zugleich auf zu einem ersten ansatzweisen Gespräch über die Beziehung, jetzt oder bei nächster Gelegenheit; auch eins über eigene Schwächen oder Defizite eigenen Soseins ebnet die wichtigen Wege des Zu- und Miteinanders, die heute einzig verantwortbar sind.

6

Duett statt Duell – klären statt gären

Vom Konflikt zur Kooperation? Warum eigentlich? Und wenn schon, wie denn? Vielen ist nicht klar, dass sie mit jedem Vorwurf, den sie direkt äußern, das Beheben dessen, was sie vorwerfen, selbst erschweren, indem doch ihr Gegenüber auf den Vorwurf sofort und reflexhaft mit offener oder verdeckter Opposition reagiert: jeder macht das; also haben sie damit den Weg zur Lösung verlängert und beschwerlicher gemacht.

Und selbst wenn ich begriffen hätte, dass ich mit meinem Vorwurf gegen meine eigenen Interessen handele, bliebe doch die Frage, wie ich dasselbe denn ohne Vorwurf ansprechen kann, also im Sinne meiner Interessen? Die Antwort ist denkbar einfach: ich äußere eine *Bitte* oder einen *Wunsch*. Eine weitere probate Möglichkeit ist die sogenannte *'Ich-Botschaft'*.

Auf solche Zusammenhänge können wir gewiss leicht selbst kommen, nämlich, wenn wir darüber nachdenken; aber wer tut das schon? Neigung und Befähigung zur Analyse sind üblicherweise da besonders gering, wo wir erregt sind, und das sind wir, wenn wir zum Vorwurf neigen.

Meist beginnt ein Konflikt so: wir haben eine Vorwurfshaltung zu unserem Gegenüber eingenommen, sind erregt und wollen die Sache nicht auf sich beruhen lassen. Eine von drei Ursachen hat diese konfliktträchtige Lage herbeigeführt: Fehlverständnis, einander ausschließende Interessen oder Verletzung.

Der einen tatsächlich auslösenden Ursache werden gern und schnell die zwei anderen als Brandbeschleuniger hinzugegeben. So wird der falsch aufgefassten Bemerkung des anderen sogleich eine verletzend herabwürdigende Absicht unterstellt und schon sind auch Unvereinbarkeiten in Reichweite. Im späteren Rückblick gelingt nur schwer, den wahren Auslöser noch zweifelsfrei auszumachen.

Nach meiner Beobachtung ist *Fehlverständnis* der häufigste, aber häufig unerkannte (erste) Auslöser von Konflikten, besonders in kulturellen Milieus, in denen implizit kommuniziert wird, in welchen man also das Gemeinte gern ‚zwischen den Zeilen' mitteilt, und der andere es dann mehr oder weniger treffsicher herausinterpretiert.

Zur Ursache *einander ausschließende Interessen* möchte ich aus Erfahrung ein ‚vermeintlich' ergänzen; denn häufig ist zu beobachten, dass beide Kontrahenten mit zunehmender Vehemenz der Auseinandersetzung umso engere Scheuklappen tragen und an sich plausible Wege zur Vereinbarkeit nicht mehr leicht erkennen.

Mit *Verletzungen* als Konfliktursache sind neben (den selteneren) körperlichen vor allem die Beeinträchtigungen des Selbstkonzepts, des persönlichen Ehrgefühls des Partners, wie auch solche der Achtung in einem sozialen Umfeld gemeint.

6 Duett statt Duell – klären statt gären

Die Nichtbeachtung der von einem der Partner als allgemeinverbindlich angesehenen Norm durch den anderen (etwa das ‚Verpetzen': der Kollege schwärzt mich gleich beim Vorgesetzten an, statt zunächst mit mir das Gespräch zu suchen) lassen sich als Verletzung auffassen wie auch als einander ausschließende Interessen. Solche Inkompatibilität von Normen und Gepflogenheiten ist typisch für die konfliktträchtige Begegnung von Trägern unterschiedlicher Sozialisation oder Kultur. Zusammenschauend lässt sich feststellen, dass Konflikten jeweils ein *Mangel an Komplementarität* zugrunde liegt.

Der begonnene Konflikt macht bald jeden der Partner zum Gegner des anderen. Es entsteht eine mechanisch anmutende Regelhaftigkeit wechselseitiger Zumutungen, die wir im Rückblick gern mit: ‚ein Wort hat das andere ergeben' kennzeichnen. Der entstandene Eskalationsprozess, das beiderseitige ‚Klettern auf die Palme', nähert sich mehr und mehr dem ‚Point of no Return', ab welchem beide Kontrahenten das Empfinden haben, ohne Gesichtsverlust nicht mehr zurück zu können. Schlimmerweise geht's dann vielfach über diesen Punkt hinaus.

Meine – typische – konkrete Konfliktlage könnte beispielsweise so aussehen: *„Geärgert hab ich mich, sehr sogar; denn das war schon arg beleidigend, wie herablassend, ja hämisch sich der Kollege in der Besprechung über meinen Arbeitsbereich, und mich persönlich, geäußert hat. Hätte ich mir derlei Verletzung etwa gefallen lassen sollen? Von wegen! Nichts da! – Meine Replik war dann ja auch entsprechend schmerzhaft für den. Nun gut, er hat sich dann noch bemüht, eins drauf zu setzen; aber das hat wohl jeder als ‚ziemlich daneben' verbucht; war es ja auch: völlig unsachlich. Dann hat eins das andere ergeben, bis der Chef, erregt, wie ich ihn bisher nicht gekannt hab, uns beiden ‚den Mund verboten' hat. Insgesamt bin wohl eher ich als Sieger aus dem Schlagabtausch hervorgegangen."*

Als Sieger? Vielleicht, nach Punkten; aber auch als Gewinner? Meist ist es mit einem Gefecht nicht getan. Oftmals bricht danach offener Krieg aus, oder gar verdeckter, der länger währt und mehr zerstört. Mehrfach habe ich in der Folge ähnlicher Anfänge erlebt, wie bald darauf Reifen zerstochen oder andere Attentate auf Besitz, Ruf oder Leib des Kontrahenten vorgenommen wurden. Häufig formiert jeder der Kampfhähne eilig eine Partei um sich, die dann gegen die andere Front macht – verheerend für betriebliche Abläufe, für nachbarschaftliches Leben, für jederlei gedeihliche Lebensgestaltung überhaupt.

Klar geworden ist mir, dass im Alltag mein Interesse nicht Sieg sein kann – nicht nur wegen der Gefahr von ‚Pyrrhus-Siegen'. Wen ich besiegt habe, den habe ich ab da als Feind, und ‚viel Feind, viel Ehr' ist doch ein schlimmes Postulat aus der Vorzeit heute verantwortbarer Vernunft, zudem mit einem Begriff von Ehre, der nicht meiner werden kann. ‚Viel Feind, Leben schwer' überzeugt mich mehr.

Nicht Sieger will ich sein, sondern Gewinner, was möglich macht und anstreben lässt, dass auch mein ‚Partner' (nicht Gegner) einen Gewinn davonträgt; umso lieber wird er künftig mit mir zu tun haben wollen.

Selbst Ehen sind an lächerlichen Konfliktauslösern zerbrochen wie an wiederholt in der Mitte gedrückten statt, wie es der Partner wünscht, vom Ende her aufgewickelten Tuben, oder an anderen Nichtigkeiten, über die man außerhalb nicht mal sprechen würde. Kurios ist, dass ab einem gewissen Punkt die Auseinandersetzung sich verselbständigt, so als wären nicht mehr zwei vernunftbegabte Menschen am Werk, sondern zwei Automaten, deren Programm die Wucht ihrer zerstörerischen Attacken wechselseitig in die Höhe treibt, bis diese zum tödlichen Infarkt für die Ehe wird.

6 Duett statt Duell – klären statt gären

Die gedrückte Tube wird von Mal zu Mal deutlicher ein Beleg dafür, dass wir nicht (mehr) respektiert werden, wie wir glauben, es verdient zu haben, zum untrüglichen Indiz für Missachtung, unabweisbares Zustandsbild einer gescheiterten Beziehung. Der Centartikel erhält das Gewicht unserer persönlichen Ehre.

Vormalige Partner werden Gegner und stehen am Ende vor einem Scherbenhaufen der zerrütteten Beziehung, jeder auf seiner Seite: verkorkste Verhältnisse plötzlich, wo vorher alles leidlich klappte. Aus geringstem Anlass führen wir nun einen kräftezehrenden und verwundungsintensiven Krieg, wo wir zuvor kooperiert haben: Nachteile also auf beiden Seiten, wo vorher für beide Vorteile waren!

Wir machen's trotzdem – sogar immer wieder auf's neue: wir degradieren uns selbst zur Marionette, zum Sklaven eines Funktionsreflexes unserer wunden Seele. Kommt Ihnen das bekannt vor? Wir alle haben es in unterschiedlichen Szenarien erlebt – erleben müssen.

Was sich so in Ehe und Beruf zuträgt, in Nachbar- und Verwandtschaft, in Verein, Hochschule, Politik und wo immer sonst sich Leute begegnen, kostet wertvolle Zeit und Energie, opfert Ressourcen und Lebensqualität – und wofür? Wo ist der Ertrag? Einzig, dass man den anderen schädigt. Schaden auf meiner Seite nehme ich in Kauf um des Schadens auf des Gegners Seite willen – nur Schaden, nicht das Bisschen wirklicher Nutzen! Keine Vernunft der Welt kann das rechtfertigen.

Daher nun fünf entscheidende Fragen zu meiner Haltung und Gestaltung:

1. Warum gebe ich meine Vernunft an einer bestimmten Stelle auf und folge blindlings dem Weg in die pure Unvernunft?
2. Wie erkenne ich diese bestimmte kritische Stelle?

3. Wie schalte ich um auf – nennen wir es: ‚Vernunftbetrieb'?
4. Wie, wenn mir das gelingt, kriege ich meinen Kontrahenten dazu, gleichfalls umzuschalten und anstelle des destruktiven auch den konstruktiven Weg zu suchen oder wenigstens zu akzeptieren?
5. Wie lässt sich das ohne Gesichtsverlust auf einer der Seiten hinbekommen?

Diesen fünf Fragen wollen wir nachgehen; denn – immerhin: wenn uns gelingt, sie zu beantworten, eröffnen sich Möglichkeiten, planvoll und verlustfrei in ein sowohl menschlich als auch materiell erfüllteres Leben besserer Qualität zu steuern. Uns öffnet sich damit der Weg aus der Kultur des gegenseitigen Besiegenwollens in eine des beiderseitigen Gewinnens.

Mit Konfliktlagen konstruktiv, gar synergetisch, umzugehen erfordert nur wenige Einsichten, Fertigkeiten und Werkzeuge. Einsicht gewinnen muss ich zunächst in eine mir eigene Fehlsteuerung – davon haben wir Menschen mehrere –, in diesem Fall meine physiologisch bedingte Neigung zu unreflektierter Rache, die ich alsbald unter meine Kontrolle bringen sollte.

Unser eingebautes Vergeltungsprogramm ‚Fehlsteuerung' zu nennen, ist zwar einerseits vermessen, handelt es sich dabei doch um ein in unserer Stammesgeschichte entstandenes Reaktionsmuster, das helfen konnte, Angehörige und Lebensgrundlagen notfalls auch unter Inkaufnahme eigener Opfer bis hin zum Tod zu verteidigen, um das Genom zu retten. Unser Problem ist, dass wir heute, ausgestattet mit einem Körper von gestern, Aufgaben für morgen zu erledigen haben.

Andererseits ist es wohl nichts anderes als eine Fehlsteuerung, wenn uns dieses Programm heutzutage – etwa in einem Betrieb mit vielfältig verzahnten Funktionen –

dazu bringt, alle Kontrolle, alle Souveränität aufzugeben und unmündig, quasi automatenhaft in den eigenen Schaden zu steuern, nur, weil wir uns am anderen rächen wollen. Gewiss, wir sind vernunftbegabt; aber wir verhalten uns üblicherweise entsprechend unseren art- und geschlechtstypischen Dispositionen und den vermeintlich ‚bewährten' Mustern, und die steuern heute bisweilen auch mal in die pure Unvernunft. Hier gilt es, unser tradiertes Programm entsprechend unseren gewandelten Lebensbedingungen anzupassen.

Grob skizziert geschieht traditionell nämlich folgendes: mein Empfinden, dass mir soeben schreiendes Unrecht widerfährt, lässt meine physikochemische Küche im Hirn hochkochen. Mein Aggressionszentrum (nucleus taeniae) wird neuronal und durch Botenstoffe gereizt, sendet bioelektrische Impulse an alle für Racheakte in Betracht kommenden Steuerungsareale. Diese weisen Vergeltungshandlungen an. Deren Vollzug aktiviert im Hirn den Schweifkern (nucleus caudatus), ich nenne ihn auch den ‚Kern der Unvernunft' (er ist übrigens auch beim Verlieben beteiligt), der mich mit körpereigenen Drogen belohnt: ich erlebe das mit Dopamin und anderem euphorisierte Hochgefühl der Genugtuung. Mich zu rächen verschafft mir Glücksgefühle, sogar, obwohl ich dabei selbst Schaden nehme: ‚Rache ist süß'.

Lasse ich mich über einen kritischen Punkt hinaus reizen, kann diese Fehlsteuerung sich zum ‚Ausrasten' auswachsen, dem Kamikazeprogramm der ‚blinden Wut'. Der kritische Punkt dafür liegt individuell verschieden, je nach Persönlichkeit, sozialer oder kultureller Prägung: wir kennen z. B. den individuellen ‚Jähzorn', wir kennen auch die ‚was-guckst-du-Reaktion' bestimmter Milieus.

Die Antwort auf die erste Frage, warum ich plötzlich unvernünftig werde, bringt folglich die Einsicht: weil mein Körper angesichts meiner Bewertung des Verhaltens eines anderen als ‚empörend unangemessen, als Zumutung' (wie z. B. Unrecht) ein neurophysiologisches Programm der Vergeltung in Gang setzt, ich mich sozusagen unter das Joch des nucleus caudatus begebe. Und, da mein Gegenüber ja offenbar die guten Sitten nicht mehr achtet, muss ich's nun auch nicht mehr.

Die zweite Frage war, wie ich die kritische Stelle erkenne. Die Antwort: ich muss mich ertappen bei der Empfindung ‚Zumutung', und zwar *bewusst* ertappen; denn ab hier ‚will' mein Körper etwas anderes, als meine Vernunft rechtfertigen kann. Ich muss bewusst registrieren, wie in mir Rachegelüste aufsteigen.

Die dritte Frage: wie schalte ich um auf ‚Vernunftbetrieb', wie gelingt mir, am kritischen Punkt die Kontrolle zu behalten oder wiederzugewinnen, verlangt eine andere Fertigkeit, nämlich die zur Pause. Mein innerer Wecker hat mir bewusst werden lassen, dass ich im Moment ein Bedürfnis nach Vergeltung verspüre, etwa: „*da der mir so kommt, werd ich's ihm jetzt aber mal zeigen*". Mir ist klar, dass im selben Moment mein Körper den Schritt unter das Joch des nucleus caudatus getan hat und nun Drogen will. Die eskalative Mechanik der Vergeltung ist in Gang gesetzt. Nun mache ich *Pause*. Ihre spontane Reaktion wird sein: „*Genau das geht jetzt gar nicht! Wir sind doch in der Interaktion eines Schlagabtausches; Pause geht nicht.*" Antwort: „*Geht wohl, weil nicht mal eine Sekunde.*"

Wir alle verfügen über eine Reihe kulturell anerzogener Programme, uns zu kontrollieren, unsere spontanen Neigungen zu zügeln: gesellschaftliche Konventionen etwa, Benimm oder Angst vor Scham oder Sanktionen sind es, die helfen, uns nicht gehen zu lassen, uns selbst zu zügeln. Aber jetzt, und umso mehr, je intensiver wir das Verhalten des anderen als Zumutung erleben, ist unser ganzer Körper gegen alle Mäßigung.

6 Duett statt Duell – klären statt gären

Bin ich dem physiologischen Racheprogramm meines Körpers willenlos unterworfen? Nein, keineswegs; ich bin ja zur Vernunft fähig (Sie sind es auch) – und sollte dieser Instanz gerade jetzt die Hoheit über mein Handeln sichern. Und wie? Das Mittel der Wahl wäre Selbstbeherrschung. Aber genau die fällt wegen unserer Dopaminsucht im Fall des Provoziertwerdens besonders schwer.

Bleiben wir bescheidener, machen wir einfach diese sehr kleine Pause, nicht mal eine Sekunde, nämlich für das Besinnen, ob das, wonach mir jetzt ist, wirklich in meinem Interesse liegen kann. Wenn mir bewusst wird, dass ich das soeben Erlebte als ungerechtfertigt werte, als Zumutung, und registriere, wie Rachegelüste in mir aufsteigen, verlange ich von mir selbst diese knappe Sekunde Auszeit.

Das ist der Trick. Die reicht nämlich, um mir klar zu werden, ob ich wirklich will, oder deutlicher: ob ich vernünftigerweise wollen kann, worauf ich in meiner Empörung gerade hinstrebe, bzw. ob ich später bereuen werde, was ich jetzt Unumkehrbares zu tun bereit bin.

Ich nenne solche Auszeit gern ‚respice-finem-Pause' (‚wohin-führt-das?-Pause'), nach dem weisen lateinischen Aufruf, man solle früh bedenken, wie das Ende sein wird. Wir können unser deutsches (Blödsinns-) Sprichwort ‚der Klügere gibt nach' umformulieren in: ‚der Wachere denkt nach', er sieht auf's Ende, und das wird ihn in der Regel veranlassen, die begonnene Eskalation stoppen zu wollen. Sowas wird bisweilen als Nachgeben missverstanden. Dabei beginnt er eigentlich genau jetzt, im Sinn des eigenen Interesses zu handeln, nicht mehr als Marionette unreflektierter körperlicher Disposition.

Dass jede weitere Eskalation außer dem Schaden für den ‚Gegner' (welcher mir im Moment ja gerade recht ist) ganz erhebliche Aufwendungen auf meiner Seite bedingt, welche die kurze (physiologische) Genugtuung an Wert und Dauer erheblich übersteigen, nämlich: Pläne schmieden, Allianzen schaffen, Angriffe durchführen, gegnerische Attacken parieren, Absicherungsmühen, Rufschäden reparieren, Rechtfertigungen, Einbußen an Effizienz, an sozialer Reputation etc., dies wird mir in dieser ‚wachen' Pause bewusst. Mir wird klar, dass ich solche klar absehbare Negativbilanz vernünftigerweise nicht anstreben kann, dass ich mein weiteres Miteskalieren folglich sicher bereuen werde. Dennoch fortzufahren wäre psychopathisch.

Dies sekundenweise ‚auf's-Ende-Sehen' klappt, wie ich weiß, umso müheloser, wenn ich auf ein Schema zurückgreifen kann, das mir das Aufspüren meiner wahren Interessen erleichtert, mich unabhängiger macht von den Einflüssen meiner Dopaminsucht. Ich selbst greife hierzu gern auf ein ständig präsentes imaginäres Koordinatensystem zurück, dessen Ordinate meine eigenen, dessen Abszisse offenkundige oder zu unterstellende Interessen der anderen Seite abbilden lässt, mit jeweiligen Abstufungen ins Plus und ins Minus.

Damit braucht es nur einen Wimpernschlag, und die eigentlichen Interessen nicht nur meiner sondern gleich beider Seiten sind mir klar vor Augen: ich sehe förmlich, dass ich's nicht wirklich wollen kann, und, dass (in der Regel) sogar mein Gegenüber aus der fortschreitenden Eskalation mehr Nach- als Vorteile beziehen wird, er oder sie es folglich auch nicht wirklich wollen kann. Ich als der Wachere habe dies nun klar vor Augen.

Wenn ich ein paar Mal in minder heftigen Fällen hingekriegt habe, mir diese knappe Sekunde Auszeit abzunötigen, gelingt mir leichter die Selbstkontrolle auch in schlimmen Konflikten, in denen meine Physis umso gieriger nach Dopamin lechzt.

6 Duett statt Duell – klären statt gären

Auf Basis solch aufbauender Übung stellt sich ein überaus wertvoller Nebeneffekt ein: ich entwickle mehr und mehr persönliche Souveränität, eine auch die Außenwelt beeindruckende und überzeugende Fähigkeit, schwierige Situationen verantwortungsbewusst und durchaus im eigenen und gleichzeitig gemeinsamen Sinne zu gestalten.

Nun stellt sich die vierte Frage: wie gelingt es, den in Gang gekommenen unverantwortlichen, weil für mindestens meine Seite, fast immer aber auch für die andere Partei nachteiligen Prozess rasch zu stoppen? Natürlich kann ich ‚aus-dem-Felde-gehen', wie Psychologen das nennen, wenn ich mich als Beteiligter der Auseinandersetzung entziehe, den Fehdehandschuh sozusagen nicht aufnehme.

Diese (Nicht-) Lösung kommt vielfach nicht in Betracht: weil sie neben etwaigem Ehrverlust den Nachteil erbringt, dass eine Klärung weiterhin aussteht, was Stillstand oder gar Rückschritte in der Sache zur Folge hat. Eine konfliktäre Situation birgt ja neben dem Risiko der Zerstörung immer eine Reihe nutzbarer Chancen, auch für mich.

Am Beispiel eines Partnerschaftskonflikts lässt sich eine probate Methodik vernunftgesteuerter und vernunftorientierter Intervention illustrieren:

Die Lage sei folgende: Partner und Partnerin haben sich ob irgendeiner wie auch immer beschaffenen Kleinigkeit aneinander erzürnt. Ein Wort ergibt das andere und die auf jeder Seite empfundene Unangemessenheit der jeweiligen Partnerreaktion hat bereits fast zum Überschreiten der imaginären ‚roten Linie' geführt, ab der eine Rückkehr zur vormaligen Qualität der Beziehung kaum gestaltbar erscheint. Beide Beteiligten dreschen mit gehöriger Vehemenz und ebensolcher Verletzungsabsicht aufeinander ein.

Das Maß empfundener empörender Unangemessenheit der empfangenen Zumutungen durch seine Partnerin hat bei ihm den Empörungsalarm ausgelöst und ihn, den Wacheren, damit zu der ‚wohin-führt-das-Sekunde' gerufen. Vielleicht mit Blick auf sein Ziel-Koordinatensystem wird ihm klar, dass weder er noch seine Partnerin das in Reichweite liegende Ende dieser wichtigen Beziehung mit kühlem Kopf wollen oder auch nur später tatsächlich irgendwie rechtfertigen könnte, dass folglich auf beiden Seiten absehbar spätere Reue einsetzen würde – zu spät, weil Trennung irreversibel wäre.

Dass der Wachere nun einseitig zurücksteckt, um mit letztem Einsatz die Beziehung zu retten, ist kaum möglich und insbesondere auch nicht ratsam, zumal jede Partnerschaft, will sie auf Dauer fortbestehen, dem Postulat einer *Gleichwertigkeit* beider Partner füreinander folgen muss, und nun klein beizugeben käme einem nicht zu kompensierenden Wertverlust gleich; die Gleichwertigkeit wäre dahin und das Ende der noch bestehenden Beziehung auf andere Weise eingeleitet. Was tun?

Metakommunizieren! Metakommunikation besagt nicht mehr als (immerhin aber dies): ‚Kommunikation über die Kommunikation' oder: ‚Gespräch über das Gespräch' und stellt ein hochgeeignetes Repertoire an Methoden zur Verfügung für all jene Lagen, in denen ich die Kontrolle über das Geschehen (rück-) gewinnen will. Und diesen Werkzeugkoffer habe ich immer bei mir. (Auch im Kapitel ‚Soziale Kompetenzen aneignen' ist dazu ausgeführt worden.)

Bildhaft begebe ich mich mittels Metakommunikation aus der Ebene des Gesprächsgegenstandes heraus – hier also des Konflikts – nach oben und blicke, sozusagen aus der Vogelperspektive, auf das gegenwärtige, zurückliegende oder künftige Gesprächsgeschehen als solches, um hierfür meine Wünsche zu formulieren und realisieren.

6 Duett statt Duell – klären statt gären

Dem wachen Partner sollte klar sein, dass, wenn er die Kontrolle über das Geschehen gewinnen will, er auf Möglichkeiten der Metakommunikation zugreifen kann. Beispielsweise kann er sich an seine Partnerin wenden mit der Bemerkung: *„Ich merke gerade, wie sehr ich Dir wehgetan habe, und das sogar in voller Absicht, und wie Du auch mir wehtust, wie feindselig wir miteinander umgehen. Und dabei mag ich Dich doch und will eigentlich alles andere als Dir wehzutun. Ich bin mit unserer jetzigen Unterhaltung, mit dieser Art miteinander umzugehen, völlig unzufrieden. Wie geht's Dir damit?"*

Gewiss wird diese Äußerung über das gemeinsame Streiten nicht gleich dazu führen, dass sich beide in der nächsten Sekunde in den Armen liegen, aber sie haben mit gewisser Wahrscheinlichkeit die Wende von einer destruktiven, verletzen wollenden in eine konstruktive, klärende Kommunikation bereits geschafft oder unmittelbar vor sich.

Neben dem unschätzbaren Vorteil der Wende aus der streitigen, eskalativen in die klärende, lösungsorientierte Art der Gesprächsführung gibt es weitere Vorzüge metakommunikativer Intervention in der Situation:

- In der Ebene des Streitgegenstands gab es keinen Spielraum für Bewegungen ohne Nachteile: stoße ich vor, blutet meine Nase; denn da steht meine vormalige Partnerin als Gegnerin, gehe ich zur Seite oder gar zurück, ist das ein territorialer Vorteil der anderen Seite, den ich ihr, meiner Gegnerin in dieser Ebene, nicht gönne. Erhebe ich mich in die Metaebene ist das Gespräch als solches und nicht der streitige Gegenstand das, worüber ich und wir sprechen, also ein unbelastetes Thema. So habe ich plötzlich alle Bewegungsspielräume der Welt.

- In der Ebene des Streitgegenstands gab es nahezu ausschließlich Gegnerschaft. Was unsere Streiterei als solche betrifft, bin gewiss nicht nur ich unzufrieden, sondern auch meine Partnerin; ich habe mit großer Wahrscheinlichkeit plötzlich Gleichsinnigkeit. Diese Basis lässt sich ausbauen. Damit hätte ich Wacher auch sie wachgeküsst.
- Ob mir der – möglichst mit der Partnerin gemeinsame – Ausflug in die Metaebene auch Vorteile in der streitigen Angelegenheit (und wenn, welche) bringt, hängt wesentlich davon ab, wie geschickt, will sagen: situationsangemessen, ich metakommuniziere. Schließlich gibt es unendlich viele Möglichkeiten, auch schädliche.

Die fünfte Frage, die nach dem Risiko des Gesichtsverlusts für eine oder beide Parteien, ist wichtig und doch schnell zu beantworten. Was wir Deutschen heute metaphorisch mit ‚Gesicht' bezeichnen, steht für unseren kulturell ein wenig ramponierten Begriff ‚Ehre'. Unser Ehrgefühl steuert ganz wesentlich unser Konfliktverhalten.

Wie bereits im obigen Beispiel der Paarstreitigkeit angeklungen ist, beziehen zwischenmenschliche Beziehungen die Substanz für ihre Dauerhaftigkeit aus dem etwa gleich hohen Wert eines Partners für den jeweils anderen. Dauerhaft gleich hohe Wertschätzung der Partner ist eine notwendige (allerdings noch nicht hinreichende) Voraussetzung für das Fortbestehen ihrer Beziehung auch außerhalb von Paarbeziehungen bis hin zu Geschäfts- und sogar politischen Kontakten, hier mit weiteren Ingredienzien. In dem erwarteten Äquilibrium spielt das jeweilige Ehrkonzept, nennen wir es überhöhend unseren Ethos, neben einer kulturellen Kompatibilität eine unverzichtbare Rolle.

6 Duett statt Duell – klären statt gären

Der Ausflug in die Ebene der Metakommunikation beschädigt weder des einen noch des anderen Partners ethisches Konzept: Metakommunikation ist zunächst ein Themenwechsel, nicht mehr (aber immerhin, und zudem ein hoffnungsfroher). Dass die Initiative hierzu von dem Wacheren ausging, ist für diesen in keiner Weise abträglich, sondern in den meisten Fällen sogar äußerst zuträglich, nämlich ein deutlicher Gewinn an Souveränität.

War er bis dahin – wie auch sein Gegenüber – im Rahmen der aus wechselseitig gesteigerten Zumutungen bestehenden Eskalationsmechanik nur Reagierender auf die jeweilige Zumutung durch den/die andere/n – hier passt das zuvor genutzte Bild der Marionette, wird er nun zum Akteur, zum Gestalter, der eine Situation im Sinne seiner Verantwortung verändert. Das verstehen wir als souverän.

Wenden wir uns zuguterletzt den möglichen Lösungen in Konfliktlagen zu. Ganz grundsätzlich gibt es – außer dem oben erwähnten ‚Aus-dem-Felde-gehen', dem Nichtaufnehmen des Fehdehandschuhs, das den Konflikt eigentlich nicht löst, sondern im besten Fall ohne Lösung postponiert – drei Lösungen zu Konflikten: *Komplementarität, Kompromiss* und *Kompensation*.

Der rascheste (aber zumeist unwillkommenste) Weg zur Lösung eines Konflikts ist, sich *komplementär* zu verhalten. Ist mein Gegenüber wütend auf mich und ich gebe mich reumütig und bußfertig, habe ich die passende Komplementärhaltung eingenommen und passe zum Befinden des anderen und seinen Ansprüchen wie der richtige Schlüssel zum Schloss.

Beansprucht in einem Rangkonflikt mein Gegenüber die Oberhand und ich zeige mich fügsam, ist auch hier das Konfliktpotential verschwunden und der Druck aus der Situation sofort entwichen. Dies ist zwar der schnellste Weg, aber oftmals unwillkommen, weil in den meisten

Fällen die komplementäre Haltung einzunehmen gleichgesetzt wird mit Unterwerfung, als würde ich mich ausrichten an den Vorgaben des anderen. Viele (schwache) Vorgesetzte erwarten im Verlauf von Meinungsverschiedenheiten derlei Demutsgesten von ihren Mitarbeitern (mit der Folge, dass beide einander daraufhin umso mehr detestieren).

Am Beispiel lässt sich nachvollziehen, dass aus taktischen Gründen diese meist unliebsame Möglichkeit, einem Konflikt mit (temporärer) Einnahme der Komplementärhaltung seine Schädlichkeit zu nehmen, empfehlenswerte Option sein kann:

> **Beispiel**
>
> Ihr Chef ist wütend auf Sie wegen einer Ausarbeitung, die Sie in bester Absicht gefertigt haben und nicht nur als ‚passend', sondern sogar als über den Sachverhalt hinaus wegweisend einschätzen und ihm voller Stolz vorgelegt haben. – Wenn Sie angesichts der ungleichen Mächtigkeit nun offensiv gegen seine, wie Sie finden, unberechtigten Unzufriedenheitsäußerungen argumentieren („völlig unangemessen, Sie haben den Wert wohl nicht erfasst" …) kann dies für Sie wesentlich schädlicher ausgehen, als wenn Sie – taktisch und komplementär – seine Kritik anzunehmen bereit scheinen, hier nach dem Muster ‚Oberer will, Unterer macht', ihm zusichern, im Sinne seiner Stellungnahme Ihre Vorlage zu bearbeiten, was Sie dann auch machen und ihm das nun ihm gemäßere Elaborat vorlegen mit der anschließenden Bemerkung: *„Vielleicht geben Sie mir jetzt Gelegenheit, darzustellen, warum ich auch mit der ersten Fassung glaubte, in Ihrem Sinne gehandelt zu haben"*. So haben Sie die Chance, Ihre Ehre wieder auf das – zuvor mal taktisch-temporär – verlassene Niveau zu heben und womöglich ex post die an sich angemessene Würdigung Ihrer ursprünglichen Arbeit zu erfahren, und ggf. auch die Wertschätzung Ihrer, trotz seiner sachlich ungerechtfertigten Kritik dennoch kooperativen Haltung und ergänzenden Mühen. So lernen beide – auch für künftige Begegnungen.

6 Duett statt Duell – klären statt gären

Ein *Kompromiss* findet als Annäherung auf derselben Ebene statt, auf der die Lücke zwischen den entlegenen Ansprüchen beider Partner existiert. Regelmäßig erlebtes Beispiel sind die Feilschereien zwischen Arbeitgeber- und Arbeitnehmerlager um die Prozente und Dezimale der nächsten Gehalts- oder Lohnsteigerung.

Auch hier mag eine Beispielschilderung die Eigenheiten dieser Möglichkeit zur Konfliktlösung nachvollziehbar machen:

Beispiel

Arbeitgebervertreter sagen: 2 %, mehr geht nicht.
 Arbeitnehmervertreter sagen: 6 %, drunter gehen wir nicht.
 Da beide Parteien nur durch Repräsentanten ihrer Grundgesamtheit agieren, dauert es vermutlich vierzehn Tage durchverhandelter Nächte im Hotel, bis das für den rechnerisch kundigen Beobachter zu erwartende arithmetische Mittel beider Eingangspositionen (2+6=8; 8:2=4), also vier oder ein wenig links oder rechts davon von beiden Parteien mit großem Stolz vor der jeweiligen ‚Basis' als großer Erfolg verkündet wird.

Kompromiss ist die von beiden Parteien auf derselben Strecke per ‚*Schritt-Gegenschritt-Folge*' zur Vereinbarung führende, für beide Seiten akzeptable Lösung der konkurrierenden Erwartungen.

Ist ein Zueinander von den entlegenen Positionen auf derselben Ebene aus welchen Gründen auch immer versperrt (aber eben nicht nur dann), eröffnet sich das unendlich weite Feld der *Kompensation*. Beide Seiten haben immer mehr als ein Interesse, in der Regel sogar unzählige, und beide verfügen auch immer über mehr als ein für die andere Seite erstrebenswertes Gut. Einiges aus der Verfügungsmasse der einen wird für die andere Seite attraktiv sein, gleiches vice versa. Kompensation für nicht gestaltbares Entgegenkommen in der Konfliktebene des zunächst behandelten Kompromisses ist inzwischen Usus, auch in vielen der bereits erwähnten Tarifstreitigkeiten. Im Beispiel kann das so aussehen:

> **Beispiel**
>
> Die Arbeitgeber können wirklich keine Lohnzugeständnisse machen, also: 0 %. Die Arbeitnehmervertreter verlangen – begründetermaßen – 6 %. Da nun die eine Seite (Arbeitgeber) keinen Bewegungsspielraum in Richtung auf die (primäre) Forderung der anderen Seite (Arbeitnehmer) hat, ist die ‚Schritt-Gegenschritt-Mechanik' der Kompromisslösung ausgeschlossen wegen Bewegungsunfähigkeit einer der Seiten. Eine Lösung braucht's trotzdem. Wie kann sie gelingen? Per Kompensation! Arbeitgeber offerieren – natürlich unter (dramatisiert mitgeteilten) Schmerzen – ihr letztendliches Zugeständnis: drei zusätzliche, entlohnte Urlaubstage für den Vertragszeitraum. Und wenn den Arbeitnehmervertretern dieses Zugeständnis der anderen Seite wertvoll genug erscheint im Interesse ihrer Klientel, werden Sie zustimmen.

Meine verwegene Meinung ist, dass es angesichts der unendlichen Vielfalt allein der kompensatorischen Lösungsmöglichkeiten keine unlösbaren Konflikte gibt, dass ungelöste und insbesondere vermeintlich unlösbare Konflikte lediglich ein schlechtes Licht werfen auf Durch-, Weit- und Rundumsicht der um Lösung Bemühten.

# 7

Vom Trumpelpfad aufs Parkett des Umgangs

Hier geht es um eine Einsicht, die mir erst im ‚reiferen' Alter zugewachsen ist, nach wenigen, aber prägenden eigenen Erfahrungen, die inzwischen bei mir verhaltensleitend geworden sind. Ihre praktische Umsetzung entfaltet eine ebenso elegante wie nützliche Wirksamkeit: wie kann ich Verkehrte zur Umkehr bekehren? Sie sind eingeladen, auch lebensjünger als ich, ab Lektüre darüber zu verfügen. Soweit die frühe Verheißung.

Zwar war mir der vielsagende Aphorismus (aus Goethes ‚Wilhelm Meisters Lehrjahre') bereits sehr viel früher geläufig, der da behauptet:

‚*Wenn wir die Menschen nur nehmen, wie sie sind, so machen wir sie schlechter; wenn wir sie behandeln, als wären sie, was sie sein sollten, so bringen wir sie dahin, wohin sie zu bringen sind.*' Johann Wolfgang von Goethe.

Möglicherweise ist die aufwendige Satzkonstruktion Ursache dafür, dass die frappierende Effizienz der in ihr zu entdeckenden und ab Entdeckung zu nutzenden zwischenmenschlichen Qualitätssprünge ins Positive sich bis heute bei uns nicht ausgewirkt und dann kulturbestimmend durchgesetzt haben.

Vielleicht wagt sich nach dem unzweifelhaft großen Einsichtentransporteur Goethe ja ein gegenwärtiger Aphoristiker mal an eine eingängiger formulierte sprachliche Fassung des menschlich gewinnenden – tänzerischen – Umdrehens des noch kritikwürdigen Gegenübers in den lobenswerten; ich werd's aus dem Laienstatus auch probieren.

Die im Folgenden auszuführende Art des Umgangs mit konfliktträchtigen Lagen des Zwischenmenschlichen ist übrigens eine der Einsichten, die mir wichtig genug waren, sie in dem nur zehnminütigen SWR-Fernsehinterview zu ‚Guten Gesprächen' auszuführen, dessen Text das erste Kapitel dieses Buches ausmacht, und zwar, weil diese, anders als die meisten Erkenntnisse zur Gesprächsführung, nur den allerwenigsten geläufig oder – trotz obiger Goethe'scher Anregung – auch nur zugänglich geworden ist, und weil genau hier doch ein Schlüssel liegt zu wesentlicher Verbesserung zwischenmenschlicher Verhältnisse und auch der daran Beteiligten.

Eine differenzierende Erkenntnis brauchen wir vorab, die der animalischen Herkunft von ‚homo sapiens sapiens' in seiner gegenwärtigen Gestaltungs- und Zerstörungsmacht nicht ‚per se' gegeben zu sein scheint. Es ist die in den prinzipiellen Wertunterschied von ‚Kooperation' und ‚Konflikt'.

Mit *‚Konflikt'* ist hier, wie schon im Kapitel ‚Duett statt Duell' (Kap. 6) ausgeführt, das erklärte, willentliche Gegeneinander gemeint und nicht etwa Wettbewerb, Rivalität, Konkurrenz o. ä., in denen das Gegeneinander

7 Vom Trumpelpfad aufs Parkett des Umgangs

der Parteien nur Begleiterscheinung beim Streben auf das wichtige Primärziel ist. Beim Konflikt ist das Schädigen der anderen Partei primäres, eigentliches Ziel, wie in einem Vernichtungskrieg. Unserer darwinistisch geprägten Natur ist auch ein Konfliktverhaltensrepertoire zu eigen mit (sogar) der letzten Konsequenz der Selbstopferung zugunsten der Überlebenschance des Genoms.

Nicht alle Gesellschaften, Kulturen und Religionen auf diesem Globus haben es dahin gebracht, die kontrastive Wertigkeit von konfliktären zu kooperativen Beziehungen in das allgemeine Bewusstsein ihrer Mitglieder zu transferieren; dabei wäre das gegenwärtig so nötig und dringend wie nie zuvor in der Menschheitsgeschichte. Jeder weiß um den Ast, auf dem wir – einzig im All – sitzen, und dennoch wird kräftig daran gesägt.

Wir sehen alle die egoistischen konfliktaffinen Psychiatriepatienten ohne öffentlich bekannte Diagnose, die mit ihren unsauberen Händen an den unterschiedlich langen Hebeln der Macht rumspielen und die dazu legitimierende Ausstattung an Werten und Weitsicht vermissen lassen, was unsere Kinder und Enkel gefährdet wie auch alle lebenswerte Welt um uns und sie herum. Hier bedarf es einer neuen ‚Aufklärung'.

Möge eine, in diesen Notfällen hilfsweise gar göttliche Mutter ihnen den Weg in die therapeutische Obhut, Betreuung und, falls irgend gestaltbar, Therapie weisen. Die demokratisch anmutenden Wahlen schaffen es ja offenbar ebenso wenig wie die semiprofessionelle Psychiatrie!

Weg vom Extremen, hin zum Typischen. Wie gehen wir üblicherweise miteinander um? Psychologen sprechen auch von der Reziprozitätstendenz in uns. Da folgen wir gern dem Muster: ‚wie Du mir, so ich Dir'. Wenn also jemand z. B. empörend mit mir umgeht, werde ich mich tendenziell – auf meine Weise – revanchieren; eine Aggression ist der anderen wert.

Übrigens fehlt unserer Sprache eine nichtkriegerische Vokabel für die positiv-dankbare Überbringung einer Gegengabe für eine zuvor erhaltene Gabe. Wir würden uns mit unserer Gegengabe auch nur ‚revanchieren' können; – wie kriegerisch ist unser Denken und Sprechen? Solche friedfertige Ergänzung erscheint mir dringlicher als das ‚sitt'[1] für den gestillten Durst. Mein Vorschlag könnte sein: ‚Mitdank', aber Sie mögen vielleicht darüber Ihr Verständnis dieses begrifflichen Defizits anspornen und mit überlegteren als meinem Vorschlag die gemeinsame Sprache auf einen besseren Weg bringen.

Den zugrundeliegenden ‚organismischen' Prozess hatte ich bereits im Duellkapitel skizziert. Kommt mir jemand aggressiv, verlangt mein Körper von mir eine Gegenaggression, weil mein nucleus caudatus (auch ‚Schwanz- oder Schweifkern' genannter Zellhaufen in unserer zentralnervösen Chemieküche) meinen Racheakt mit der Ausschüttung des begehrten Dopamin belohnen würde.

Das allerdings ist der direkte Weg in den Konflikt, weil mein Gegenüber mit vergleichbarer Physiologie und Endokrinologie ähnlich dopaminsüchtig ist und dann zur ‚Gegen-Gegenaggression' neigt. Dann ist die Spirale des eskalierenden Gegeneinanders zum Programm geworden, für beide, mit der Verlässlichkeit einer guten Mechanik: Zug um Zug eskalativ in die Höhe, vielleicht über den ‚point of no return' hinaus, was ein Ende der Beziehung in vorheriger Qualität bedeutet. Für beide wird mit jeder

---

[1] „sitt" ist ein Kunstwort, das als Adjektiv das Gegenteil von durstig (also nicht mehr durstig) bedeuten soll. Die Erfindung von sitt war der größte und bekannteste Versuch, eine vermeintliche Lücke in der deutschen Sprache durch einen Wettbewerb zu schließen. Das Wort wird aber bislang kaum benutzt – Quelle: https://de.wikipedia.org/wiki/Sitt.

höheren Eskalationswindung eine Mäßigung schwieriger, weil nicht mehr mit dem eigenen Ehrgefühl und -anspruch vereinbar.

Aber ich bin nicht willenloser Sklave meiner endokrinologischen Bedürfnisse. Niemand zwingt mich, auf eine empfangene Aggression mit Gegenaggression zu antworten. Ich habe auch einen Rest von Verstand, vielleicht ergänzt durch einen ebensolchen Rest von Anstand und Stil; beides findet in der Regel zueinander und bleibt dann meist in dieser Paarung auch gern beieinander.

Nachdenken, vielleicht sogar ein durch moralische Scheu vor feindseligen, in der Regel schädigenden Plänen angestoßener Prozess nüchternen Kalküls, kann mich, wenn ich wach genug bin, noch vor meiner reaktiven Gegenattacke erkennen lassen, welch unheilvollen Prozess ich mit einer feindseligen Erwiderung in Gang setzen würde (würdelos), nämlich, nach dem Motto: ‚wenn der mir so kommt, hat er's nicht anders verdient', also: ‚auf ihn mit Gebrüll…!', mit den zu erwartenden – auf beiden Seiten teuren – Gewaltsteigerungen aus Rachegelüsten.

Ein bewusster klarer Blick auf die beim Überschreiten der Schwelle zur Kriegserklärung zu erwartenden Konsequenzen ließe mich erkennen, welche Aufwendungen ein Konflikt mich kosten würde: unangenehme Gefühle, negative Erwartungen von dem, was kommt und was noch kommen könnte, viel Zeit der Beschäftigung mit Befürchtungen und eigenen Plänen, Skepsis wie mein vertrautes Umfeld mit der jeweiligen Pro- oder Contra-Reaktion umgehen wird, Misstrauen plötzlich im Umgang mit zuvor Vertrauten, feindselige Fantasien, Fallenstellergedanken, rufschädigende Mitteilungen, Fraktionsbildung und Verschwörung, Konzentration meiner Kräfte auf Destruktion, etc.

Ein weiterer Blick zeigt mir die allein durch mich selbst verursachte Einbuße meiner sozialen Reputation, Integrität und menschlichen Wertschätzung. Und all das würde ich in Kauf nehmen, bloß wegen der empfundenen Provokation und meiner organisch reaktiven, aus der Steinzeit stammenden Dopaminsucht? Und den Schaden, den mein/e Adversarius/a mir (re-) aktiv zufügt, hätte ich dabei noch nicht einmal auf der Rechnung!

Hitler muss eine eklatante Rechenschwäche gehabt haben, wie auch all diejenigen, die das Zerstörungsmetier gestern, heute und künftig betrieben haben und betreiben werden. Man bewahre uns – bitte alle – vor weiteren rechenschwachen (Stein-) Zeitgenossen, vor denen unsere Primitiv-Demokratien uns nicht verlässlich zu schützen vermögen (statt der herkömmlichen, hier ‚primitiv' apostrophierten, Demokratien bräuchten wir Demokratien, in denen das Stimmgewicht der Abstimmenden im Ausmaß ihrer Betroffenheit von der Entscheidung wächst, wie im Kap. 17 ausgeführt).

Die besten ‚Thinktanks' (sind das Denkpanzer?) der Welt sollten im öffentlichen Interesse über taugliche Wege und demokratische Verfahren räsonnieren, die aus den konfliktanfälligen politischen Szenarien und primitiven, ‚demokratisch' bezeichneten heutigen Verfahrenswegen der Machtzuteilung herausführen und Verantwortlichkeit verlässlich zur ‚conditio sine qua non' (unerlässlichen Bedingung) für jede Zumessung von institutioneller Macht machen.

Meine steinzeitliche Körperlichkeit gönnt meinem Gegenüber allzu gern ein paar schmerzhafte Nachteile angesichts seines von mir als empörend unangemessen, als Zumutung erlebten Verhaltens, ganz im Sinne des ‚das hat er jetzt davon'; aber Nachteile auf meiner Seite? Nein, das sollte um Himmels Willen nicht sein. Klar. Was also tun?

7 Vom Trumpelpfad aufs Parkett des Umgangs

Ich muss, wie zuvor beim Aneignen konfliktbezogener sozialer Kompetenzen ausgeführt, raus aus dem ‚Blindflug-Modus', aus der Sklaverei meiner Dopaminsucht. Ich muss den Steuerknüppel in die Hand nehmen, mir mit Blick auf die Karte klar werden über den günstigsten Kurs heraus aus der gefährlichen Gegend und dann Hirn und Hand koordinieren. Also führe ich mir zunächst klar vor Augen, welche Kosten und welche Vorteile im Konflikt- und welche demgegenüber im Kooperationsfall zu kalkulieren sind. Ich garantiere Ihnen: In jedem Fall spricht alles in der folgenden Kosten-Nutzen-Gegenüberstellung für die Kooperation!

Wäre da nicht mein beleidigtes Ehrgefühl angesichts der noch offenen Rechnung wegen der empfangenen Aggression, der empörenden Zumutung. ‚Auf einen groben Klotz gehört ein grober Keil' sagt der Volksmund. Kann ich die empfangene Schmähung unerwidert lassen? *Ja!* Das kann ich und sollte es auch. Und Sie können das auch.

Der Volksmund verbreitet übrigens sehr viel Unverantwortliches: man denke nur an die Torheit ‚der Klügere gibt nach' – ja, geht's denn noch? Nur ein Gedanke weiter macht uns klar, dass damit die Dummheit die Geschicke der Welt lenken würde! Genau das gerade jetzt und ab jetzt nicht! Bitte, bitte! Wir wissen wohl alle, warum das zwar früher schon kollektiven Mord und (reaktiv) Selbstmord zur Folge hatte – jedes Mal, aber heute und künftig dasselbe in globaler Dimension haben würde.

Ich könnte nicht mal die resignative Variante akzeptieren ‚der Klügere wendet sich ab vom Dümmeren'. Nein! Er hat heute die Verantwortung, sein Wissens-, Denk- und Verantwortungspotential auch dem, den er oder sie für den oder die mental weniger Versorgte/n ansieht, aktiv – nicht aggressiv – zur Verfügung anzubieten.

Es ist zwei oder drei Jahrzehnte her, dass mir klargeworden ist, wie frei ich wirklich bin. Bis dahin hatte ich, meiner Tätigkeit als Kommunikations- und Führungskräftetrainer entsprechend, unzählige Erfahrungen gemacht mit den praktischen Seiten der drei Konfliktauslöser: ‚Fehlverständnis', ‚einander – vermeintlich – ausschließende Interessen' und ‚Verletzungen' – vorzugsweise der Ehre.

Jemand meint etwas, drückt dies mit seinen Worten vermeintlich auch aus. Der Partner hört jedoch nur die Worte, aus denen sich ihm jedoch nicht zwingend das eigentlich Gemeinte erschließt, sondern, indem er das Ganze z. B. als völlig unpassende Ironie auffasst, ein Kriegsgrund. Nicht alles ‚Gesagte' erschließt jedem Partner unmissverständlich das dahinterliegende ‚Gemeinte'.

Durch genaueres Hinsehen aus der Rolle des beratenden ‚Trouble-Shooters' bei betrieblichen Schieflagen wie auch in der Rolle des Dozenten war mir aufgefallen, wie häufig aus anfänglichem Fehlverstehen Auffassungsdifferenzen entstanden, aus denen sich dann menschliche Differenzen und häufig Feindseligkeiten entwickelten, die sofort Ehrverletzungen und auch Unvereinbarkeiten nach sich zogen, also die zwei weiteren Konfliktursachen.

Allerdings bleibt die Initialursache Fehlverständnis im Alltag vielfach unentdeckt. Im Bewusstsein der Konfliktpartner sind die Ehrverletzungen und die diametral entgegengesetzten Interessen der Gegner wesentlich präsenter, als die missverständliche Formulierung, deren schiefe Auffassung meine Gegenwehr herausgefordert hat.

Was spricht nun dagegen, mir als erstes die Frage zu stellen, ob ich die vermeintlich aggressive Bemerkung meines Gegenübers wirklich korrekt aufgefasst und interpretiert habe? Angesichts vieler beobachteter und selbst erlebter Fälle von Fehlverständnis ist eine Fehlinterpretation

7 Vom Trumpelpfad aufs Parkett des Umgangs

meinerseits ja nicht gänzlich unwahrscheinlich. Und dann wäre alle Aufregung, Empörung und Gegenaggression obsolet, weil unbegründet, und auch völlig ungerecht, weil der Missklang seinen Ursprung auf meiner Seite hat.

Ich kann noch weiter gehen und sogar für möglich halten, dass, was auf mich wie eine Aggression durch mein Gegenüber gewirkt hat, eigentlich von diesem genau gegenteilig gemeint war, nämlich als freundschaftlicher Wink im Sinne meiner eigenen Interessen, z. B., um mich auf von mir noch nicht erkannte Gefahren o.ä. hinzuweisen; nur eben ungeschickt und missverständlich ausgedrückt.

Wie schlimm müsste mein Gegenüber es erleben, wenn ich die von ihm fürsorglich gemeinte Bemerkung mit einer kriegerischen Attacke beantworte? Sollte ich nicht, bevor ich ihn ungeprüft zu meinem Feind erkläre, alle denkbaren Irrtümer auf meiner Seite ausschließen, selbst, wenn die Chancen eines Irrtums auf meiner Seite nur eins zu neunundneunzig wären?

Ich habe die Freiheit, Gutes zu unterstellen, wo ich Ärgerliches erlebe. Möglicherweise war's von ihm nicht so gemeint, wie's bei mir angekommen ist oder von mir aufgefasst wurde. Meine Vorsicht ebenso wie mein Gerechtigkeitssinn sollten mir aufgeben, zunächst auszuschließen, dass ein – recht häufiger – Auffassungsfehler auf meiner Seite liegt, bevor ich den möglicherweise wohlmeinenden Partner mit meiner Kriegserklärung zu einem der vehementesten Gegner in meiner Biographie mache.

Diese Freiheit zu der, wie ich sie nenne, ‚Gutheitsvermutung' oder ‚Gutheitsunterstellung' habe ich, wie erwähnt, vor deutlich mehr als zwanzig Jahren bewusst in das Repertoire meiner Optionen integriert und mache frappierend positive Erfahrungen damit.

Nehmen wir an, jemand sagt mir etwas in verletzender Weise – Tonfall o. ä. Um in der Metapher des Volksmunds zu bleiben: er ruft negativ in meinen Wald hinein. Fast jeder würde dann ebenso negativ ‚herausschallen', und der teure Konflikt wäre perfekt. Übrigens wäre in diesem Eskalationsprozess unsere Gegenaggression nur ein Reflex auf die aggressive Vorgabe des anderen, ich hätte mir vom anderen das Niveau und den Stil meines Umgangs vorgeben lassen; das wäre gewiss kein Ausweis wirklicher Souveränität.

Ich habe meine neue Freiheit zu nutzen gelernt und halte zu Gunsten meines Gegenübers für möglich, dass diese verletzend wirkende Äußerung einfach nur missraten ist und er mich gar nicht verletzen, sondern eigentlich z. B. auf eine Gefahr aufmerksam machen wollte, die ich bisher noch gar nicht gesehen habe. Ich gehe also mit einer Gutheitsvermutung daran und bedanke mich für diesen hilfreichen Hinweis; im Bild: nachdem er negativ in meinen Wald hineingerufen hat, schalle ich positiv in seinen Wald zurück. Und die immer wieder überraschende Erfahrung ist: nun schallt er im Sinne besagter Reziprozität positiv zurück!

Mich erfreut immer wieder, wie gut das funktioniert: man formt den Gegenüber mit solcher Gutheitsunterstellung zum Kooperationspartner. Er wird als angenehm erleben, welch guter Mensch er in meinen Augen ist, und nun wandeln wir beide die von ihm zweifelhaft bis destruktiv gestaltete Situation einfach um in eine nach unser beider Vorstellung konstruktive, drehen uns beide damit – tänzerisch geschmeidig – in eine positive Richtung: die der beiderseitigen Nutzen verheißenden Kooperation.

Zugleich zeige ich mich damit souverän, indem ich mich nicht der Vorgabe des anderen unterwerfe, sondern meine Lesart der gemeinsamen Lage (auch für ihn) gültig mache.

7 Vom Trumpelpfad aufs Parkett des Umgangs

Mit diesen Zeilen ging es mir darum, nicht nur moralisch sondern auch nüchtern kalkulatorisch Wert und Unwert von Kooperation und Konflikt aufzuzeigen, auch mit Blick auf unsere organismischen Grunddispositionen und intellektuell weiterreichenden Optionen im menschlichen Gegen-, Durch- und Miteinander. Es gibt Wege, die im Straßenplan des Alltags offenbar nicht verzeichnet und mit steinzeitlicher Optik nicht zu erkennen sind.

Immerhin hat dieser von mir als ‚tänzerisch elegant' bezeichnete Umgang mit traditionellen Entzweiungs- und Feindschaftsursachen in der Regel den Vorteil aus menschlichen ‚Lose-Lose-Situationen', also für beide Parteien nachteiligen Lagen genau das Gegenstück zu kreieren: ‚Win–Win-Situationen'[2], das sind solche, in denen die Aufwand-Nutzen-Bilanz sich beidseitig positiv ergibt. Und nicht nur das: hier wechselt auch die Qualität des menschlichen Umgangs als bestimmender Faktor individueller Zufriedenheit und Glücksempfindung von der ausgeprägten Negativ- auf die ebenso ausgeprägte Positivseite der Skala. Selbst das ist nicht genug. Weiterer Vorteil ist: Zugewinn an Gestaltungs- (wenn Sie wollen:) Macht, auch an Souveränität, und, sogar – ganz zentral – an moralischer Integrität, Akzeptanz und Orientierungswirkung.

Das sind immerhin Werte, um die ein Trump, ein Putin, Bolsonaro, Duterte, Kim Jong-Un, Lukaschenko, Erdogan, Xi-Jing-Pin, Kaczinsky, Orban und viele andere psychiatrisch behandlungsbedürftige Weltzerstörer Sie beneiden müssten, ohne jemals selbst aus der Sklaverei ihrer steinzeitlichen Substanzabhängigkeit (ohne die selbstherrlich abgelehnte therapeutische Einwirkung) herauszufinden. Es ist der Weg vom Trumpelpfad auf das Parkett.

---

[2]Aus dem ‚Harvard-Negotiation-Concept' von Fisher und Ury, 1981.

- Ich bin so kühn, den Fehdehandschuh aufzunehmen.
- Ich bin so kühn und frei, den Fehdehandschuh liegenzulassen.
- Ich bin so kühn, frei und souverän, des anderen Fehdehandschuh als seine Art der Bitte um Respekt zu nehmen, oder als was er mir sonst recht ist. Ich definiere die Situation.

Gern biete ich an, Sie über meine (laienhaften) Versuche und (Zwischen-) Ergebnisse zur wünschenswerten, hoffentlich eingängigeren aphoristischen Fassung der oben aus ‚Wilhelm Meisters Lehrjahre' entnommenen Goetheschen Sentenz zu informieren. Ich hoffe, wir geraten ob der wenig verbreiteten Erkenntnis, Einsicht und praktizierten Umgangsform in anregenden Austausch – auf welchem Weg auch immer (außer dem, was heute ‚social media' genannt wird).

8

Unbedacht verräterisch geäußert

‚*Eins muss ich Ihnen lassen: das haben Sie gut hingekriegt*‛, hat mich neulich ein guter Bekannter beim gemeinsamen Essen bei meinem Lieblingsgriechen gelobt. Ist Ihnen auch schon so passiert? Haben Sie sich auch gefreut? Ich habe mich jedenfalls gefreut, über das, was mein Gegenüber gemeint hat: er hatte seine Anerkennung ausdrücken wollen über das, was mir aus seiner Sicht gelungen war. So hatte er es gemeint.

Positiv war die Bemerkung selbst indes nicht: in mehrerlei Hinsicht sogar war sie negativ. Was einer sagt ist nicht immer auch das, was er meint; und was er meint, sagt er häufig nicht so, dass für alle Adressaten unmissverständlich wird, was und wie er's meint.

Was ist denn negativ an der obigen – doch recht üblichen – Bemerkung: ‚*Eins muss ich Ihnen lassen: das haben Sie gut hingekriegt*‛? In der Formulierung verrät der Äußernde zum einen, dass es offenbar an mir nicht viel zu loben gibt, immerhin aber ‚eins', das er mir ‚lässt'; negativ für mich.

Dieses ‚Lassen' jedoch geschieht nicht freiwillig: er ‚muss' es mir lassen, wohl gegen seinen Willen. Lieber würde er, wenn er nur könnte, mir auch dieses unleugbar positive Ergebnis noch streitig machen, wie alles andere bereits jetzt; negativ für ihn.

Wenn wir die zwei Satzhälften nun getrennt betrachten, wird uns klar, dass nur die erste ‚eins muss ich Ihnen lassen' die doppelt negative Wirkung zeitigt; die zweite: *‚das haben Sie gut hingekriegt'* war unumwunden positiv.

Können wir das, was wir gutheißen, nicht unmissverständlich positiv ausdrücken? Was hindert uns daran, die ganz konkrete Wertschätzung, die wir im Moment ehrlich empfinden, dem anderen genauso mitzuteilen, wie wir sie in uns im Moment erleben? Unsere überaus reiche deutsche Sprache lädt uns doch förmlich dazu ein. Zu lässig ist unzulässig.

Warum fällt uns schwer, dem anderen unseren Respekt, unsere konkrete Wertschätzung auszudrücken? Erleben wir uns denn – möglicherweise auch nur unbewusst – als Konkurrent um jede positive Eigenschaft eines jeden anderen? Missgönnt unser hässlicher Neid jedem anderen, in irgendeiner Hinsicht gut zu sein oder gar besser als wir selbst?

Fürchten wir etwa, uns selbst zu erniedrigen, sobald wir am Gegenüber erkannte gute Seiten so positiv ansprechen, wie es unserem ehrlichen Empfinden entspricht? Oder leben wir womöglich in der Angst, unser Lob könnte als ausschließlich zweckbestimmt aufgefasst werden, nur geäußert, um den Partner zu irgendwas zu verführen, das er oder sie selbst nie wollen würde? Die generelle Neigung, anderen Positives abzusprechen, nennen wir Missgunst. Sie ist die typische Grundhaltung von Menschen, die wir ‚Misanthropen' nennen.

8 Unbedacht verräterisch geäußert

Hätte ich nun die empfangene und von mir als Lob interpretierte Bemerkung quittieren sollen mit dem Hinweis an den Äußernden, dass er sich soeben nicht nur sehr negativ über meine Eigenschaften, Fähigkeiten und Verhaltensweisen geäußert habe? Hätte ich ihn darüberhinaus aufmerksam machen sollen, dass er im selben Atemzug auch noch sich selbst als missgünstigen Misanthropen ‚geoutet' hat, der sich im Moment schwertut, weil er mir eine einzige erfolgreiche Tat nicht absprechen kann?

Ich laboriere an solchem zwischenmenschlichen Problem, das er mir bereitet hat. Was sollte mich motivieren, diesem fahrlässigen Sünder am Wohlbefinden seiner Umgebung therapeutisch zur Seite zu stehen, nachdem er mir seine Geringschätzung mitgeteilt hat? Eigentlich müsste ich mich von seiner ehrenrührigen Aussage doch selbst erst erholen.

Warum nur ist er so gedankenlos in seiner Formulierung und stellt sich selbst und zugleich auch mich in ein so schlechtes Licht? Ich bin sicher, das war gar nicht seine Absicht. Dieser gute Bekannte hatte lediglich sagen wollen, dass ich das nach seiner Einschätzung gut hingekriegt hätte. Soll er's doch genau so sagen, und nicht in solch irreführender Weise!

In diesem – seinem – Fall weiß ich hinter der vielfach miesen Aussage das eigentlich gut Gemeinte zu entdecken. Wie sieht's aber aus, wenn ich den, der sich genauso äußert, nicht einzuschätzen weiß? Vor allem, wenn der zuvor auf meine an sich floskelhafte und ebenso floskelhaft mit ‚*gut*' zu beantwortende Frage ‚*Wie geht's?*' auch noch geantwortet hat ‚*Ich kann nicht klagen*'?

Wieder eine Äußerung, die eine Negativhaltung verrät. Der Äußernde bedauert, dass er im Moment keinen wirklichen Anlass findet für seine Lieblingsbeschäftigung: das Klagen. Helfen könnte ich diesem habituellen Jammerlappen vielleicht, indem ich ihn darauf hinweise, dass er ja immerhin dieses bedauerliche Fehlen eines Klagegrundes beklagen könne, was einer Quadratur seines Kreises der Unzufriedenheit gleichkäme.

Im Gespräch über seinen zurückliegenden Urlaub frage ich obigen Bekannten, wie denn das von ihm gebuchte (nur) 3-Sterne-Hotel gewesen sei, und erhalte als Antwort: *‚Da kann man nichts sagen'.*

Ich denke zurück an vormalige Urlaubsgespräche, in denen er mal etwas über den miesen Service sagen konnte, ein weiteres Mal über die schlechte Zimmerqualität, mehrfach auch über das völlig überzogene Preisniveau. Im jetzigen Fall war wohl – leider – alles äußerst zufriedenstellend, so dass er nun vermeintlich nichts sagen kann. Welche Art Mensch ist das, der sich nur äußert, wenn er etwas bekritteln kann, der sich entschieden hat, kein lobendes Wort der Zufriedenheit und der Anerkennung über seine Lippen kommen zu lassen? Lebt der in einer auch von uns erstrebten Welt? Trägt er zum Erstrebten bei? Steckt dahinter die den Schwaben zugeschriebene, aber wohl eher gesamtdeutsche Haltung, die sich in dem Diktum *‚nicht geschimpft ist genug gelobt'* ausdrückt?

Nach dem wirklich schmackhaften Essen fragt der Ober, ob wir denn mit der Leistung der Küche zufrieden seien und erhält von ihm die Antwort: *‚Da kann man nicht meckern'.* Ich beschließe, dass ich diesen Bekannten ein nächstes Mal doch wohl nicht mehr in dieses Lokal einladen werde, in welchem ihm schwerfällt, über die Leistung der Küche zu meckern. Ich werde ihm zuliebe ein Lokal suchen, wo ich sicher sein kann, dass er etwas zu meckern findet.

Verbessern wir unsere gemeinsam vorgefundene, erlebte, vielleicht auch mal erlittene Welt mit solcher Art Kommunikation? Unser Anspruch sollte doch bei allen unseren Handlungen sein: die Welt ist danach besser als zuvor. Als in besonderem Maße Gestaltende der Prozesse

8 Unbedacht verräterisch geäußert

in dieser einzig denkbaren Welt für unser aller Existenz sollten wir uns doch nach Kräften bemühen um ein Verhalten, das den von uns beeinflussten einzigartigen Existenzen eine möglichst gute Qualität gestattet!

Verräterisch schien mir neulich auch die Reaktion einer Nachbarin auf den anerkennenden Zuruf der anderen: ‚*Da haben Sie aber einen hübschen Pullover an!*' und diese antwortete: ‚*War ganz billig!*'. Mag sein, dass er wirklich nicht viel gekostet hatte; aber der anderen ging es vermutlich nicht um den Preis, sondern darum, ihr Gefallen zum Ausdruck zu bringen und etwas Nettes zu sagen. Dieser jedenfalls war das wohl ‚zu viel des Guten', wie wir in unserer deutschen Griesgramlandschaft zu sagen pflegen, und sie sah sich aufgefordert, das, was ihr zu viel schien, auf das kulturübliche Maß hin zu mindern oder zu relativieren. Ein schlichtes ‚*Danke*' wäre gewiss passend gewesen und hätte nicht so viel verraten von ihrem Unvermögen, mit Anerkennung umzugehen.

Kürzlich habe ich gehört, wie jemand zu einem anderen sagte: ‚*Nicht, dass ich Sie kritisieren will, aber – sind wir doch mal ehrlich –: davon verstehen Sie nichts*'. In mir hat's reflexhaft zu der Einschätzung geführt: ‚Arroganter, notorischer Lügner, der zudem auch alle anderen für gewohnheitsmäßige Lügner hält'. Warum?

Die Aussage ‚davon versehen Sie nichts' ist an Anmaßung wohl nicht mehr zu überbieten. Da tut einer so, als wisse er im Kopf eines anderen besser Bescheid als der, dessen Kopf das ist! Der ihn bestenfalls von außen betrachtet, beansprucht, ihn selbst innen besser zu kennen, als derjenige, der ihn zeitlebens als eigene Daseinszentrale betreibt? Völlig unmöglich! Allenfalls könnten naiv Gottgläubige ihrem Allmächtigen solche Fähigkeit zuschreiben. Der Äußernde ist aber alles andere als gottgleich!

Arrogant ist er, und ein Lügner ist er auch; denn die Bemerkung ‚nicht, dass ich Sie kritisieren will' leitet ein, dass er seinen Partner unmittelbar drauf massiv kritisiert – wissentlich und willentlich – unzweifelhaft zuvor geplant: dreiste intendierte Lüge!

Seine Parenthese ‚sind wir doch mal ehrlich' verrät darüber hinaus nicht nur, dass er sich seiner üblichen Unaufrichtigkeit sehr wohl bewusst ist, dass er sich nur jetzt mal einen Ruck gibt, um in diesem Moment ausnahmsweise einmal ehrlich zu sein. Lügen haben lange Beine – sie holen Dich ein!

Der Einschub lässt auch erkennen, dass er die ihm selber eigene habituelle Unehrlichkeit in gleicher Ausprägung auch bei seinen Mitmenschen unterstellt: ‚sind wir'; ein wirklich schlimmes Menschenbild: alle sind immer lügnerisch, nur wir beide wollen es gerade in diesem Moment mal nicht sein. Jedes Mal merke ich auf, wenn jemand im Gespräch eine Aussage einleitet mit: ‚Ehrlich gesagt: …' oder: ‚Mal ehrlich: …'. Verstehen Sie nun warum?

Wo es gerade auch um Arroganzen geht, um die Neigung, eigene Unfertigkeit mit äußerlichem Überlegenheitsgetue kaschieren zu wollen (was üblicherweise nur die Naivlinge beeindruckt, die Schätzenswerteren aber ebenso unmittelbar zum Sichabwenden bringt), wie häufig verrät sich diese Unart in Äußerungen wie: *‚darum geht's doch gar nicht'?*

Auf die empfangene Anmaßung, dass nur der andere das Recht habe, zu bestimmen, um was es geht, wäre eine Erwiderung der Art: *‚Ihnen vielleicht nicht, mir dagegen schon'* in der Sache gerechtfertigt. Als typischer Arroganzling würde der andere dann z. B. fortsetzen: *‚das spielt keine Rolle'*. Merken Sie was? Gottgleich erhebt er sich über sein Gegenüber und bestimmt in angemaßter Allmacht, was von Belang ist und was nicht. Anbetungs-

8 Unbedacht verräterisch geäußert

würdig wird er damit nicht werden – eher wohl künftig zu meiden; denn: wer teilt schon gern ohne Not seine einmalige Zeit mit einer weithin leuchtenden Hochnase?

Wer die Geduld aufbringt und diesem Widerling dennoch die – ihm unerwünschte – eigene Sicht der Angelegenheit kundtut, wird vermutlich etwas zu hören bekommen wie: ‚*das müssen Sie ganz anders sehen*‘. ‚Muss ich?‘ wird der Adressat sich fragen: Mit welcher Befugnis schreibt er mir vor, wie ich Sachverhalte zu betrachten habe? Gewiss werd ich mich gegen derlei Spontanentmündigung wehren.

Wie vieles andere auch geschieht dies ohne bewusste Kontrolle oder auch nur Kenntnisnahme; aber es geschieht, und beide haben ab da ein Problem mehr: in ihrer Beziehung. Die überhebliche Bemerkung hat eher den Charakter eines Bumerangwurfs, der den Äußernden selbst hart trifft. ‚*Bitte sehen Sie es mal aus diesem Blickwinkel*‘ wäre anstelle dessen eine höfliche Einladung, der sich wohl niemand gern widersetzen mag.

Unterstellen wir dem immer wieder Entmündigten die Größe, diesem anmaßenden Hohlkopf trotz allem eine stichhaltige Begründung für seine kontrastierende Meinung anzuliefern, dann wird er wahrscheinlich bei dem einen oder anderen Argument zu hören bekommen: ‚*da gebe ich Ihnen Recht*‘.

Ja, geht's denn noch? Welcher Gnadenakt eines Leerschädels findet hier gerade statt? Man wird daraufhin gewiss nicht in sich gehen und sich fragen, womit man dieser Großmut würdig geworden sei, man wird, vielleicht ohne ganz bewusst zu wissen warum, eine nachhaltige Antipathie pflegen. So schafft sich einer – ohne irgendeine Veranlassung – neue Feinde.

Ein Nachbar erzählte jüngst über den Gartenzaun hinweg von einem schwierigen Berufskollegen, mit dem er sich vor kurzem so sehr erzürnt hatte, dass er selbst sich zu einer ziemlich beleidigenden Bemerkung habe hinreißen lassen, die er aber umgehend mit den Worten *‚Für diesen letzten Satz entschuldige ich mich'* zurückgenommen habe.

Das wird ihm nicht wirklich gelungen sein. Wir können einmal geäußerte Sätze nicht zurücknehmen, wie sehr auch immer wir sie bereuen. Wir können deutlich machen, dass wir die Äußerung bedauern, dass wir es so, wie wir es gesagt haben, nicht gemeint haben oder jetzt meinen, dass wir für die Äußerung um Verzeihung bitten.

Auch die Entschuldigung wird ihm nicht so gelungen sein, wie er sich das gemäß der Formulierung „…entschuldige ich mich' wohl vorgestellt hat. Sich selbst von Schuld befreien? Wie sollte das denn gehen? Mit seiner Beleidigung hat er nicht sich selbst, sondern den Berufskollegen in Nachteil gebracht. Nur der kann jetzt meinen Nachbarn von dessen Schuld entlasten oder wenigstens freisprechen, aber doch nicht der Täter selbst!

Es wäre allzu einfach, wenn wir uns für jede Untat selbst freisprechen könnten – nein: von unserer Schuld entlasten kann uns – außer dem urteilenden Gericht – nur der, in dessen Schuld wir uns gebracht haben. Wir können um Entschuldigung *bitten,* die uns *der andere gewähren* kann. Hätte er also korrekterweise seinen Kollegen um Entschuldigung gebeten, wäre ihm allerdings etwas Erstaunliches gelungen: er hätte die Voraussetzung für eine ‚Schuldumkehr' geschaffen.

In unserer Gesellschaft ist üblich, dass die Bitte um Entschuldigung vom Geschädigten nicht zwingend explizit angenommen und quittiert werden muss. Sie gilt bereits durch dessen Stillschweigen als akzeptiert. Nun wäre mein Nachbar also durch das Schweigen seines Kollegen von seiner Schuld befreit. Käme hiernach der Kollege erneut auf diesen somit im Einvernehmen erledigten Vorgang belastend zurück, würde der sich damit sogar selbst schuldig machen: Schuldumkehr!

8 Unbedacht verräterisch geäußert

Die Schilderung seines jüngsten Zerwürfnisses mit diesem Berufskollegen schloss mein Nachbar mit der offenbar selbsttröstend gemeinten Schlussformel ‚*Nun ja – dumm gelaufen; aber: viel Feind – viel Ehr*'. Damit hatte er wohl im Sinn, dass ich nun auch die vorteilhafte Seite dieser seiner Streiterfahrung erkennen und gutheißen müsse: dass er nun einen Feind mehr habe, mache ihn ein Stück ehrenwerter. Sein Ansehen bei anderen und mir müsse seiner Meinung nach dadurch gewachsen sein.

Versäumt habe ich bedauerlicherweise, ihn an Ort und Stelle aufzuklären, dass er mit solch bewunderndem Effekt bei mir nicht zu rechnen habe. Mein Lebenskonzept, und gleichermaßen auch mein Ehrbegriff sind weit weniger auf das organisierte Gegeneinander gerichtet, sondern – sogar ziemlich gegenteilig – auf ein harmonisches, kooperatives, gar synergetisches Miteinander, was mir den- oder diejenige verehrungswürdig macht, der oder die integrativ gegenseitige Akzeptanz, Kooperation und Unterstützung zustande bringt, keineswegs aber den notorischen Streithammel.

Zwar leben wir als Nachbarn aktuell in derselben Wohngegend, sind aber offenbar getrennt durch ein paar Jahrzehnte, wenn nicht gar Jahrhunderte der Menschheitsgeschichte, die Einfluss auf die Kultur des Umgangs miteinander hatten: Zusammenwirken gilt heutzutage mehr als Zusammenschlagen. (Um diesem Nachbarn kein Unrecht zu tun, sollte ich ergänzen, dass er nur in seinen unbedachten Äußerungen diese – allzu gewöhnliche – Negativhaltung mitteilt. Er ist nicht das bereits erwähnte ‚Nachbarschloch', sondern nur in gesellschaftsüblicher Weise unbedacht. Ich frage mich warum.)

Nach seiner Schilderung hat die zum Zerwürfnis mit seinem Arbeitskollegen führende Streitigkeit über mehrere Etappen geführt. In einer der ersten davon – er ist nämlich nicht wirklich so kriegerisch, wie seine unbedachten

Worte vermuten lassen – hatte er seinem Kontrahenten gegenüber ‚klein beigegeben', wie er sich ausdrückte.

Er hat dieses resignative Zugeständnis mir, wie zuvor auch seinem beruflichen Widerpart, mit dem denkwürdigen Satz kommentiert: ‚*Der Klügere gibt nach*'.

Dieser Satz sollte für ihn in der Streitarena wohl den Wert eines Ersatztriumphs haben, damit er trotz Verlusts im Streitgegenstand doch wenigstens als Klügerer die Kampfstätte verlassen konnte, mit halbwegs erhobenem Haupt. Naheliegenderweise wird dem damit zum Dümmeren erklärten Konfliktpartner diese Desavouierung nicht gefallen haben. So war zu erwarten, dass der Streit mit dem einseitigen Zugeständnis zwar in der Sache zeitweilig ein Ende gefunden hat. Jedoch gab es nun eine neue Streitarena, eine persönliche: wer ist hier der Dümmere? Und dann haben sich (natürlich?) beide gern als Fallensteller am jeweils andern geübt und auch vergangen.

Wie Menschen im elektronischen, im digitalen Zeitalter doch immer noch mit primitivster Mechanik funktionieren, als hätte man sie einfach aufgezogen wie ein Uhrwerk; dabei muss das noch nicht einmal irgendjemand tun: jeder zieht sich ja offenbar gern selbst auf, und, wenn das mal nicht funktionieren will, tun alle es hilfsweise eben gegenseitig.

Teil II
Zwischen-manageliches

9

Der Vorgesetzte – Despot oder Dienstleister?

Wozu überhaupt halten wir uns Vorgesetzte? Diese Frage wird doch wohl erlaubt sein. Etwa, weil unsere steinzeitlichen Ahnen für das Jagen und die Abwehr von Gefahren affenähnlich Gruppen bildeten und Gruppen nun mal Führer haben? Schlimm genug, dass wir heute, ausgestattet mit einem Körper von gestern, Arbeit für morgen erledigen – aber das auch noch unter der Fuchtel eines Silberrücken?

Ist es nicht sogar schlimmer noch: nämlich, dass die Führungsakzeptanz des Silberrücken für viele heutige Führungskräfte ein unerreicht hoher Standard ist? ‚Deutschen Chefs fehlen soziale Kompetenzen' – ‚Arbeiter arbeiten, Chefs scheffeln' – ‚Mein Chef ist ein Arschloch, Ihrer auch?' – ‚Deutsche Chefs machen krank' – ‚84 % haben kein Interesse an ihrer Arbeit' – …. Das sind nicht Spruchbänder eines Protestmarsches von gefeuerten Neurotikern, das sind Überschriften aus Medien, die seriöse Untersuchungen über die Motivation von Beschäftigten wiedergeben, nur eine kleine Auswahl für einen großen und überaus kostenträchtigen betriebs- und in der Summe volkswirtschaftlich unverantwortlichen Missstand. Und dabei hat nicht etwa die Lust an der absurden Behauptung die Feder der Schreibenden geführt, sondern der leidvolle Einblick in noch leidvollere tägliche Realität Betroffener: Alarmrufe über einen kritischen Zustand mit verheerenden Auswirkungen!

Die Folgen mangelnder oder mangelhafter Führung spüren wir alle – direkt und indirekt: frustrierte Mitarbeiter, die ihren Unfrieden nach außen tragen, unengagierte Arbeit mit liederlichen, fehlerhaften Ergebnissen, defekte Produkte, häufige Querelen, Mobbing, hoher Krankenstand, Alkoholismus, verquatschte Arbeitszeit, fehlende Disziplin, obstruktive Haltung, hohe Fluktuation, Doppelarbeit durch Rückrufe und Reklamationen, Kundenflucht…, all dies in zunehmend schwierigerer, globaler Konkurrenzlage.

Und Vergleichbares gibt es auch in anderen Hierarchien außerhalb von Betrieben, in Ämtern und Verbänden, in Kirchen, Krankenhäusern und Gremien…. Es hat sich ein fester Schleier der Unzufriedenheit über's Land gelegt. Wir müssen da was ändern: rasch und gründlich; und zwar in die richtige Richtung. Die Notwendigkeit ist weit drängender und umfänglicher als allgemein im Bewusstsein.

Kein Verantwortlicher darf sich ungestraft verstecken hinter Ausflüchten wie: ‚wenn so viele nichts tun, warum sollte gerade ich?' – solche Haltung ist lähmendes Gift, das eine Gesellschaft zersetzt: alle müssen!

Führung ist und war immer eine Folge vom Willen zur Tat, von Initiative. Wer nicht mal dies hat, wie soll der führen? Des Weiteren setzt Führung eine ausgeprägte Begabung und Bereitschaft zur Empathie voraus für den (im jeweiligen kulturellen und sozialen Rahmen) geeigneten Umgang mit anderen Individuen. Führungskönnen ist eine Folge von zwischenmenschlicher Bildung, anderenorts soziale Kompetenzen genannt.

Die Eingangsfrage, ob und wozu wir Vorgesetzte, wozu wir Führung brauchen, lässt sich menschheitsgeschichtlich wohl folgendermaßen beantworten: Hatten unsere Ahnen Bedarf an Führung, um durch konzertiertes Handeln ihr Überleben sicherer zu machen, oder um Großes zu schaffen, so brauchen wir Enkel ein Vielfaches an Führung allein schon, um unsere auf sozialer, organisatorischer und technischer Komplexität und Interaktivität gründende – ach so komfortable – Zivilisation zu erhalten und weiter auszugestalten.

Aber es muss eine unserer Kultur gemäße Führung sein. Und genau da hapert's; denn das ist nicht die des brusttrommelnden Silberrücken; das ist nicht das bare Ausüben von Macht mit Zwang, Willkür und Finten. Die Richtung heißt: weg vom Dominieren und Besiegen, hin zum Koordinieren und Gewinnen – beidseitigem Gewinnen!

Krieg war gestern. Heute ist Wettbewerb. Morgen muss Synergie sein. Das will organisiert werden. Der Weg aus der heutigen – auch deutschen – Führungsmisere ist der Weg aus der Führungsbarbarei über die Führungskultur zur Führungshochkultur: dem synergetischen Führen.

Dabei ist zeitgemäßes und zukunftsfähiges Führen gar nicht schwierig. Es gibt da nicht einmal Geheimrezepte, und jeder hat es womöglich in Beispielen schon erlebt oder gar praktiziert.

Es braucht ein paar Voraussetzungen
Empathie, wacher Geist, Strebsamkeit, Anstand und Fairness, sowie die Gabe, Andersartiges in dessen Art zu achten, sind ein guter Einstand. Dann fehlen nur noch ein paar Einsichten und Fertigkeiten. Das wär's. Damit wäre auf Synergien zielendes, wertschätzendes Führen grund-

gelegt. Und die zu ergänzenden Einsichten und Fertigkeiten lassen sich rasch und dauerhaft dem vermitteln, der – so ausgestattet – führen soll und es gut machen will; anders als in der Steinzeit: da gab's solche Vermittlung nicht. Da wurde gebissen, geschlagen, ausgestoßen.

Welche Einsichten braucht ein Vorgesetzter heute?
Die dem Vorgesetzten verliehene Macht ist moralische Verpflichtung, nicht etwa persönlicher Bonus. Seine erweiterten Befugnisse sind ihm nicht als Krone auf den Kopf gesetzt, sondern als Werkzeuge in die Hände gegeben worden zur gedeihlicheren Bewältigung komplexerer Aufgaben und umfassenderer Verantwortung. Stattdessen bilanzieren wir heute immer noch ernüchternd: die Mutter allen Verrats ist der Verrat der Macht an der ihr zugemessenen Verantwortung.

Auch muss sich jeder Führende bewusst sein, dass er ständig ein ‚falsch positives Bild' seines Verantwortungsbereichs und seiner darin ausgeübten Funktion entwickelt. Warum? Weil Rangniedere gewöhnlich nach oben schön tun, ihm also ihre Beschwernisse und Unzufriedenheit gar nicht oder vorsichtigerweise nur untertrieben signalisieren. Der Führende muss selbst zum wahren Bild zurückrechnen.

Mitarbeiter erwarten von ihrer Führungskraft vor allem, dass sie fair ist, klar und fähig: *fair*, indem sie das Eigentliche auf geradem Weg auffasst und mit nur einem Maßstab misst, *klar*, indem sie angemessen und unmissverständlich Absicht und Wertung zu erkennen gibt, *fähig*, indem sie mit ihren Mitarbeitern motivierend umzugehen und Ziele mit leichter Hand zu erreichen versteht.

Innerbetriebliche Informationen aus dunklen Kanälen zu übernehmen, von Zuträgern oder aus Gerüchten, kostet den Vorgesetzten das Vertrauen seiner Mitarbeiter ebenso, wie, wenn er unterlässt, zu einem Streitgegenstand

9 Der Vorgesetzte – Despot oder Dienstleister?

jeden Beteiligten gleich vorbehaltlos zu hören, oder, wenn er ‚Lieblinge' und ‚schwarze Schafe' hat und diese gar unterschiedlich behandelt.

Wer als Vorgesetzter Aufgaben für seine Mitarbeiter unpassend zumisst (über- oder unterfordernd), mindert die Chancen für deren fachliches Engagement. Zwischenmenschliche Probleme in der Mitarbeiterschaft (wie Mobbing) lassen sich häufig beobachten in Arbeitseinheiten mit deutlichem Mangel oder deutlicher Schieflage in der Auslastung mit sinnvollen Aufgaben.

Exzellent führen heißt, Bedingungen zu gestalten, unter denen alle Geführten koordiniert, freiwillig und dauerhaft zu ihrer besten Leistung im Sinne der vom Führenden vermittelten Ziele kommen.

Und welche Fertigkeiten gilt es sich anzueignen, um heute glaubwürdig, wirksam und perspektivenreich zu führen?

Geübt sein will zunächst, Aufträge und Anweisungen sachlich korrekt, und mit allen für die optimale Ausführung wesentlichen Informationen und Bedingungen unmissverständlich, dabei menschlich zugewandt zu kommunizieren. Die Verfeinerung dieses Geschicks besteht darin, die Aufträge so zu bemessen und einzurichten, dass das vorgelegte Ergebnis Anlass zu maßvoller differenzierter Anerkennung gibt.

Ähnliches Geschick sollte der Vorgesetzte entwickeln, das vom Mitarbeiter weniger zufriedenstellend Geleistete vorwurfsfrei, sachlich und menschlich konstruktiv zu würdigen und damit Wege zur gewünschten Optimierung nahezulegen. Er, oder – mindestens ebenso gern – sie sollte zudem die Fähigkeit entwickeln, die Scheuklappen abzulegen und die Verschiedenartigkeit der Unterstellten, deren Dispositionen und Talente zu erkennen, um diese zum Vorteil des Ganzen differenziell zur Wirkung bringen zu können. Das ist eine leichte Übung für den, der sich nicht selbst zum Maß aller Dinge gemacht hat, und der dadurch in der Lage ist, Dinge, Eigenschaften, Sachverhalte aus verschiedenen Blickwinkeln zu betrachten.

Das ermöglicht ihm weiterhin, die wertzuschätzenden Seiten seiner Mitarbeiter im Bewusstsein zu halten und die Wertschätzung spüren zu lassen, sogar bei Begegnungen, deren Anlass Minder- oder Fehlleistung des Betreffenden ist, und in denen üblicher- wie ärgerlicherweise kritisiert, gar sanktioniert wird.

Der – insbesondere durch seine wohlmeinende Haltung – akzeptierte Vorgesetzte braucht in den allermeisten solcher Fälle weder zu kritisieren noch zu sanktionieren; denn seine Wertschätzung wird in aller Regel mit der Wertschätzung durch den Sünder erwidert mit dessen Neigung, die für ihn wertvolle positive Haltung des Chefs jetzt und künftig nicht erneut zu gefährden.

Mitarbeiter leben mit der Hoffnung auf ausgleichende Gerechtigkeit. Sie haben den Anspruch, dass der Vorgesetzte die für Klärungen und Schlichtungen nötige Sanktionsmacht besitzt und diese auch gerecht einsetzt; und zwar: je höher in der Hierarchie, desto umfassender.

Im Falle eines Zwistes unter seinen Mitarbeitern muss der Chef unvoreingenommen aufklären, um ein zutreffendes Lagebild zu gewinnen. Dies ist Voraussetzung für faire Entscheidungen. Das übt er am besten, indem er ohne Ansehen der Person die beteiligten Seiten anhört und in der Sache neutral und angemessen interveniert.

Entspricht er solcher Erwartung nicht, wird ihm das Vertrauen entzogen. Er wird nicht mehr als Vorgesetzter im umfassenden Sinn, sondern bestenfalls noch als weisungsbefugt hingenommen. Die Suche nach ausgleichender Gerechtigkeit wird höheren- oder anderenorts fortgesetzt.

# 10

Die Gruppe – Haifischbecken oder Streichelzoo?

Der Begriff ‚Mobbing' hat in den 1990er Jahren eine rasante Verbreitung erfahren. Angelsächsische Bezeichnungen wie ‚Bullying' und ‚Bossing', auch die bis dahin im Deutschen geläufigen Begriffe wie ‚Intrige', ‚Psychoterror', ‚Ränke', ‚Rufmord', ‚Schikane', etc. sind mehr und mehr durch ‚Mobbing' ersetzt worden, mit der Nebenwirkung einer großen Streuung und zugleich Unschärfe in der Bedeutung. In unserer Allgemeinsprache spreizt sich sein semantischer Gehalt vom ‚Psychoterror' bis zum ‚wiederholten Necken'. Für die Wissenschaftssprache existiert noch keine unumstrittene Definition.

Ersatzweise orientieren sich viele Autoren an den Operationalisierungen von Heinz Leymann (Leymann 1993) u. a. mit der Charakteristik: ‚absichtsvolle, mindestens einmal pro Woche, über wenigstens ein halbes Jahr praktizierte Attacken auf eine Person'.

Wie solche Attacken konkret beschaffen sein können, fasst Leymann in einem 45 Handlungen umfassenden

Katalog zusammen. Dieser operationale Zugang genügt bei weitem nicht dem Anspruch einer wissenschaftlichen Begrifflichkeit, die randscharf zu sein hat, und ist damit kaum zweifelsärmer gelagert als der höchst verwaschene Begriff ‚Mobbing' in der Allgemeinsprache, die ja nur kernprägnant zu sein beansprucht.

Von dieser theoretisch anmutenden Kritik an der mangelnden Schärfe des Mobbing-Begriffs ist es nicht weit zu sehr praktischen Begleitwirkungen aus dem Umgang mit Zwist – im Sinne von ‚Psychofallen', von Wegen ins Gegeneinander.

Sechs Psychofallen

1. Kulturverschiedenheit
Wie jemand einen Kollegen oder Mitarbeiter auf dessen Fehler oder andere unerwünschte Verhaltensweisen anspricht, ist stark geprägt von seiner Kultur des Umgangs. Wie der andere die Fehleransprache auffasst, ist von dessen Kultur abhängig.

Eine erste Falle tut sich auf, wenn die Kulturen von Sender und Empfänger sich stark unterscheiden. Ist die des Senders sehr viel gröber, kann sich der Empfänger persönlich in Frage gestellt sehen und feindselig reagieren. Ist die Kultur des Senders sehr viel feiner als die des Empfängers, kommt bei letzterem die Botschaft des ‚Fehlers' nicht an.

2. Selektive, wertende Wahrnehmung
Aber auch unabhängig vom Stil, in dem sie auf ihre Fehler hingewiesen werden, reagieren die allermeisten auf solche Situationen mit negativer Wertung, auch wenn der Hinweisende selbst unzweideutig positive Beweggründe für seinen Hinweis hat, beispielsweise, indem er den anderen kollegial vor Sanktionen bewahren will. Verlaufen der-

lei Fehleransprachen typischerweise in nur eine Richtung, nährt diese Einseitigkeit beim Kritisierten ein Gefühl des Gesichtsverlusts, und damit das Bedürfnis nach Ausgleich im Kritisieren.

Er wird das Verhalten des anderen kritischer beobachten und dank solch selektiver, zu negativer Wertung bereiten Wahrnehmung auch entsprechende Entdeckungen machen. Bereits aus der Physik ist geläufig, dass Beobachtung das Beobachtete verändert. Im Zwischenmenschlichen gilt dies ebenso und umso mehr, je weniger neutral beobachtet wird; denn auch der Beobachtete wird vom kritischen Charakter des Beobachtetwerdens ungünstig beeinflusst.

3. Negative Antizipation

Ist man erst einmal von der kritischen bzw. ablehnenden Haltung des anderen überzeugt, fragt man sich gründlicher, ob man etwas Konkretes klärend zur Sprache bringen soll ihm gegenüber und lässt dies auch häufiger sein als bei positiven oder neutralen Partnern, um diese bereits schwierige Beziehung nicht zusätzlich zu belasten.

Man malt sich aus, typischerweise in düsteren Farben, wie dieser ohnehin ablehnende Partner wohl reagieren wird, und lässt die in Frage stehende Klärung lieber unversucht. Folge dieser Psychofalle ist, dass beide weniger Kontakte miteinander haben werden und diese sich auch noch beschränken auf belastete Themen. Dies verursacht Lagerbildung.

4. Kontaktminderung bringt Fremdheit bringt Ablehnung

Für zwei, die sich nicht mögen, ist typisch, dass sie sich aus dem Wege gehen, was zu Entfremdung führt. Mehr Fremdheit führt – bei aller Neugier, die sie normalerweise auch weckt – hier zu mehr Reserviertheit: alles Fremde hat, organismisch betrachtet, etwas potentiell Bedrohliches. Sich selten zu begegnen heißt für beide somit zunehmend, das, was der andere sagt und tut oder lässt, kritischer zu wägen.

Es ist ein Prozess der Wirkungsfortpflanzung in Gang gesetzt, und zwar auf beiden Seiten: er liegt mir nicht – ich meide ihn – er wird mir fremder – ich werde ihm gegenüber kritischer – er reagiert darauf mit mehr Distanz und meidet mich – wir werden einander umso fremder – usw.

5. Spirale wechselseitiger Zuschreibung zunehmender Feindseligkeit

Wer sich vom anderen verletzt fühlt, z. B. in seiner Ehre, wird nach diesem empörenden Akt seinerseits empört reagieren, was hinwiederum den anderen empört, weil das diesem völlig unangemessen vorkommt. Er fühlt sich, um auf die empörende Unangemessenheit aufmerksam zu machen, zu einer umso gröberen Re-reaktion veranlasst.

Damit ist eine fünfte Falle scharf gemacht: ein sich selbst verstärkender, spiralartiger Eskalationsprozess. Entrüstung führt zu Aufrüstung führt zu Entrüstung … etc. Die wechselseitige Bewertung der Reaktion der jeweils anderen Seite als ‚empörend unangemessen' lässt nun bald jede vernünftige Aggressionshemmung überwinden, traditionelle Ursache von Fehden und Kriegen jedweder Art.

Bei Eskalation über ein paar Spiralwindungen hinweg bewegt sich die Frage nach Verursachung und moralischer Schuld, trotz zunehmender Überzeugtheit der Lager, immer weiter weg von einer klaren Antwort.

6. Schuld- und Moralumkehr

Die Nutzung des verwaschenen Begriffs ‚Mobbing' erleichtert das Betreiben einer Falle anderer Bauart. Aufgefallene Unzulänglichkeiten (qualitative, quantitative Mängel, Fehlzeiten, etc.) kann der deswegen in die Kritik Geratene zunächst vor sich selbst, mit zunehmender Routine jedoch umso überzeugter und überzeugender auch nach außen, als Folge von ‚Mobbing' darstellen, vorzugsweise verursacht von jenen, die ihn ob seiner Defizite kritisieren.

Für ihn bietet diese Zuschreibung sozusagen die Quadratur psychohygienisch wohltuender Wirkungen. Einerseits bewirkt er damit einen Selbstfreispruch. Er ist eigentlich nicht leistungsschwach, schlecht motiviert, unprofessionell, kaum belastbar; die Mängel sind nur Folge davon dass er gemobbt wird. Er ist Opfer. Andererseits schiebt er damit die Schuld genau jenen zu, die seine Defizite als solche registriert und thematisiert haben.

Genau genommen findet eine Art Umkehr von Schuld statt, ähnlich wie in unserem landläufigen Umgang mit der Metapher des Nestbeschmutzers, mit der anstelle des tatsächlichen Schmutzfinken üblicherweise der gestraft wird, der – verdienstvollerweise – auf den Unrat im Nest hinweist.

Wie kann die Gruppe diese Gefahrenquellen unter Kontrolle halten?

Soll die Gruppe intakt bleiben und trotz der unausweichlich immer wieder mal auftauchenden Meinungsverschiedenheiten ihren Teamgeist bewahren, ist eine Vorkehrung grundsätzlicher Art dringend zu empfehlen: die explizite – möglichst schriftlich mit Unterschrift jedes einzelnen – abgefasste Vereinbarung zu einer Kommunikationskultur des direkten, also unmittelbaren Gesprächs.

Betriebe, in denen hingenommen wird, dass Mitarbeiter untereinander – insbesondere negativ – über abwesende Kollegen sprechen, etablieren ein mieses Betriebsklima, eines, in dem sich niemand wohl fühlt, in dem die oben aufgeführten Psychofallen scharf gemacht werden.

Hinter dem Rücken eines anderen schlecht über ihn zu sprechen muss nach solcher Vereinbarung aller Teammitglieder einhellig als Verstoß empfunden und bewertet werden, als deplatziert. Geschieht es im Ansatz dennoch, muss dies sofort die Reaktion des Angesprochenen hervorrufen, dass er die gemachte nachteilige Bemerkung über den Abwesenden als unpassend erlebt.

Diese wie auch die nachfolgende Vorkehrung zugunsten eines dauerhaft friedfertigen Umgangs miteinander im Team liegt nicht nur in dessen ureigenem Interesse, sondern gewiss auch im Interesse der Teamleitung und könnte von dieser initiiert und getroffen werden. Unterlässt diese das jedoch, sollte das Team zugunsten künftiger Arbeits- und Lebensqualität initiativ werden und die Absprachen eigenständig treffen.

Perspektivisch hilfreich für das konstruktive Miteinander in der Gruppe ist ein geschärftes Bewusstsein der latenten Gefährdungen, nämlich obiger Psychofallen. Auch dies lässt sich hilfsweise im Kollegenkreis selbst erzeugen, wenn die Teamleitung inaktiv bleibt: man führt bei irgendeinem passenden Kollektivereignis die sechs Gefährdungsmuster explizit aus und macht sie zum Gegenstand eines Erfahrungsaustausches.

11

Der Mitarbeiter – entlohnter Feind oder Goldesel?

Jährliche repräsentative Erhebungen, z. B. von Gallup Deutschland, zum Engagement von Mitarbeitern decken Verstörendes auf: in den zurückliegenden sieben Jahren haben zwischen 15 % und 24 % der deutschen Arbeitnehmer eine Haltung zu ihrer Beschäftigung eingenommen, die mit ‚innerer Kündigung' zu bezeichnen ist: Antihaltung!

Dass vergleichbare Befragungen in anderen Industrienationen zu z. T. noch schlimmeren Ergebnissen kommen, darf hierbei keineswegs beruhigen; im Gegenteil: es geht angesichts der Zeit, die lebensgeschichtlich dem Beruf gewidmet wird, um elementare Lebensqualität von Hunderten von Millionen Menschen!

Wesentliche Ursache für diesen katastrophalen Befund sind Defizite in Haltung und Verhalten der Führungskräfte gegenüber ihren Mitarbeitern, wie im Kap. 9 bereits akzentuiert. Die Katastrophe wird dadurch umfassend, dass – je nach Erhebung – bis zu 98 % der befragten

Chefs sich selbst als gute Vorgesetzte einstufen und somit kaum Problembewusstsein, gar Änderungsbedarf entwickeln.

Ein guter Mitarbeiter zu sein fällt uns dann besonders leicht, wenn der Chef uns wertschätzt. Für den arbeiten wir gern, und dadurch meist auch engagierter. Das (eigentlich offene) Geheimnis dahinter ist, dass jeder von uns sich dort besonders engagiert, wo er die (für ihn) beste Rendite bekommt, und die ist für fast alle in erster Linie immaterieller, sozialer Art, nämlich *Wertschätzung*.

Wenn wir im Beruf als bedeutsamem sozialen Umfeld weniger Wertschätzung erfahren als unserem persönlichen Bedarf entspricht, reagieren wir darauf zunächst, indem wir unsere beruflichen und sozialen Anstrengungen vermehren. Bleibt das dauerhaft ohne Erfolg und verbietet sich – aus welchem Grund auch immer – ein Wechsel im Beruf, verlagern wir unser Engagement in ein anderes soziales Umfeld, das uns mehr Wertschätzung gewährt oder verheißt (Familie, Verein, Bürgerinitiative, etc.), und mindern Motivation und Engagement für den Betrieb bis hin zur ‚inneren Kündigung'.

Wertschätzender Umgang im Beruf, also der durch Kollegen, Vorgesetzte und, je nach Funktion, durch Mitarbeiter, Kunden, Lieferanten usw., hilft bisweilen, das Engagement eines frustrierten Aussteigers zurückzugewinnen, wobei nur die als echt empfundene Wertschätzung zählt, und diese vor allem von persönlich akzeptierten, von ihm selbst wertgeschätzten Partnern.

Menschen, denen kein soziales Umfeld erreichbar ist, in dem sie ihren Wertschätzungsbedarf auszugleichen vermögen, reagieren auf diese Ohnmachtssituation bevorzugt im Sinne ihres persönlichen Devianzmusters. Solche Muster reichen von Aggression nach außen über Süchte und andere Krankheiten bis zur physischen Autoaggression.

Mitarbeiter differieren im Maß des Anspruchs an Wertschätzung, bisweilen auch der einzelne vom wechselnden privaten Hintergrund und sogar von Tagesform zu Tagesform. Für den einzelnen das jeweils und aktuell passende Maß näherungsweise zu realisieren, ist für Kollegen wie Vorgesetzte schwierig, für letztere insbesondere, weil sie selbst es sind, die Aufgaben zumessen und den Ergebnisrückfluss organisieren und bewerten.

Als Mitarbeiter habe ich Einfluss auf meinen Chef und sein u. U. missliebiges Verhalten. Wie ich meinen Einfluss geltend machen kann folgt denselben Empfehlungen, die auch im Falle störenden Kollegenverhaltens taugen. Angesichts des Machtgefälles werden allerdings die meisten Mitarbeiter dem Vorgesetzten gegenüber noch umsichtiger vorgehen.

Wie steigere ich die Bereitschaft meines Chefs, sein unerwünschtes Verhalten abzustellen? In Vorbereitung solchen Gesprächs zur Einflussnahme von unten nach oben sollte ich mir Gedanken darüber machen, welche eigentlichen Interessen den Chef leiten und letztlich das von mir beklagte Verhalten hervorbringen.

Vielleicht ist er autoritär, räumt seinen Mitarbeitern kaum eigene Gestaltungsspielräume ein, weil er glaubt, damit mehr und bessere Ergebnisse zu erzielen und so vor seinen Oberen glänzen zu können. Wenn ich sein eigentliches Bedürfnis identifiziert habe, sollte ich mir konkrete, leicht umzusetzende Vorschläge im Sinne meiner Änderungsabsicht überlegen, die gewiss eine ihn überzeugende Steigerung seiner Ergebnis- und Glanzbilanz zur Folge haben werden.

Für das fällige Gespräch sollte ich günstige äußere Bedingungen suchen, z. B., dass es als Zwei-Personen-Gespräch ungestört vonstatten gehen wird, und dass der Chef und ich in einer für mein Anliegen geeigneten Verfassung sind.

Eine menschliche Eigenart ist die bereits erwähnte Neigung zur Reziprozität. Mir sollte in dem Zusammenhang klar sein, dass ich mit kritischer Ansprache dessen, was mich stört, jeden Gegenüber in eine Antihaltung bringe, mir und meinem Anliegen gegenüber. Genau das Gegenteil will ich aber: eine wohlmeinende Haltung erzeugen, die wahrscheinlicher macht, dass sich – vielleicht mir zuliebe – etwas ändert.

Nutze ich folglich die positive Seite der Reziprozität: da ich in dem anstehenden Gespräch etwas zu bekommen erhoffe, sollte ich auch etwas geben. Das kann eleganterweise ein Signal der Wertschätzung sein, der ehrlich empfundenen und durch den Chef nachvollziehbaren, nicht als ‚Schleimerei' misszuverstehenden Wertschätzung.

Jeder Mensch hat positive Seiten, selbst wenn mir die des Chefs in Anbetracht seiner mich beschäftigenden Unart nicht gleich klar vor Augen stehen. Im Beispielfall könnte z. B. sein Fachwissen, sein Engagement und sein Arbeitseinsatz respektabel, gar vorbildlich sein.

Das gäbe mir Gelegenheit, das Gespräch wertschätzend einzuleiten mit:

„Ihr Sachverstand ist für mich – und ich vermute: auch für die Kollegen – vorbildlich; desgleichen imponiert mir Ihr Engagement und Arbeitseinsatz. Und die guten Ergebnisse unseres Bereichs bestätigen das ja auch im Gesamtbetrieb. Ich habe mir, unabhängig davon, mal Gedanken gemacht, wie man aus den guten Ergebnissen vielleicht noch bessere machen könnte; das Bessere ist ja, wie man sagt, der Feind des Guten. Und da sind mir ein paar Ideen gekommen. Haben Sie Interesse, dass ich diese Ihnen vorstelle?"

Mit ziemlicher Sicherheit erhalte ich nun Gelegenheit, meine zuvor überlegten konkreten, leicht umzusetzenden Vorschläge vorzubringen, von denen ich weiß, dass sie ihm eine überzeugende Steigerung dessen eintragen, woran er eigentlich interessiert ist, nämlich der Ergebnisbilanz, und mir zugleich die Genugtuung verschaffen, ihn von seinem unangenehm autoritären Gehabe ein Stück weggebracht zu haben.

Es gilt: ‚der Wurm muss dem Fisch schmecken, nicht dem Angler'. Diesen Prozess kann man durchaus wiederholen und hat, außer der Minderung des unguten, mich störenden Verhaltens, die durchaus auch im Sinne meiner dankbaren Kollegenschaft ist, zugleich einen konstruktiven, zunehmend vertrauensbasierten Zugang zum Chef grundgelegt. So ist – mit ein wenig Reflexion und Vorgehensgeschick – allen wohlgetan: dem Chef, dem Team und mir als ebenfalls betroffenen Mitarbeiter.

Es immer allen recht zu machen wird kaum unser dauerhafter Anspruch für all unsere Lebenssituationen sein können; aber, wo immer es möglich ist – und wenn wir ein wenig mehr darüber nachsinnen, ‚sine ira et studio' (‚ohne Zorn und Eifer'), zudem empathisch auf gemeinsamen Gewinn statt auf persönlichen Sieg bedacht – vor allem ‚bedacht' – haben wir die Chance, unserem gemeinsamen, eigentlichen Lebenszweck zu folgen, nämlich: durch unsere individuelle Existenz zur Verbesserung der Welt in dem uns möglichen Maß beizutragen.

12

Abwesenheitsvertreter – ist er weg bin ich dran; aber wie?

Dieser Beitrag ist inhaltsgleich erscheinen als Aufsatz in „Verwaltung und Management" Nr. 6 2020 im Nomos Verlag.

Als Team-Mitglied werde ich zusätzlich betraut mit der Vertretung im Falle der Abwesenheit des eigentlichen Leiters. Das ist schon Anlass für einen spontanen Luftsprung, ist es doch für mich ein bedeutsamer Schritt hin zu Karriere und Akzeptanz höherer Ordnung. Nun werde ich also bald kalkulierbar Gelegenheit erhalten, zu zeigen, dass ich's auch kann: Führen – nachdem ich diese ehrenvolle Offerte angenommen haben werde. Solche Chance bietet sich nicht häufig; viele erhalten sie nie.

Umso mehr liegt mir am Gelingen. Meine neue Aufgabe als Vertreter/in der Teamleitung ist als persönliche Möglichkeit äußerst willkommen. Ehrenhaft ist sie zudem als sichtbarer Beleg von Wertschätzung und Vertrauen durch meinen Betrieb, meine Organisation und ihre Entscheider. All dies sind Gründe zu Freude und auch ein wenig Stolz.

Gelingen mir diese zu erwartenden, zeitlich begrenzten Bewährungsproben, gewinne ich – wenn ich's richtig einschätze – über den sichtbaren Karrierevorteil hinaus sogar viel mehr: ich werde meine Arbeits- und Entscheidungsfähigkeit entwickeln, mein Intellekt wird sich durch neue Sphären weiter differenzieren, ich werde an menschlichem Format gewinnen und zusätzlich an all den damit verbundenen kommunikativen Fähigkeiten. Welch rosige Erwartung persönlichen Zugewinns! Wir wachsen an neuen Aufgaben, besonders an höherwertigen – oder aber wir scheitern daran.

Nach innerlichem Luftsprung und heimlicher Freude eröffnet ein zweiter Blick auf die neue Chance die Sicht auf ein Nadelöhr, ein äußerst enges, durch das dieser unverhofft ermöglichte Weg führt. Es gibt dabei mehr als eine problematische Seite. Wie bringe ich meine Kolleginn/en dazu, mich in einer Vorgesetztenfunktion zu akzeptieren, gar ernst zu nehmen? Gibt es möglicherweise verletzte Gefühle, Enttäuschung, Zurücksetzung, Neid, Rivalität? Einigen Teammitgliedern stehe ich näher, anderen nicht, und jeder weiß das.

Daran wird jeder mein Verhalten, meine Art des Umgangs messen. Wie kann mir unter solcher Bedingung gelingen, von meinen Kolleginn/en – im Vertretungsfall meinen Mitarbeiterinn/en – als vertrauenswürdiger, ernstzunehmender Anweisungsbefugter erlebt zu werden, als in dieser Funktion fair, klar und fähig, den drei zentralen Ansprüchen an meine Glaubwürdigkeit als Vorgesetzte/r?

Und erst nach diesen Fragen stehe ich vor den ganz praktischen Aufgaben des Führungsalltags: Wie nehme ich Einfluss auf Qualität und Quantität der Leistung, auf Zuverlässigkeit, Motivation, Wohlbefinden der Kolleginn/en, und wie auf Zusammenarbeit und Klima in der mir anvertrauten Gruppe, deren einzelnes Mitglied ich ja nach wie vor bin und bleibe?

Fehlzeiten, Nachlässigkeit oder gar Obstruktion sind teuer und fallen in der Zeit meiner Leitung wesentlich auf mich zurück. Deren Ursachen mögen viel früher liegen; nun spielt das keine Rolle: ich bin verantwortlich und damit schuld.

Meine angestammte Arbeit muss ich ja auch in der Zeit der Vertretung zu 100 % weitermachen, nun aber mit den zusätzlichen 130 bis – je nach Führungsspreizung – 200 % der Leitung und Koordination, also mit 230 bis 300 % auf den Schultern; jeder andere trägt nur seine üblichen 100 %. Springen Sie dann mal in Ihrer gewohnten Weise! Und schlimmstenfalls vertrete ich den/die abwesende/n Chef/in dann auch noch fachlich, also auf mir nicht besonders vertrautem Terrain.

Schlimmer kann eine berufliche Situation ja wohl kaum sein. Nun stehe ich vor der für lange Zeit bindenden Frage: nehme ich diesen ehrenvollen Vertrauensbeweis, diesen wertschätzenden Hinweis auf meine Förderungswürdigkeit, auf mein offenbar höheren Orts erkanntes und als ‚führungsgeeignet' bewertetes Profil dankbar an oder lehne ich dankend ab?

Zehn Nachteile wollen dabei bedacht und untereinander bewertet sein

1. Nicht so umfassende Macht- und Sanktionsfülle

Selbst wenn, was nicht die Regel ist, die Vertretung mir formell vollumfängliche Möglichkeiten einräumt, also alle Maßnahmen zur Verfügung stellt, die auch der ‚Eigentliche' in der gegebenen Situation hätte, verbieten sich mir beherzte Griffe in die Kiste vor allem negativer Sanktionen, und zwar aus Gründen der zwischenmenschlichen Wahrnehmung und Akzeptanz.

Bei dem, den ich vertrete, wären probate Maßnahmen kaum einer weiteren Überlegung wert gewesen. Ich stattdessen muss sorgsam wägen, muss behutsam sein, muss im Bedarfsfall bescheidener intervenieren. Und selbst das muss ich vor mir und potentiellen Kritikern (und das sind alle) nachvollziehbarer und überzeugender begründen können.

Die Wirkung auch nur einer in die Kritik geratenden Negativsanktion von mir entfaltet eine etwa siebenfach so virulente öffentliche Wirkung (und zwar hinter meinem Rücken) wie die zweite, die ein positives Echo findet. Menschen sind nun mal so.

Auch stehe ich – wie übrigens jede Führungskraft – dauerhaft in der Gefahr, den interimsweise dann mir überantworteten Bereich und meinen Einfluss darauf systematisch besser zu bewerten, als mein Umfeld (oben, eben, unten) dies tut, weil doch, wie jeder sich leicht ausmalen kann, ‚nach oben alle schön tun‘; und in dieser Zeit bin ich etwas weiter ‚oben‘ als die – bis vor kurzem und bald wieder – Kollegen. Ich selbst muss auf den wahren Wert zurückrechnen. Das ist die vielleicht von allen Führungskräften am häufigsten unterlassene, wenngleich so nötige Operation. Sie fällt auch deshalb so schwer, weil wir doch alle so gern zufrieden sind. Aber ich muss es tun!

2. Befristung meiner Führungsrolle

Nicht nur mir ist klar, dass meine Sonderrolle mit der Rückkehr des Eigentlichen ein Ende hat; das ist jedem anderen im Beritt ebenso klar. Und je nachdem, wie wir zuvor zueinander gestanden haben, gehen damit verdeckte, bisweilen auch deutlich erkennbare, und nicht nur angenehme oder konstruktive Haltungen und Einstellungen einher, wie etwa: ‚*na warte mal; Dein Gastspiel ist bald zuende. Du wirst schon sehen, was danach auf Dich zukommt.*‘

Hierbei spielt die Dauer meiner Leitungsaufgabe eine große Rolle. Sind es nur zwei, drei Tage, wird meine Zurückhaltung in Gestaltungshinsichten für gewöhnlich zwar akzeptiert werden; geachtet wird sie dennoch nicht: von einigen wird sie als Bequemlichkeit, von anderen als Unvermögen, von weiteren als Verantwortungsscheu abgetan werden.

Gestalte ich aber trotz nur kurzer Frist dennoch eigenständig, sind die Veränderungsscheuen schnell bei der Hand mit Kommentaren wie: *‚Kaum ist der/die Alte mal weg, muss der sich hier so aufspielen!'* Und veränderungsscheu sind viele. Es gibt folglich kaum Gelegenheit, kurze Vertreterzeiten in souveräne Achtungserfolge umzumünzen.

Bei längerer Vertretungszeit (mehrere Wochen lang) ist diese Chance eher gegeben – theoretisch! Jeder weiß um meine Zeitspanne und hat, je nach Vorerfahrung mit mir, eher skeptische oder erleichterte, vielleicht gar hoffnungsfrohe Erwartungen an diese Zeit. Neutral ist niemand.

Wahrscheinliches Ergebnis wird sein, dass die Skeptiker nach dem Muster einer ‚sich-selbst-erfüllenden-Prophezeihung' ihre düsteren Erwartungen tendenziell bestätigt bekommen werden (sie haben es sich ja auch nicht anders vorstellen können). Die Hoffnungsfrohen werden sich in ihren – gern überzeichneten – Positiverwartungen *(‚jetzt wird endlich alles besser')* düpiert sehen. Also bietet mir auch das größere Zeitfenster meiner Führung jenseits der rein theoretischen kaum eine praktische Chance zu reüssieren.

Von Belang ist auch, ob von vornherein klar ist, wann mein Zusatzgastspiel endet (Urlaub oder Dienstreise des Eigentlichen) oder, ob ich die Rolle mit offenem Ende ins Ungewisse hinein wahrzunehmen habe (Erkrankung, Abordnung, Elternzeit). Die Ungewissheit lässt alle ein wenig vorsichtiger sein, meine Mitarbeiter ebenso wie mich. Nur wachsen die Erwartungen in diametral entgegengesetzte Richtungen, auch dies auf beiden Seiten.

Bei den Mitarbeitern erstreckt sich's vom einen Extrem: ‚*na, nun könnte er doch mal endlich – wann denn, wenn nicht jetzt?*‘ bis zum anderen: ‚*um Himmels willen, jetzt nur kein ‚rin in die Kartoffeln' und gleich drauf ‚raus aus die Kartoffeln!*".

Bei mir selbst mehren sich Zweifel der Art ‚*wenn der Eigentliche morgen wieder da ist und sieht, was ich verändert habe, wird der dauerhaft sauer sein, weil er glaubt, das zurücknehmen zu müssen, ein für alle Seiten unpopulärer Akt*' und in die andere Richtung: ‚*wenn der in zwei Monaten wieder gesund ist und dann feststellt, dass sich hier gar nichts bewegt hat, wird er mich für führungsschwach und ungeeignet erkennen*'.

Folglich ist selbst in der Perspektive ‚open end' kaum ein Blumentopf zu gewinnen, weder mit Lethargie noch mit Schaffensdynamik. Also summarisch: was immer ich und wie tue oder unterlasse – alles ist verkehrt; die Rolle des Abwesenheitsvertreters verheißt nichts anderes als eine Summe von Nachteilen: schlimmes Spiel! Aber es kommt noch schlimmer.

3. Geringerer Informationsstand

Der abwesende Chef kennt die Aufgaben aus dem FF, auch ihre Verteilungs- und Zuarbeitsstruktur, schließlich hat er sie wesentlich selbst geregelt und koordiniert. Er kennt die Vorlieben, Einschränkungen und wie auch immer gearteten Besonderheiten der Beteiligten und Beteiligungen. Ich dagegen kenne mit einigem Glück, was den meisten bekannt ist, oder kann mich günstigenfalls nach all dem erkundigen, was er als sichere Information für seine Entscheidungen zur Verfügung hatte (offen oder womöglich gar vertraulich).

Hier liegen Stolperfallen, die nur schwer als solche zu erkennen sind und immer eine Gefahr bedeuten für das ungetrübte menschliche Miteinander, an dem mir gelegen sein muss, und welches ungemein schwer zu reparieren ist. Vielleicht hat es verdeckte Nebenabsprachen gegeben zwischen dem Eigentlichen und dem nun mir unterstellten Mitarbeiter, nur weiß ich nichts davon und ernte unausgesprochene Enttäuschung. Woanders habe ich selbst Erleichterungen oder Vergünstigungen zugestanden und muss bald darauf feststellen, dass ich nicht im Besitz der ganzen Wahrheit war, und nun als ungerecht oder gar als leicht zu übertölpeln erlebt werde.

4. Führungsloyal oder Abwesenheitsverräter?
Nun bin ich ja vor der Übertragung meiner Sonderrolle bereits erfahren in den Angelegenheiten dieser Betriebseinheit, habe meine eigenen konstruktiven Vorstellungen, was und wie zu verbessern wäre, und habe verschiedentlich mit den Kolleginn/en auch darüber gesprochen – und die erinnern das auch genau, weil sie derselben Ansicht waren und noch heute sind. Und nun wäre Gelegenheit, diese Änderungen im gemeinsamen Interesse vorzunehmen – finden die und finde ich. Aber Vorsicht!

Naheliegenderweise darf ich nicht alles auf den Kopf stellen, was der Abwesende geregelt hat. Schon der sichtbare Kontrast zu seiner Linie ist gefährlich für mich: ‚*Kaum ist die Katze aus dem Haus, tanzen die Mäuse auf den Tischen*' wird der Eindruck des zurückkehrenden Eigentlichen sein, oder in einem Wort: Insubordination. Zurecht.

Ähnlich groß ist die Gefahr, dass ich mit meinem Tun von denen, die dem Eigentlichen loyal ergeben sind, als Aufrührer, als Meuterer erlebt werde; kaum werde ich erfahren oder gar kontrollieren können, was hinter meinem Rücken geschieht, gemunkelt oder mindestens empfunden wird.

Auch hier liege ich zwischen zwei Mühlsteinen: einerseits der erwartbaren und tatsächlich auch erwarteten Führungsloyalität, auf die der Abwesende – von Kleinigkeiten abgesehen – ein Recht hat, und andererseits der Kollegenschaft, die doch genau weiß, dass mein Herz anders schlägt und konkrete Erwartungen an mein Regime stellt. Die Liste der mir von deren Seite zugeschriebenen Negativeigenschaften ist lang: ‚*kein Rückgrat'*, ‚*hier kommt man in der Schleimspur einfach besser voran'*, ‚*ob der was sagt, oder ob die Birke rauscht, ist einerlei'*, usw.

Anhand der bis hierhin aufgezeigten, nahezu vorprogrammierten und schwer zu meisternden Schwierigkeiten der Zusatzrolle Abwesenheitsvertreter haben wir kaum eine realistische Chance erkennen können, sich durch die Enge des Nadelöhrs zu quälen. Was also sollte mich bewegen, das Angebot anzunehmen und mir das absehbare Scheitern zuzumuten, wenn ich doch ohne Einbuße auch nein sagen kann?

Allein die Schmeichelei, weiter oben in der Hierarchie irgendwann von irgendwem in irgendeinem Zusammenhang als potentielle Perspektivkraft erwähnt worden zu sein, mag eine schwache, eitle Natur zur Annahme des gefährlichen Angebots verführen. Aber so eitel oder auch nur schwach bin doch ich nicht. Und außerdem: in vielen Fällen geht mit dem Folterjob ja – schlimmerweise – nicht einmal eine Gehaltsaufwertung einher.

5. Charakter der Bewährungsprobe

Soziale Kompetenzen beeinflussen berufliche Karrieren deutlich stärker als das fachliche Können. Empirische Studien zeigen ein Verhältnis von 90:10. Nun ist offenbar an entscheidender(er) Stelle (weiter oben, aber wo genau?) erkannt worden, dass ich über mehr dieser wertvollen zwischenmenschlichen Fähigkeiten verfüge, als dies bei meinen Kolleginn/en erkannt wurde.

Was, wenn diese Einschätzung stimmt, wenn ich tatsächlich besser mit menschlich problematischen Situationen umzugehen verstehe als die Kollegen? Habe ich dann nicht auch eine berechtigte Erwartung, dass ich die bis hierher als schwierig, sogar als gefährlich erkannten und beschriebenen Dilemmata zwischen den Kollegen, dem Eigentlichen und mir zu entkrampfen und sogar zu tragfähigen Lösungen zu bringen vermag?

Wenn zutrifft, dass ich angemessener und wirkungsvoller mit sozialen Situationen zurechtkomme, Konflikte leichter zu entschärfen verstehe, Ideen nutzbringender zu Gehör, Konsens und Gleichklang bringen kann als die anderen, wenn das Risiko des Scheiterns bei mir also deutlich geringer ist, sollte mich das nicht ermuntern, diese seltene Chance zu ergreifen? Sollte ich dieses Talent nicht nutzen, es weiter entwickeln, auch für mein ganz persönliches Wachstum?

Jedoch liegt auch in dieser Perspektive der Zuversicht, ich könne diese Bewährungsprobe dank meiner persönlichen Ausstattung mit sozialen Kompetenzen nicht nur bestehen, sondern daran auch wachsen, eine Gefahr, nämlich die der verkrampften Überforderung meiner selbst, weil mir zu viel am fraglichen Erfolg liegt.

6. Umfassendere (Führungs-) Verantwortung kommt als Zusatzlast oben drauf

Die schmeichelhafte Einstufung als ‚führungsgeeignet' darf nicht lange bestechen. Mir muss bald klar werden, was mich diese teils unkalkulierbaren Zeitabschnitte kosten werden – allein an zusätzlichem Engagement, an neuen sozialen Rollen, an Aufbau und Gestaltung von Arbeitsbeziehungen zu und auf anderen

Hierarchieebenen, durch den Umgang mit einer Fülle neuer Informationen und Fragestellungen, an empathischem und ausgleichendem Sozialverhalten, an Standfestigkeit bei unpopulären Maßnahmen, an gewissenhafter Vorbereitung nötiger Entscheidungen, am Geradestehen für alles, was im zusätzlichen, vervielfachten Verantwortungsbereich passiert oder unterblieben ist.

Und was ist mit meinen angestammten Aufgaben als normaler Mitspieler im Team, dessen Geschicke ich mit oben beschriebenem Aufwand in dieser Periode steure, koordiniere und verantworte? Die wollen ja auch erledigt werden, in unverminderter Quantität und Qualität. Stillstand dort darf nicht sein, schon gar nicht während meiner Gesamtverantwortung!

Bewerte ich das übliche Pensum meines Dienstpostens mit ‚ausgelastet', also 100 %, kommen, wie weiter oben zuvor erwähnt, in meinen aktiven Vertreterphasen noch – je nach Leitungsspanne (dem hierarchischen Abstand der beiden Ebenen meines Doppeleinsatzes) – weitere 130 bis 200 % oben drauf, auf meine Schultern! In der Summe trage ich in dieser Zeit also 230 bis 300 %!

Spätestens hier muss klar sein, dass nur die Stärksten und Belastbarsten das ehrenvolle Angebot ‚Abwesenheitsvertreter/in' erhalten sollten. Auch sollten nur solche dieses annehmen. Es muss klar sein, dass die Funktion nach einer tariflichen Besserstellung schreit! Unsere Berufswelt verlangt nach Belohnung des Wünschenswerten, und in diesem Fall reicht die – zweifelhafte – immaterielle Ehre, die zudem verknüpft ist mit eklatantem Zeit- und Energieaufwand, mit sozialer Deprivation, die noch zu zeigen sein wird, als Antriebskraft für eine positive Entscheidung der wenigen Geeigneten vermutlich nicht aus.

7. **Fachliche Vertretung kostet höhere Intensität als beim Routinier**

Werden Mitarbeiter am Arbeitsplatz längere Zeit überfordert, ist dies eine natürliche Ursache für Minder- und Fehlleistung, für krankheitsbedingte Ausfälle, in der Folge dann für Abmahnungen, in Folge dann für Kündigungen, fortgesetzt für die Kündigungen der Nachfolger. Fluktuation, Ausfälle an Quantität und Qualität der Leistung sind teuer.

Vor diesem allgemeinen Hintergrund hier zunächst der Rückblick auf meine erwarteten 230 bis 300 % Last aus der Führungsvertretung. Ich kann angesichts des Vertrauens in meine Begabung und psychophysisch gegebene temporäre Belastbarkeit kalkulieren, dass mir für eine absehbare Zeitspanne (wie Dienstreise, Kurzerkrankung oder Urlaub des Eigentlichen) genügend Reserven zur Verfügung stehen für einen 2,3- bis sogar 3-fachen Einsatz und Energieaufwand. Das ist mal zu schaffen.

Nun folgt eine Frage an die Organisation: wie ist meine Vertretung des gemeinsamen, jetzt abwesenden Vorgesetzten in fachlicher Hinsicht geregelt? Ist sie das überhaupt? Wird im Vertretungsfall etwa auch noch sein Ressort mir zugemutet? ‚Zumutung' ist hier der angemessene Begriff; denn die Vertretung in seiner, mir kaum (schon gar nicht in ihren Spezifitäten) vertrauten Sparte verlangt von mir zu den vorherigen 230 bis 300 % Last auf meinen Schultern zusätzlich die 110 bis 150 % seines Fachs. Und diese Aufwendungen haben für mich, der hierin ungeübt ist, ein Problemgewicht von 140 bis 180 %.

Nun addiert sich meine Belastung auf 370 bis 480 %, also das nahezu Vier- bis Fünffache des den anderen Zugemuteten! Das kann selbst auf kurzer Strecke nicht gut gehen, ist aber ein vielfach zu erkennender Planungs- und Organisationsfehler vermeintlich gut strukturierter Betriebe, Verbände, Behörden und anderer Organisationen, dessen Leidtragender nun ich aus dem Status der Unschuld zu werden drohe.

Aus prospektiver Sorge, um nicht Opfer der Org-Versäumnisse anderer zu werden, sollte ich vor oder spätestens bei der Übernahme explizit auf diese zu kalkulierende Erschwernis hinweisen, auf einer, möglichst gar auf den zwei Verantwortungsebenen über dem, den ich vertreten werde.

8. Erhöhte Visibilität

Wenn ich mich in gewohnter, alter Rolle des Kollegen der anderen und Mitarbeiter des gemeinsamen Chefs mal nicht ganz in der an sich präsentablen Weise gezeigt haben sollte, wird dies als einzelnes Bild nicht lang überdauert haben; wir sind halt mehrere, und die einzelnen Eindrücke fügen sich gern zu unserem Gesamtbild zusammen und dieses sich zu dem unserer Organisationseinheit.

Ist nun der Chef weg, und ich stehe während dieser Zeit erklärter- und bekanntermaßen in seinen – größeren oder kleineren – Fußstapfen, werde ich aus anderem Blickwinkel betrachtet als in der allen vertrauten bisherigen Rolle. Mir muss klar sein, dass ich auf einem Prüfstand stehe, unter dauerhafter Beobachtung und Bewertung – die ganze Zeit der Vertretung lang.

Jeder Gesprächskontakt oder dessen Unterlassung, jede Bemerkung und deren Akzente, jede Geste, jede Mimik von mir wird anders wahrgenommen als zuvor, und das nicht nur von den mir nun unterstellten Kolleginn/en, sondern auch von denen eine Ebene darüber, mit denen ich in dieser Zeit auf deren Level Kontakt haben soll.

9. Kaum Gruppenrückhalt, weder in bisheriger noch in temporärer Ebene

Für die bin ich jedoch nicht ebenbürtig, ich bin hier ein Neu- und Fremdling, der sich ‚seine Sporen erst noch verdienen muss'. Das ist für mich eine Zukunftsaufgabe. Vom ersten Tag an wird sie von mir verlangen: bilaterale Arrangements mit neuen Charakteren und Fachrepräsentanten, Detektion des Beziehungsgeflechts auf dieser Ebene, Sensitivität für andere Standards, Prüfung und Übernahme neuer Wertekriterien, Auseinandersetzung mit der Moralität und Güterwägung einer anderen Managementebene, usw.

Rückhalt, gar Unterstützung von meinen neuen Partnern auf dieser Ebene kann ich selbst im Bedarfsfall nicht im sonst üblichen Maß erwarten; dabei bräuchte ich sogar mehr. Fraglich ist auch, ob ich die hier verfügbaren, für Planung, Disposition und Entscheidung in meinem Verantwortungsbereich belangvollen Informationen korrekt und zur rechten Zeit erhalte.

Ob meine bisherigen Kolleginn/en mir nach meinem Rollenwechsel noch in gewohnt vertrauter Weise zur Seite stehen, mich so unverhohlen wie zuvor informieren und mich wissen lassen, was ich wissen sollte, ist ähnlich fraglich. Ich gehöre nicht mehr zu diesen und noch nicht zu jenen; was ich stattdessen bräuchte, ist, dass ich über den Nutzen beider Zugehörigkeiten uneingeschränkt verfügen könnte; aber Menschen und deren soziale Gebilde folgen eben nicht zwingend rationalen Notwendigkeiten oder Ansprüchen.

10. Lästige Avancen

Der Eigentliche hatte ein Alkoholverbot verfügt, ohne gravierenden Anlass, vielleicht, weil er selbst dem Feiern von Geburtstagen, von Nachwuchs, Jubiläen, selbst Beförderungen, nicht viel abgewinnen konnte und kann, und Alkohol zudem schwierig zu kalkulierende Risiken mitbringt in Beziehungs- und Verantwortungshinsicht (Streitereien, Alkoholfahrten oder gar Rückfälle in die Sucht).

Auch hatte er die üblichen, anlassbedingten ‚Get-togethers' zeitlich eingegrenzt auf eine Stunde vor Dienstschluss.

Nachdem nun ich infolge seiner Erkrankung mit unklarer Dauer die Geschäfte in die Hand genommen habe, ist gewiss, dass diese etablierte, wenngleich als unpopulär bewertete Regelung mir gegenüber in Frage gestellt werden wird. Ihm gegenüber würde niemand dies gewagt haben.

In einer nächsten Teambesprechung oder durch einen vom Kollektiv beauftragten Emissär wird auf mich eingewirkt, die unpopuläre Entscheidung ganz aufzuheben (oder wenigstens in ‚meiner' Zeit auszusetzen), gut begründet: *‚es hat ja auch vorher keine Ausfälle gegeben', ‚es dient ja dem kollegialen Austausch und der Verbesserung der Arbeitsbeziehungen', ‚alle sind dafür', ‚es sind ja gar nicht viele Anlässe pro Jahr', ‚die Musterabteilung macht's ja auch, das belegt die positive Wirkung'* …

Umso gewisser sind derlei lästige, weil sowohl zeitraubende als auch zwangsläufig menschlichen Unmut erzeugende Avancen, wenn bekannt ist, dass auch ich die seinerzeitige Chefentscheidung kritisch gesehen habe. Hier rächt sich mein früheres ‚Blöken mit der Herde'.

Aus zuvor diskutierter Notwendigkeit, nicht in sichtbaren Kontrast zum zu Vertretenden zu geraten, aus Verpflichtung zur Führungsloyalität, aus Rücksicht auf denkbare Beweggründe des Abwesenden, sowie aus schwieriger Risikokalkulation heraus wird der Spielraum meiner Zugeständnisse geringer sein müssen als die Erwartungen des Teams, das jetzt – präsent oder nicht – in seiner Gesamtheit als ablehnender Block vor mir steht.

Wie schwer ist, auch solche (sich wiederholenden) Dilemmata als glaubwürdiger Partner beider Seiten zu durchstehen? Wie schwer wiegt dieses Problem im Vergleich zu den zuvor diskutierten neun anderen? Und wie schwer wiegen die zehn erwartbaren Schwierigkeiten in Summe?

Schließlich stehe ich vor der mich auf einige Zeit bindenden, in ihren Auswirkungen lange Zeit beschäftigenden Entscheidung, die Rolle des Abwesenheitsvertreters abzulehnen oder anzunehmen. Trotz der Schwierigkeiten:
Ich sollte es machen! Aber mit der ratsamen Umsicht: mit Mut und Maß!

Welcher Gewinn entschädigt mich für meinen enormen Aufwand?
Betrachten wir zunächst die pekuniäre Seite meiner ausstehenden Entscheidung: Selbst wenn, was als Org-Sünde zu werten ist (Begründung siehe zuvor), die Zusatzfunktion Abwesenheitsvertreter/in (mindestens) während ihrer de-facto-Ausübung nicht mit entsprechend bemessener Zusatzvergütung honoriert wird, ist sie doch in vielen Fällen ein erster von möglichen – dank meiner sozialen Kompetenzen sogar wahrscheinlichen – weiteren Schritten meines Aufstiegs jenseits dieses Flaschenhalses, und die bringen dann für gewöhnlich Sprünge auf der Gehaltsskala mit sich.

Eine größere und in der Qualität nachhaltigere Gewinnerwartung dürfte auf der immateriellen Seite liegen.

Meine Mission wird mir, letztlich unabhängig von ihrem Erfolg oder Scheitern, in der Phase meiner Bemühungen sehr viel abverlangen: eine Herausforderung nach der anderen. Ich bin zwangsläufig heraus aus meinem Trott. Für jeden strebsamen, entwicklungswilligen Menschen ist das ein Zugewinn an Lebensqualität, und es verlängert das Leben. Auch erfahre ich viel über mich selbst, meine Fähigkeiten, deren Grenzen und deren Betrachtung und Akzeptanz von außen.

Die in den Vertretungsphasen zu erwartende Überlast wird mich zwingen, meine Arbeitsroutinen im eigenen Ressort zu optimieren, und auch in dem meiner Vertretungsaufgaben. Mir muss daran gelegen sein, das Verhältnis von Aufwand und Ertrag arbeitsmethodisch ebenso wie entscheidungstechnisch zu verbessern. Ich werde mich dank der Aufgabenfülle zu einer sorgfältiger kalkulierenden Priorisierung durchringen und daher von vergleichsweise unproduktiven Alltagsroutinen verabschieden müssen. Ergebnis wird mein neues Zeitmanagement und – in dessen Folge – ein intensiveres (auch Privat-) Leben sein.

Intellektuell bereichert werde ich gewiss durch das konkretere Wissen aus der höheren Managementebene und die Erfahrung mit den dortigen Akteuren hinsichtlich deren Informationsstand, Interessen, Erfahrungen, ihren Sichtweisen und Maßstäben. Mein berufsbezogenes Differenzierungsvermögen wird einen deutlichen Schub erhalten durch das parallele Denken und Bewerten im kleineren und größeren Horizont. Und die soziale Seite meiner in diesen Phasen zu erwartenden intellektuellen Entwicklung verheißt zusätzliche Empathiefähigkeit und differenziertere soziale Wahrnehmung, all dies unschätzbare immaterielle Wachstumsimpulse.

Damit nicht genug: als Persönlichkeit gewinne ich an menschlichem Format sowie an Durchsetzungskraft. Durch die differenzierteren Interaktionen auf unterschiedlichen Ebenen und mit unterschiedlichen Problem- und Interessenkonfigurationen schule ich mein Kommunikationsvermögen. Auch dies von überdauerndem persönlichen Nutzen, selbst wenn ich am Ende mein Ziel, das Nadelöhr erfolgreich zu durchschreiten, verfehlen sollte.

Im Falle dieses Scheiterns ist der zusätzliche Aufwand nicht vergebens gewesen: zwar bleibt mir die Perspektive auf Gehaltssprünge einstweilen verwehrt; jedoch meine Effizienzsteigerung (u. a. an Leistung und Entscheidung pro Zeiteinheit), der intellektuelle Zugewinn (an Wissen, Differenzierungsvermögen und Empathiefähigkeit) sowie die soziale Reifung (an menschlichem Format, an kommunikativer und Durchsetzungskraft) werden mir auch künftig vieles erleichtern.

Habe ich jedoch die anstrengende Phase meiner Bewährungsprobe gemeistert, sind der berechtigte Stolz und der Gewinn einer Qualitätsstufe beruflicher Performanz ein willkommener, ergänzender, ganz persönlicher Gewinn.

Wie komme ich ohne größere Blessuren durch's Nadelöhr bzw. den Flaschenhals?
Hinreichend deutlich stehen uns die oben erwähnten zehn erwartbaren Schwierigkeiten vor Augen. Deutlich sollte auch geworden sein, dass es trotz der zu erwartenden Anstrengungen lohnt, diese Schwierigkeiten auf sich zu nehmen, weil doch der persönliche Gewinn die temporären Aufwendungen mehrfach kompensiert. Nun stellt sich die Frage, wie die Gefahr des Scheiterns gemindert, möglichst abgewendet werden kann. Vier Empfehlungen, davon drei für Vorkehrungen mit dem zu Vertretenden und eine wichtige Absprache mit den Kolleginn/en sollte ich beherzigen und praktisch seriös gestalten.

In der *ersten Besprechung* mit dem zu Vertretenden gilt es, noch bevor ich dem Chef dankend meine Zustimmung zur Übernahme dieser ehrenvollen, wenngleich sehr schwierigen Zusatzaufgabe bestätige, mit diesem in einer ernsten Darstellung die von mir erwarteten Gefahren und Misslichkeiten zu erörtern. Da er möglicherweise auf andere Weise in seine Funktion gekommen ist, und ohnehin Fantasie ein auf dieser Welt selten verteiltes Gut ist, wir aber beide von gleicher Einschätzung dessen profitieren, was wir im Anschluss verabreden wollen, sollten die mir bevorstehenden zehn Erschwernisse auch in seinem Bewusstsein existieren und verankert sein; dafür muss ich sorgen.

Auch zeige ich durch diese bedachte Analyse, dass ich das Angebot nicht als Glücksritter sondern als verantwortungsbegabter Mensch annehmen will. Während meiner keineswegs jammernden, sondern sachlich-nüchternen Darlegung der von mir erkannten Risiken wie auch der persönlichen Wachstumsperspektive wird mir der Eigentliche vermutlich die eine oder andere Unterstützung zusagen. Auch sollte er mir einen Termin bei seinem Chef ermöglichen. Am Ende dieses Gesprächs steht meine dankende Zusage und die Verabredung zu zwei weiteren Gesprächen.

Im ungünstigen Fall, dass ich neben seinen Führungs- auch seine Fachaufgaben zu übernehmen habe, ist möglichst eine Einweisung (mit entsprechenden Notizen) anzustreben, wenn möglich eine Erreichbarkeitsregelung für den Eventualfall.

Eine *zweite Absprache* sollte folgen, in der der Chef mir seine Prioritäten für den gemeinsamen Aufgabenbereich kenntlich macht und seine Sicht auch in Einzelheiten mitteilt. Ich werde nicht in allen Aspekten seiner Einschätzung folgen wollen. Wir sollten für solche Dissensfälle bereits hier Arrangements verabreden, die uns beiden das Gesicht zu wahren gestatten.

Dies Gespräch will besonders von meiner Seite gut vorbereitet sein, zumal ich einerseits ein feines Gespür brauche für potentielle künftige in der Sache liegende Reibungsflächen, andererseits ein diplomatisches Geschick für die Austarierung der von meiner und von seiner Seite jetzt bereits zu verabredenden Zugeständnisse der Zukunft.

Besonderes Feingefühl verlangt von uns beiden das *dritte Gespräch* über seine Sicht auf das Team, dessen Aufgabengeflecht sowie dessen ihm bekannten und für mich bedeutsamen Hintergründe. Schließlich hat er auf der Basis seines, mir teilweise nicht vertrauten, Informations- und

Bewertungsstandes Entscheidungen mit den betroffenen Kolleginn/en kommuniziert, um deren Substanz ich im Groben wissen sollte, aber im Moment noch nicht weiß.

Insbesondere ist dieses Gespräch über abwesende Dritte (die Team-Mitglieder) heikel, weil, wie hier gegeben und kaum zu umgehen, ich ja in der einen meiner künftig zwei Funktionen Mitglied des Teams bin, über dessen andere Mitglieder wir sprechen, vor allem, wenn deren weniger erwünschte Seiten thematisiert werden. Zugunsten meiner zweiten, der übergeordneten Funktion sollte ich es dennoch tun, stilistisch ausgewogen, sachlich und distanziert.

Ist solch ein vorbereitendes Arrangement unmöglich, z. B. durch überraschende krankheits- oder unfallbedingte Abwesenheit ‚ab jetzt', sollte ich vorbereitend den ab da ohnehin unumgänglichen Kontakt mit seinem Chef für ein Initialgespräch suchen, das mir – analog zu dem zuvor empfohlenen mit dem zu Vertretenden – Gelegenheit einräumt, einerseits meine sachliche Darstellung der zu meisternden Misslichkeiten anzusprechen, andererseits des ‚Chefchefs' allgemeine und spezifische Erwartungen für die Vertretungszeit in Erfahrung zu bringen.

Zuguterletzt und unverzichtbar sollte ich – *viertens* – eine Besprechung mit den Team-Mitgliedern gestalten, um diese über meine künftige zusätzliche Funktion zu informieren. Dabei muss mein Anliegen sein, durch möglichst konkrete Schilderung der aus meiner Doppelfunktion erwachsenden denkbaren sachlichen und menschlichen Gefahrenmomente ein Problembewusstsein zu wecken, das angeraten sein lässt, gemeinsam vorkehrende Arrangements und Vorgehensweisen für künftige Situationen von Unmut oder Zwist zu verabreden. Diese Absprache sollte – beiderseits ehrlich und aufrichtig – festhalten, dass wir mit Konfliktstoff (meta-) kommunikativ so offen und konstruktiv umgehen wollen, dass das Miteinander nicht nachhaltig geschädigt wird.

Ich sollte dies ab und an in Erinnerung bringen und dabei fragen, ob in diesem Sinne Gesprächsbedarf besteht.

Anstelle eines Schlusssatzes der Appell: Machen! aber umsichtig, wie empfohlen: mit Mut und Maß! Es lohnt sich in jedem Fall, sogar mehrfach, trotz Aufwands und Gefahren.

13

Abhelfen bei Minder- und Fehlleistung

Klar, Schicksal: die Mitarbeiterin Scholz fällt aus für den Tag. Sowas passiert täglich millionenfach in unserer Arbeitswelt – und heute eben in Ihrer Abteilung; unabänderlich, auch wenn's mehrere Tage oder Wochen werden.

Auch der andere Fall: nicht Krankheit, sondern anderes Arbeitstempo, weil ja doch nicht alle Mitarbeiter Klone des Bestbeurteilten in Ihrem Team sind, sein können und auch nicht sein wollen. Hier fehlt's mal an Sorgfalt, dort an Konzentration, mal fehlt der Überblick, mal das Geschick im Umgang, die Diskretion, die Ordnung, oder die Hygiene....

Erst leiden Sie als Chef. Danach haben Sie zig Möglichkeiten, die leiden zu lassen, die Ihnen das zugemutet haben, und Sie sind geübt, aus Ihrem Leiden ein Vielfaches zu machen – gegen die Verursacher. Minder- und Fehlleistung in Ihrem Verantwortungsbereich? Nein! Was also tun? Sie sind Chef. Sie haben Macht. Es gibt

Sanktionen. Ist nun ratsamer, die Macht kalt oder heiß auszuüben, um die Störung zu beheben?

Als Chef müssen Sie immer mal wieder korrigierend in die Prozesse Ihres Teams eingreifen. Das können Sie gut machen – oder auch besser: beanstanden, aber mit Anstand. Wir wollen Wege zum Besseren suchen und eine menschliche Haltung und ein methodisches Vorgehen erarbeiten, das die Mängel mindert, nicht aber die Mitarbeitermotivation, letztere sogar tendenziell steigert.

Wie komme ich dahin, dass die Mitglieder meines Teams zuhause über mich sagen: *„Für den arbeite ich gern"* und nicht etwa *„Mein Chef ist ein A…"*? (Beide Aussagen sind übrigens auch Buchtitel). Machen Sie Ihr Personal nicht zum ‚Prisonal'.

Vergegenwärtigen wir uns, was Arbeitskräfte von ihrem Chef erwarten: Da ist zuallererst eine menschlich integre Haltung: Fairness, dann eine sachdienliche kommunikative Prägnanz in Anweisung und Feedback, sodann zwischenmenschliche und aufgabenbezogene Konstruktivität, welche die Mitarbeit gedeihen lassen.

Soweit die allgemeine Betrachtung. Was davon aber gilt es umzusetzen (und wie) im negativen Fall, wenn es um Beanstandenswertes in Haltung und Handlung von Mitarbeitern geht? Als Chef haben Sie einerseits in dienstlichen Angelegenheiten Anspruch auf Folgsamkeit, andererseits eine gewisse Sanktionsmacht.

Die obige Frage, ob besser sei, die Macht kalt oder heiß auszuüben, führt in ihrer dichotomen Enge nicht zu den erstrebten besseren Ergebnissen. Besser ist, Sie bringen und halten sich als Chef auf Körpertemperatur, wenn es Ihnen denn zu tun ist um nachhaltige Abhilfe bei erkannten Schwächen der Teammitglieder. Wer sich selbst nicht im Griff hat, wie will der glaubwürdig beanspruchen, andere zu führen? Selbstkontrolle ist notwendige, noch lange nicht hinreichende, Voraussetzung

13 Abhelfen bei Minder- und Fehlleistung

für Führung. Also liegt Ihr Schwerpunkt auf ‚ändern‘, nicht auf ‚ahnden‘.

Eine grundlegende Einsicht weist die Richtung zum besseren Umgehen mit Fehlleistungen von Mitarbeitern: Im Kapitel ‚Duett statt Duell‘ (Kap. 6) hatten wir bereits aufgedeckt, dass Kritik eine Antihaltung beim Kritisierten bewirkt, also wie jeder Vorwurf das Beheben dessen, was ich kritisiere, erschwert.

Informiere ich dagegen meinen Partner mit einer sogenannten ‚Ich-Botschaft‘ über die Beeinträchtigung, die ich durch seine Eigenart, sein Verhalten erlebe, entsteht diese Abwehrhaltung nicht. Je nach Güte unserer Beziehung wird mein Partner nach solcher Mitteilung geneigt sein, mir diese Nachteile zu ersparen. Je positiver ich unsere Beziehung entwickelt habe, desto bemühter wird er sein, das mich Störende abzustellen.

Auch ein von mir geäußerter Wunsch oder eine Bitte kommen beim Partner nicht in erster Linie als Kritik an, bringen ihn folglich nicht reflexhaft in eine Antihaltung. Die grobe Richtung für unser besseres Vorgehen ist also: wir sollten von Kritik und Vorwürfen absehen.

Nun sollten wir zwei Lagen unterscheiden. Da ist zunächst die missliche Kleinigkeit, derenthalben wir vor Ort eine korrigierende Bemerkung machen, nicht aber eigens ein Gespräch anberaumen sollten. Wir können solche Bemerkung ‚Korrekturansprache‘ nennen.

Ist die zu klärende Misslichkeit in Bedeutung oder Perspektive gewichtiger, und legt daher nahe, dass man sich zu einem Gespräch zusammenfindet, um sich über Abhilfemöglichkeiten zu verständigen, können wir solch ein Gespräch – der obigen Einsicht folgend – ‚Abhilfegespräch‘ nennen, um das eigentliche Ziel deutlich zu machen, nämlich die Abhilfe eines Missstands. (Immer noch begegnet man der irreführenden Bezeichnung

,Kritikgespräch', als ginge es primär darum Kritik zu äußern – nein!).

Korrekturansprache
Die *Korrekturansprache* als kleine Schwester des Abhilfegesprächs könnte z. B. in folgender Situation angebracht sein:
Ihre Mitarbeiterin Scholz hat eine Reklamation in einen anderen als den dafür vorgesehenen roten Ordner geheftet, eine Kleinigkeit, die jedoch zur Folge hatte, dass Sie selbst mehrere Minuten vergeblich gesucht haben. Sie wollen Frau Scholz darauf ansprechen.

Unsere Diskussion der sechs Beispielversionen sollte sowohl die Form als auch den Stil der Korrekturansprache würdigen; denn beide sind entscheidende Kriterien Ihrer Führungsprofessionalität.

Version 1: *Frau Scholz, ich sehe grad, der Vorgang Möller ist falsch eingeordnet. Reklamationen kommen in den roten Ordner. Ich hab jetzt doch ein paar Minuten vergeblich gesucht, bis ich ihn hier im grünen Ordner entdeckt hab.*

- *Form:* Sie haben angesprochen, was ‚falsch' war, also so, wie Sie als Chef es nicht haben wollen. Sie haben zweitens geäußert, wo der Vorgang ‚richtig' abgelegt hätte werden sollen. Damit haben Sie Frau Scholz auch die außer Acht gelassene *Regel* wieder ins Bewusstsein gebracht und mit dem Hinweis auf die suchend vertanen Minuten ihr die nachteiligen *Folgen* verdeutlicht. Formell fehlt nichts.
- *Stil:* Sie haben die kleine Misslichkeit sachlich und ohne diskreditierende Wirkung gegenüber Ihrer Mitarbeiterin angesprochen und dabei Ihrerseits alles getan, um solches Versehen künftig auszuschließen.

Version 2: *Frau Scholz, darf ich Ihnen das mal zeigen? Sehen Sie mal hier: der Vorgang Möller. Das ist eine Reklamation. Sie haben die nun in den grünen Ordner geheftet. Aber sehen Sie mal: Reklamationen sind im roten Ordner bei uns. Hab ich Ihnen damals erklärt, wissen Sie noch? Und Frau Heubel gewiss auch bei Ihrer Einarbeitung. Also: roter Ordner! – können Sie sich das merken? Nicht? Das müssen Sie sich gut einprägen, sonst haben wir hier bald ein Chaos, nicht?*

- *Form:* Sie haben deutlich gemacht, was falsch war und wie es richtig hätte sein sollen. Auch ist die außer Acht gelassene Regel in Erinnerung gebracht und das Bewusstsein für etwaige nachteilige Folgen geweckt worden. Formell fehlt nichts.
- *Stil:* Durch das Aufbauschen dieser Kleinigkeit ebenso wie durch die wiederholten Verweise auf die nach so vielen Hinweisen kaum zu erklärende Vergesslichkeit oder Nachlässigkeit, und auch durch wiederholte, Zweifel ausdrückende Nachfragen zu ihrer Merkfähigkeit haben Sie Frau Scholz zum ‚Dummerchen' degradiert und massiv beleidigt.

Version 3: *Frau Scholz? Kommen Sie doch mal bitte, ja? Wie lange sind Sie eigentlich schon bei uns? Sehen Sie mal hier. Was ist das? Nun? Fällt Ihnen nichts auf? Aha! – Aus Versehen; aus Versehen legt sich der Igel auf die Bürste! Bei uns gibt's keine Igel, Frau Scholz, haben wir uns da verstanden? Na hoffentlich!*

- *Form:* Allenfalls mit der Geste in Richtung des falsch abgelegten Vorgangs haben Sie einen unklaren Hinweis auf etwas Beanstandenswertes in der gezeigten Richtung gegeben, quasi als Rätsel für Frau Scholz. Des weiteren fehlt jeglicher Hinweis darauf, wie's Ihnen künftig recht

wäre und warum. Formell fehlt nahezu alles. Nächste Fehlleistungen werden vorprogrammiert.
- *Stil:* Auch hier werden Frau Scholzens Geistesgaben in beleidigender Weise angezweifelt mit dem fragenden Verweis auf ihre längere Zugehörigkeit. Ihr entschuldigender Hinweis auf ein letztlich nie ganz auszuschließendes Versehen wird brüsk für null und nichtig abgetan mit einer zudem überaus deplatzierten, offenbar sexuell gemeinten Metapher (Igel auf Bürste). Anschließend folgt eine implizite Drohung.

Version 4: *Frau Scholz! (Seufzer) Der Vorgang Möller im grünen Ordner! Ich such mich halbtot. Mir steht die Arbeit weiß Gott bis zum Hals – (seufzt) – Bitte geben Sie mir eine Kopfschmerztablette, ja?*

- *Form:* Sie haben Frau Scholz durch Ihren vorwurfsvollen Tonfall indirekt zu verstehen gegeben, dass der grüne Ordner nicht der richtige Platz für die Reklamation Möller sei. Direkt ist unmissverständlicher. Auch hier fehlt der Hinweis, wie's richtig zu machen wäre; nächsten Ärger haben Sie grundgelegt, wenn Frau Scholz tatsächlich die vereinbarte Regel vergessen haben sollte.
- *Stil:* Nun ist Frau Scholz nicht nur für korrekte Ablage, sondern auch für Ihren Gesundheitszustand verantwortlich, was Sie durch vier somatische Hinweise deutlich machen: Seufzer, ‚halbtot', ‚bis zum Hals' und ‚Kopfschmerztablette'. Sie haben sich ihrer Macht ausgeliefert: mit einem gravierenden Fehler bringt sie Sie in die Klinik.

Version 5: *Frau Scholz, es ist mir nicht angenehm, die Sache anzusprechen. Aber es ist Ihnen da wieder eine – ja – gewisse – äh – Ungenauigkeit unterlaufen. Ist irgendetwas* *nicht in Ordnung? – Sorgen in der Familie? Sie können offen sprechen; jeder von uns hat ja seine Tiefpunkte, nicht wahr?*

- *Form:* Formell fehlt alles: die Pflichtpunkte ‚was ist falsch?', ‚wie sollte es richtig sein?' und die optionalen Hinweise ‚auf die außer Acht gelassene Regel' und ‚auf schädliche Folgen bei künftiger Nichtbeachtung'.
- *Stil:* Gemessen an der realen Geringfügigkeit der Fehlleistung ist diese vorwurfsgeladene Übertreibung abstrus, schließt sogar (unzulässige) Spekulationen auf privat gelagerte Ursachen ein und übersteigert Frau Scholzens Verfassung zu einem ‚Tiefpunkt'.

Version 6: *Frau Scholz, Ihre Sorgfalt ist wirklich eindrucksvoll. Selbst der Vorgang Möller hier im grünen Ordner wirft nur einen leichten Schatten auf diesen Ihren Charakterzug.*

- *Form:* Einzig der Hinweis auf den offenbar falschen Ablageort ‚grüner Ordner' für den Vorgang Möller erreicht Frau Scholz. Nächster Ärger ist zu erwarten.
- *Stil:* Was vordergründig wie Wertschätzung daherkommt, verkehrt im Folgenden seine positiv anerkennende Wirkung massiv ins Gegenteil durch Wendung in blanken Zynismus.

Während die formelle Seite nur verlangt, dass Sie – möglichst sachlich-nüchtern – ansprechen, was ‚falsch' ist und wie es stattdessen ‚richtig' sein solle, im Bedarfsfall ergänzt durch Erinnerung an die möglicherweise vergessene Regel und/oder die tunlichst zu vermeidenden Nachteile, sind auf der Seite des Mitteilungsstils unendlich viele Sünden denkbar, und auch verbreitet, mit denen beim angesprochenen Partner viel Motivation zerstört wird, sei es durch herablassenden Ton, durch verletzende Metaphern, entwürdigende Wortwahl, Zynismen, Aufbauschen dieser Kleinigkeit und anderes mehr. Hier lauert die Gefahr, dass aus einer zu erwähnenden Nichtigkeit gravierende weitreichende Probleme der Zusammenarbeit erwachsen, die allenfalls durch ein klärendes Abhilfegespräch noch bereinigt werden können.

Abhilfegespräch
Auch zum *Abhilfegespräch* (zwischen Ihnen und Frau Scholz) gibt es Empfehlungen, die vom Guten zum Besseren weisen. Die erste bezieht sich auf die Einladung zu dem klärenden Gespräch: geben Sie Ihrer Mitarbeiterin den Gesprächsgegenstand bekannt, z. B. ihre auffälligen Fehlzeiten, vor allem aus Fairnessgründen: Sie haben Gelegenheit, sich auf dieses Gespräch vorzubereiten, dann sollte Frau Scholz sie – von seltenen Ausnahmen abgesehen – auch haben.

Am Beginn des Gesprächs zu der Misslichkeit, die Sie als Chef behoben wissen wollen, sollten Sie sich nach dem Befinden erkundigen – aber auf eine Weise, die Frau Scholz zu einer echten Schilderung einlädt und ermuntert. Hier genügt also nicht die Frage „*Wie geht's?*", auf die sie ähnlich floskelhaft „*Gut*" antworten würde, wohl aber z. B.: „*Frau Scholz, wir haben uns schon länger nicht mehr persönlich miteinander unterhalten. Da wüsste ich doch gerne, wie's Ihnen derzeit geht.*" oder auch: „*Frau Scholz, am liebsten würde ich Sie fragen, wie's Ihnen geht; aber da würden Sie vermutlich ‚gut' drauf antworten, unabhängig davon, wie es Ihnen tatsächlich geht. Mich interessiert's aber ehrlich.*" Auf diese Weise hätten Sie die floskelhafte Frage nach ihrem Befinden metakommunikativ ‚entfloskelt' und Frau Scholz zu einer möglicherweise vorsichtigen Andeutung eines Hintergrundes ermuntert, der Ihnen bislang völlig unbekannt war (und u. U. sogar in Zusammenhang mit dem anstehenden Gesprächsgegenstand steht).

13 Abhelfen bei Minder- und Fehlleistung

Wir wissen um den zu behebenden Missstand, haben unser Konzept im Kopf und wollen möglichst zielstrebig zur Lösung. Zwingen wir uns doch zu Beginn des Gesprächs, kreativ reaktiv zu sein, Frau Scholz zu Schilderungen einzuladen und unvoreingenommen zu versuchen, die Hintergründe aus der Perspektive von Frau Scholz zu erschließen.

Frau Scholz hat einen eigenen Begriff von dem zu klärenden und zu lösenden Sachverhalt und weiß um Umstände und Implikationen, die sich Ihrem Blick aus der typischen Vogelperspektive des Chefs entziehen, zum Beispiel immer, wenn diese Hintergründe recht persönlich sind, aber Wirkung auf ihr berufliches Verhalten haben. Privater Trennungsschmerz, aber auch bislang unausgesprochene Unzufriedenheit mit Bedingungen am Arbeitsplatz (Kollegenzwist, Über- oder Unterforderung etc.) können starken Einfluss ausgeübt haben auf das Problem, dessen Vordergrund Ihnen bekannt und hier Gesprächsanliegen ist.

Jetzt gilt es, alle Antennen auf Empfang zu stellen; denn typischerweise kommt als Reaktion ein sehr dezenter, vielleicht zwischen den Zeilen versteckter Hinweis auf Umstände, deren Zusammenhang zu Ihrem Thema Sie bislang nicht gesehen haben. Umso versteckter wird der Hinweis sein, wenn Frau Scholz Sie als Chef selbst als Teil des zu klärenden Problems betrachtet.

Fragen Sie nach, wenn der Zusammenhang von Frau Scholzens Reaktion mit Ihrem Thema sich Ihnen nicht gleich erschließt. Diese Ihre Neugier verhilft Ihnen zu einem zutreffenderen Lagebild, zur Komplettierung und besseren Gewichtung der zu berücksichtigenden Umstände für die zu treffenden Entscheidungen, Maßnahmen und Vereinbarungen.

Hiernach, jedoch noch vor der Ansprache dessen, was Sie gern geändert wüssten, ist ein knappes Signal nachvollziehbarer Wertschätzung empfehlenswert. Wie jeder Mensch hat auch Frau Scholz viele gute Seiten, mehr gute als schlechte. Sie sind derzeit fokussiert auf den abzuhelfenden, von Frau Scholz zu verantwortenden Missstand, hier: die auffälligen Fehlzeiten. Eine verbreitete Ungerechtigkeit besteht darin, dass wir in solchem Moment gern all das erkannte Gute an der anderen Person ausblenden, weil wir unsere Lupe auf dem einen Übel haben, um das es uns jetzt geht.

Frau Scholz hat eben regelmäßig donnerstags gefehlt in den letzten sechs Wochen, und Sie wissen, dass sie mittwochs ihren Kegelabend hat. Ihnen drängt sich förmlich der Verdacht auf, dass der (unterstellte) Alkoholgenuss am Kegelabend Ursache für ihre wiederholte Abwesenheit am Donnerstag ist.

Solcher Verdacht verführt viele Chefs zum Argwohn. Sie wollen nun Klarheit gewinnen, ob Frau Scholz sie sozusagen hintergeht und donnerstags ‚blau macht'. Sie versuchen nun, Frau Scholz der Missetat zu überführen und gehen im Weiteren kriminalistisch investigativ vor. Die Rolle des Vorgesetzten geht jedoch weit über die eines Kriminalisten hinaus: er oder sie ist für Zahl und Güte der Ergebnisse verantwortlich, und die bemessen sich nicht in der Anzahl der Verhaftungen.

Wir alle spüren Argwohn, so auch Frau Scholz. Sie spürt ihn sogar, wenn er, wie häufig zu beobachten, im Mäntelchen vorgeschützter Fürsorge daherkommt: *„Frau Scholz, ich bin besorgt wegen Ihres Gesundheitszustands: in den letzten sechs Wochen haben Sie regelmäßig donnerstags gefehlt…"*. Argwohn verdirbt gute Beziehungen und führt zum Gegeneinander, wo es uns doch ums Miteinander zu tun sein muss.

Ihre auf einer Reihe unbewiesener Unterstellungen fußende, vorverurteilende Konstruktion eines Zusammenhangs zwischen Kegeln und Fehlzeit (Kegeln > Alkohol > spät ins Bett > zu spät aufwachen > lieber vermeintlich ‚krank' einen ganzen Tag ‚stehlen', als deutlich zu spät zur Arbeit, was man abends nacharbeiten könnte), eine Kaskade aufeinander aufbauender Unterstellungen, macht Sie blind dafür, dass dieselbe Frau Scholz es ist, die an ihren Anwesenheitstagen das Eineinhalbfache von ihrer gleich dotierten Kollegin Gärtner schafft, dass sie ungefragt Sonderdienste übernommen hat usw.

Wenn wir Frau Scholz erfahren lassen, wie sehr wir ihren gezeigten Einsatz schätzen, bevor wir die (störenden) Fehlzeiten thematisieren, zeigen wir zum einen Fairness und Ausgewogenheit. Zum anderen wird unsere aufrichtige Wertschätzung Frau Scholz konstruktiver stimmen für das, was es mit ihrer Hilfe zu ändern gilt.

Ein rein taktischer Grund kommt hinzu: unterlassen wir am Beginn des Gesprächs, die zweifelsfreien Verdienste zu erwähnen, kann sie im späteren Verlauf unsere Problemansprache empfindlich konterkarieren, indem sie beispielsweise interveniert: *„Und dass ich an vier Arbeitstagen deutlich mehr schaffe, als die anderen an fünf, das entgeht Ihnen wohl ganz!"* und wir müssten ihr die Mehrleistung dann ehrlicherweise doch bestätigen.

Da ist bedeutend eleganter und wirkt wie eine positive Überraschung, wenn wir ihr unsere Anerkennung zu Beginn aktiv ausdrücken, als dieselbe, von ihr eingefordert, zähneknirschend und an unpassender Stelle zubilligen zu müssen.

Wir können Beanstandungen unmittelbar ausdrücken, etwa nach dem Muster ‚nein – weil', also: *„Frau Scholz, ich bin mit Ihnen nicht mehr zufrieden, weil Sie Fehlzeiten haben wie kein anderer hier. Die sind in Umfang (Quantität) und Regelmäßigkeit (Qualität) richtig problematisch."* und Frau Scholz wird sich überlegen, was sie dagegen vorbringen kann, also sofort eine Antihaltung einnehmen: das Gegeneinander ist grundgelegt.

Wir können nach einem anderen Muster vorgehen und mit ehrlicher Anerkennung beginnen, also: *„Frau Scholz, ich schätze Ihre Leistungskraft, aber Ihre Fehlzeiten sind ein großes Problem"*. Das wäre die Methode ‚ja – aber'. Frau Scholz wird gern hören, dass ihre Leistungskraft geschätzt wird. Sie wird auch positiv vermerken, dass wir sie ausgewogen betrachten. Sobald wir dann das ‚aber', also ihre Fehlzeiten, ansprechen, wird sie die jedoch zu rechtfertigen versuchen, also auch eine Antihaltung einnehmen, die allerdings nicht ganz so krass ausfällt, wie bei der ‚nein – weil'-Methode. Beide Vorgehensmethoden stehen für unterschiedliche Führungsstile.

Nicht ein Wechsel der Methode, sondern ein Wechsel in der Haltung zur Mitarbeiterin, nämlich von der anklagenden *(Druck-)* in eine wertschätzende *(Zug-) Haltung*, ermöglicht uns ein um Klassen besseres Gespräch nach dem Muster ‚ja – und', etwa so: *„Frau Scholz, ich schätze Ihre Leistungskraft sehr und habe Sie zu mir gebeten in der Hoffnung, dass wir gemeinsam Wege finden, wie wir auf Sie uneingeschränkt zählen können. Wir brauchen Sie. Sie glauben ja nicht, was hier los ist, wenn Sie mal fehlen."*

Im Unterschied zu ‚nein – weil' und ‚ja – aber', die Druck ausüben, wirkt ‚ja – und' mit Zug, als Einladung. Wir lassen Frau Scholz Wertschätzung erleben, und die macht sie stolz, zufrieden und vergleichsweise kooperativ. Es entsteht kein Gegeneinander, und die Zugewandtheit ihres Chefs wird Frau Scholz reziprok mit eigener Zugewandtheit beantworten.

Unabdingbare Voraussetzung ist, dass Sie als Führungskraft eine ehrliche wertschätzende Haltung zu Frau Scholz einnehmen. Das wird Ihnen allerdings leicht gelingen, wenn Sie sich vor dem Abhilfegespräch klar werden über die vielen schätzenswerten Seiten dieser Mitarbeiterin im Vergleich zu der einen nun zu behebenden Misslichkeit.

Wenn Ihnen angesichts der Häufung auffälliger Fehlzeiten (es ist übrigens Ihre Schuld, diese nicht früher geklärt zu haben) nicht gelingt, Ihre vorwurfsgeladene Befangenheit abzulegen, um die vielen guten Seiten der Frau Scholz tatsächlich wertzuschätzen, lassen Sie die Finger von ‚ja – und'; bleiben Sie dann bei einem ehrlichen ‚ja – aber' oder sogar bei ‚nein – weil', weil Ihre Aufrichtigkeit letztlich wichtiger ist als alles Methodische. Sie würden mit aufgesetztem, d. h. nicht Ihrer ehrlichen Haltung erwachsendem ‚ja – und'-Vorgehen, als durchtriebener Methodiker erlebt werden und für lange Zeit Argwohn auslösen: Gift für intakte Beziehungen.

Machen Sie sich auch klar, dass Sie als Chef, wie schon früher ausgeführt, in dauernder Gefahr stehen, ein falsch positives Bild der Akzeptanz Ihres unterstellten Bereichs und Ihrer eigenen Rolle darin zu erhalten, weil jeder ‚nach oben schön tut'. Sie müssen selbst zum wahreren Bild zurückrechnen.

Natürlich ist der hier mit Worten wiedergegebene Erkenntnisweg vom kriminalistischen über den kritisierenden zum wertschätzenden Chef, für den man gern arbeitet, im interaktiven Seminaraustausch um Klassen eindrucksvoller als es die noch so einsichtige Lektüre jemals zu sein vermag.

Da dem Leser einstweilen nur die Lektüre bleibt, sei hier das Substrat der Empfehlungen für den Umgang mit Minder- und Fehlleistung zusammengefasst:

Leitfaden für die Kommunikation bei Minder- und Fehlleistung

A) **Korrekturansprache** (Ansprechen eines kleineren Mangels in gegebener Situation)

1. Was ist so, wie ich es nicht möchte?
2. Wie sollte es – stattdessen – sein?

sowie, wenn dies in der gegebenen Situation sinnvoll erscheint:
3. Hinweise geben
   a) Hinweis auf die maßgeblichen Gründe oder Regeln
   b) Hinweis auf mögliche Risiken oder Nachteile bei Nichtbeachtung

B) **Abhilfegespräch** (Gespräch zur Klärung und Lösung von Misshelligkeiten)

I <u>*als Erstgespräch*</u> (erstmaliges Gespräch zur Sache, ihrem Hintergrund und ihrer Behebung)

    0 Vorsorgen vor dem Gespräch
       a) ungute Entwicklung/Missstand <u>feststellen</u>
       b) Fakten sammeln, Umstände <u>klären</u>
       c) Zwei-Personen-Gespräch <u>arrangieren</u>
    1 Eröffnen und Öffnen
       a) Wahrnehmen, Begrüßen, Konfigurieren, Beziehung schaffen = <u>Kontaktphase</u>
       b) auf echte Antwort zielende <u>Befindenserkundigung</u>
       c) knappes Signal nachvollziehbarer <u>Wertschätzung</u>

2 Aufklären und Klären
   a) knappe direkte Ansprache dessen, was Sie gern anders hätten (ja–und–Haltung)
   b) offene Frage oder Bitte um Stellungnahme (nicht unterbrechen)
   c) Ursachen, Hintergründe und Umstände aufklären (Lagebild vervollständigen)
3 Abhelfen und Helfen
   a) Lösungssuche verabreden
ggf. neues Treffen
   b) Abstimmen konkreter, terminierter Schritte und Hilfen zur Abhilfe
   c) Vereinbaren und perspektivisch verabschieden
∞ Nachsorgen
   a) Entwicklung im vereinbarten Zeitrahmen unaufgeregt registrieren
   b) mit Vertrauen und Wohlwollen ermuntern
   c) erwünschtes Verhalten verstärken

II *als Folgegespräch* (weiteres Gespräch zur Sache, zu etwaigen Folgen/Sanktionen)

1 Was ist immer noch so, wie ich es nicht möchte?

2 Wie konnte es dazu kommen?

3 Was folgt:
   a) Was werden Sie tun?
   b) Wozu zwingen Sie mich (bei Fortdauer / nun nach zwei gescheiterten Versuchen)?

Tipp zum Schluss: Stellen Sie sich **konstruktiv** auf Ihre/n zur Abhilfe nötigen **Mitarbeiter/in** ein. Bleiben Sie **fair** und **flexibel**. Sehen Sie **unerwartete Reaktionen** als **Gesprächsangebot** an.

14

Mein Beritt wird fit – plötzlich Chef, was nun?

Nachdem ich als Abwesenheitsvertreter reüssiert habe und mich als führungs-förderungswürdig empfohlen, darf ich nun dauerhaft – vielleicht anderenorts – eine weitere Sprosse der Managementleiter besteigen. Nun gibt es drei Ebenen unter und drei über der meinen. Nach der verständlicherweise euphorischen Phase der Ernennung stelle ich besorgt fest, dass das übernommene Erbe meines Vorgängers bei weitem nicht so reibungsarm und geschmeidig funktioniert, wie mein fantasiegelenkter Anspruch dies gern hätte. Was also tun?

Vorgeschaltet ist die unvoreingenommene und zeitaufwendige Erhebung des ‚Ist' durch viele vertrauensvolle Gespräche mit den Mitarbeitern und Vorgesetzten der zwei nächsten Ebenen, den weiteren mit meinem Verantwortungsbereich unmittel- und mittelbar betroffenen inner- wie außerbetrieblichen Partnern, sowie diskrete Beobachtungen der internen und transzendierenden Prozesse und Beziehungen.

Es folgt die Frage nach meinem ‚Soll', der Zielvorstellung, die meine Optimierungsideen konkret fasst angesichts meiner zu gestaltenden Verantwortung, die ich – generalisierend – hier mal mit *KAEMPF* akronymisiere (*K*unden – *A*ufträge – *E*inkauf – *M*aschinen/*M*aterial – *P*ersonal – *F*inanzen).

Was sind meine Veränderungsziele?
Wenn ich mein Bild vom Ist und das von *meinem* Soll zusammen betrachte, werde ich Hoffnungen der in Richtung Soll wünschenswerten Veränderungen entwickeln. Meist sind es diese sechs Ziele, die in meinem Beritt Veränderungen auf mein Ziel hin bewirken werden:

1. das Verhältnis zwischen Aufwand und Ertrag der Prozesse *ökonomisieren*
2. die Motivation für und *Identifikation* mit Aufgabe und Organisation erhöhen
3. das *Leistungsprinzip* als entscheidendes Positivkriterium im Personalmanagement etablieren (was Fach- oder/ und Führungsprofil betrifft)
4. sorgen, dass grundsätzlich die dazu *befähigtere Person* die umfassendere Verantwortung erhält
5. die *Innovationsbereitschaft* und Reformierbarkeit in Organisation und Regelwerk erhöhen
6. mehr *Wahrheit, Klarheit und Zivilcourage* ins System einbauen

Zur angestrebten Optimierung führen abzählbar wenige Vorschläge, deren Mehrzahl sich sogar ebenso rasch wie unaufwendig umsetzen lässt, und deren verbessernder Effekt sich nicht nur und erst im Gefüge der Gesamtheit dieser Aktionen einstellt, sondern tatsächlich auch als Folge einer isoliert betriebenen einzelnen Maßnahme.

Was sind geeignete Maßnahmen, mit denen ich diese Ziele erreiche?

1. Ich muss die Kommunikation verfälschungsfrei organisieren, durchlässiger für Wahrheit. In den meisten Hierarchien wird eine einstufige Kommunikationsform praktiziert, in der jeder nur legitimiert ist, mit seinen unmittelbaren vertikalen Nachbarn in der Hierarchie (unmittelbarer Vorgesetzter/unmittelbar Unterstellter) zu kommunizieren. Diese Kommunikationsordnung oder -kultur nennt man im Öffentlichen Dienst und anderswo auch den ‚Dienstweg'. Sie wird in dieser Form in meinem Beritt aufgehoben. Stattdessen wird eine *verzahnte Form der Kommunikation* praktiziert, was bedeutet, dass jeder, mit welchem Anliegen auch immer, ebenso wie bislang zum unmittelbaren, nun mit derselben Legitimation darüber hinaus zum nächsthöheren Vorgesetzten gehen kann und auch regelmäßig soll und ebenso in der Hierarchie mit der Ebene zwei unter ihm, um die Möglichkeit der ‚Stille-Post-Effekte' zu minimieren.
2. Ich sollte die vorhandenen Optimierungsreserven mobilisieren, also Initiativen gegen den Trott organisieren. Von jedem Mitarbeiter wünsche ich jährlich kleine oder größere Änderungsimpulse (z. B. je einen pro Kategorie: Ausstattung, Abläufe, Gemeinschaft), um den konstruktiv-kritischen Blick auf unsere Alltäglichkeiten zu vitalisieren, innovative Prozesse anzuregen und nebenbei auch die Identifikation mit unserer Betriebseinheit zu steigern.
3. Auch sollte ich organisieren, dass von anstehenden Entscheidungen späterhin Betroffene bereits von Anfang an beteiligt werden. Damit nicht, wie bis heute noch häufig, sogenannte Entscheidungen ‚vom grünen Tisch' ergehen, muss ich Prozesse und Entwicklungen unumkehrbar so organisieren, dass späterhin davon

Betroffene (Mit- und Zuarbeiter, Lieferanten, Kunden, etc.) von Beginn an beteiligt sind: in Sach-, Verfahrens- und auch Personalfragen. So verhindere ich Regelungen, die sich als praktisch gar nicht, kaum oder nur unter aufwendigen Opfern umsetzbar erweisen und damit lästige, überflüssige Doppelarbeit und auch eine beliebte Praxis im Personalsektor, nämlich, dass verdiente Gefolgsleute von Hierarchen aus Dankbarkeit in Führungssessel gehoben werden (wofür diese typischerweise ein Antiprofil aufweisen).

4. Sehr wichtig ist auch, in meinem Direktionsbereich die Personaldisposition den Erfordernissen anzupassen, was ich mit drei Maßnahmen bewerkstellige: Die Dispositionsbefugnis für Personal gehört fast uneingeschränkt zu dem Vorgesetzten, der auch die Leistungs- und Ergebnisverantwortung trägt, und nicht in eine ferne Personalabteilung, die ja auch nicht ausbaden müsste, was sie Unzweckmäßiges verfügt hätte. Anstelle üblicher ‚Top-down-Beurteilung' werde ich ein 360°-Feedback als Beurteilungssystem installieren, als systematisches Verfahren mit gewichteten Feedbacks von oben (Vorgesetzte), unten (Mitarbeiter) und den Seiten (Kollegen, Kunden, Partner, Lieferanten …). Ich kehre ab von einseitiger Bevorzugung der ‚Verwendungsbreite' als Voraussetzung für Beförderung zugunsten ebenbürtiger Förderung von ‚Verwendungstiefe', also des Spezialistentums. Wir brauchen neben Managern auch Spezialisten, also nicht nur den professionellen Dilettantismus.

5. Meine Personalarbeit justiere ich auf Effizienz und Perspektive, indem ich eine leistungsorientierte vertikale Durchlässigkeit der Verantwortungshierarchie etabliere, nämlich als systemimmanente Möglichkeit der Zurückstufung solcher, die in Einsatz und Ergebnis hinter den Minimalkriterien zurückbleiben, neben der Be- auch

eine Entförderungspraxis. Auch organisiere ich, dass jeder Mitarbeiter früh Erfahrung in aktiver Führung macht, planvoll, intensiv und gecoacht, damit er in einer Phase ausgeprägter zwischenmenschlicher Lernfähigkeit seiner Berufsbiographie seine Disposition und Neigung zum Führen prüfen und sein Repertoire grundlegend heranbilden kann, sowie durch eigene Erfahrungen ein konstruktiv kritisches Verständnis und Stilbewusstsein heranbildet.

Was tu ich bei begrenzten Möglichkeiten?
Wenn der Betrieb mir auf meiner Position nicht die für obige Neuerungen in meinem Beritt nötigen Befugnisse einräumt, z. B.:

- ich könnte nicht ein neues Beurteilungssystem installieren
- ich könnte Minderleister nicht zurückstufen
- ich könnte nicht die Einseitigkeit der Förderung von Breite zu Lasten der Tiefe beheben
- ich könnte die Dispositionsbefugnis für Personal nicht von der Personalabteilung zum leistungsverantwortlichen Vorgesetzten umschichten,

ich hätte einige Zuversicht, mit den verbleibenden Möglichkeiten einiges in Richtung Leistung, Effizienz, Innovation, Motivation und Identifikation zu bewegen – etwas später vielleicht und nicht mit derselben von Anfang an verlässlichen Stringenz, wie unter den zuvor aufgezeichneten.

Klassifizierung der verbleibenden Gestaltungsoptionen
Die vorgeschlagenen Maßnahmen lassen sich unterscheiden in solche von konzeptioneller Auswirkung, weiterhin in solche mit konstruktiver Wirkung, die

also einzelne Stellgrößen des komplexen Betriebs entscheidend verändern würden, und drittens in solche mit differenzierender, mit ausgestaltender Wirkung, mit deren Hilfe sich also einzelne Optimierungsleistungen erzielen ließen. Mir liegt nahe, diese Kategorisierung im Folgenden in unternehmerischer bzw. militärischer Diktion mit den Begriffen ‚*strategische*', ‚*operative*' oder ‚*taktische*' Maßnahmen fortzuführen.

Von den vier Maßnahmen, die im oben gesetzten ‚ich-kann-nicht'-Fall übrigblieben, nämlich:

- grundsätzlich jedem frühe Führungserfahrung ermöglichen
- durchgängige Prozessbeteiligung absehbar Betroffener
- regelmäßiger Abruf von Optimierungsimpulsen und
- Ersatz des ‚Ein-Stufen-Dienstwegs' durch den ‚Zwei-Stufen-Dienstweg',

würde ich …

1. die Ermöglichung früher Führungserfahrung als von operativem Wert einstufen. Die Leitung einer Projektgruppe mit begrenztem Auftrag, flankiert mit dem Angebot eines ansprechbaren Mentors lässt sich einrichten, insbesondere dadurch erleichtert, dass über die obligaten Optimierungsimpulse Ideen zu erwarten sind, deren praktische Umsetzung gut durch eine Projektgruppe vorbereitet werden kann.
2. Die erwähnte durchgängige Prozessbeteiligung absehbar Betroffener mag im einen Fall taktisch, im anderen operativ einzustufen sein. Strategisch wäre sie, hätten Mitarbeiter obligatorische Mitentscheidung bis hin zum Veto bei der Neubesetzung von Vorgesetztenposten; es würde einige Spreu vom Weizen weggeblasen werden. Jede verhinderte Fehlbesetzung auf einem Vorgesetzten-

posten erspart der Organisation einen Flächenbrand. Aber wir sind in diesem Einschränkungsfall ja von der Unantastbarkeit der Befugnisse der Personalabteilung ausgegangen.
3. Der regelmäßige Abruf von Optimierungsimpulsen, wenn er denn nicht in lebloser Routine erstarrt – und die Gefahr ist groß, da gibt es Beispiele – hätte im besten Falle operative Qualität, dann nämlich, wenn die Stellgröße des Innovationstempos und die der Identifikation mit der Organisation sich positiv verändern würden, wenn den so geäußerten Ideen ohne Ansehen ihrer Herkunft gestaltende Initiativen folgen würden.
4. Strategisch wäre einzig – und das wird mächtig überraschen – die Umgestaltung der Kommunikationskultur von der Einstufigkeit in die überlappende, verzahnte Form der Zweistufigkeit Begründung folgt.

Mit welcher nur einzigen Maßnahme mache ich meinen Beritt fit?
Wenn ich nur eins verändern dürfte und hätte doch verzweifelt stark den Wunsch, meinen Tanker der Verantwortlichkeit so anzustoßen, dass er selber wesentlich an Fahrt auf meinem Kurs gewinnt, selbst Ballast abgibt und sich auch selbst umgestaltet in ein seetüchtiges, leicht zu manövrierendes, ansehnliches Schiff mit tüchtiger Crew und großer Leistung, ich würde diesen Anstoß geben: die Kleinigkeit der Kommunikation ließe ich reformieren und dafür sorgen, dass man im Apparat obligatorisch überlappenden Kontakt pflegt.

Jedoch wieso? Wo liegt der große Unterschied, ob ich nun in der Hierarchie das Recht hab, mich mit der übernächst niedrigeren wie höheren Stufe ebenso auszutauschen wie mit meiner nächsten? Klar, diese Maßnahme kostet nichts, bis auf ein Minimum an Zeit. Doch was soll das bringen?

Ich behaupte: alles, alles würde sich verändern im Sinne der – zuvor in fünf Punkten formulierten – komplexen Reformzielsetzung. Das klingt ziemlich verstiegen, als könne eine kostenfreie kleine Änderung einer als marginal zu betrachtenden Verkehrsregel einen Apparat in seinen Prinzipien, seiner Struktur, im Aufwand-Wirkungs-Verhalten, in Widmung und Zufriedenheit der Mitglieder und, das lässt sich hier ergänzen, zum Abschmelzen eines möglicherweise zu großen Personalcorpus entscheidend bewegen.

Effekte des einstufigen ‚Dienstwegs' mit verheerender Wirkung
Ich hätte gern Gelegenheit, möglichst noch bevor das bei vordergründiger Betrachtung fast zwangsläufig zu erwartende ‚Kann-ja-gar-nicht-sein' sich formuliert, einige Dinge in Erinnerung zu rufen, Bezüge herzustellen und ein wenig zu konstruktiver Fantasie anzustiften.

Betrachten wir zunächst die hergebrachte Kommunikation in Hierarchien und wie ihre Einstufigkeit sich auswirkt. Formal ist sie top – Grund für ihre Existenz: einfache Handhabung, Hierarchieverstärkung durch umfassende Kontrolle der Information auf jeder Stufe; psychologisch ist sie verheerend – Grund genug für die sofortige Abschaffung!

Was sind das für psychologische Momente mit verheerender Wirkung? Ich nenne sie ‚*Bermuda-Effekt*', ‚*Stille-Post-Effekt*' und ‚*Oben-heiter-unten-düster-Tendenz*'. Im Einzelnen:

1. **‚Bermuda-Effekt' – Einstufigkeit verschluckt einiges**
Vom Mitarbeiter vielleicht gar mit viel Hoffnung auf den Dienstweg zum mehrere Stufen entfernten Entscheider gebrachte Vorschläge, Anregungen, Wünsche, Beschwernisse, Darstellungen erleiden ein höchst

ungewisses Schicksal. Der unmittelbare, der nächsthöhere, und jeder andere, auf welcher Stufe immer zwischen Ausgangsort und Zieladresse amtierende Vorgesetzte kann der Initiative den Garaus machen, sei dies auch mal völlig unabsichtlich, weil sie in den wichtigen anderen Beschäftigungen seiner Stufe einfach untergeht, sei dies auch, weil er der Initiative ihre Bedeutung nicht ansieht, oder sei es gerade, weil er diese sieht und nur als unerwünscht erkennt. Im Übrigen: ist man auf solcher Stufe denn auf reine Botendienste reduziert? Auch macht der Dienstweg dem Mitarbeiter ungemein schwer, zu erfahren, wo und warum sein wichtiges Anliegen tatsächlich unterging im großen Bermuda-Dreieck.

2. ‚Stille-Post-Effekt' – Einstufigkeit entstellt Wesentliches

Regelmäßig unterschätzt wird die chaotisierende Kraft des ‚Stille-Post-Effekts'. Das ist derselbe Effekt, der jede Gerüchteküche anfeuert, und der im Kabarettstück von der ‚Sonnenfinsternis', respektive dem ‚Halleyschen Kometen' satirisch gefasst ist. Es ist auch gelebte, tägliche Praxis des einstufigen Dienstwegs. Meldet jemand einen Sachverhalt an einen nächsten, ist bei dem die Fassung nicht der ersten gleich. Meldet der nun weiter statt des ersten – und genau so organisiert es die einstufige hierarchische Kommunikation – entsteht beim übernächsten unerkannt eine neue, von der ersten, ursprünglichen umso deutlicher verschiedene Version.

Die Unterschiedlichkeit zur Erstfassung steigt von Stufe zu Stufe, und zwar exponentiell! Dies geschieht selbst bei bester Absicht der Wiedergabetreue, und sogar dann, in kleinerem Maßstab, wenn all dies schriftlich stattfindet und dabei jeder ein neues Schreiben fertigt. Ursache sind in der Regel unbeabsichtigte Weglassungen, Umwandlungen und Zufügungen als Folge von unentdeckten Auffassungs- und Wertungsunterschieden, also: das bisschen ‚Menscheln', das sich mit dem anderen bisschen Menscheln des nächsten Glieds in der Kette multipliziert, dies erzeugt die verheerende Konsequenz.

3. ‚Oben-heiter-unten-düster-Tendenz' – Einstufigkeit schönt nach oben, dramatisiert nach unten

Es gab Zeiten, da wurde der Überbringer schlechter Nachrichten einen Kopf kürzer gemacht. Auch heute reagieren Hierarchen missvergnügt auf Unwillkommenes, sei es auch noch so wahr. Unterlinge, die ihr Leben lieben und vielleicht auch die Hoffnung, in der Hierarchie zu steigen, meiden tunlichst, das zu melden, was im Schatten liegt, weil es dem Oberling missfallen könnte.

Einige Kalamitäten und Katastrophen sind dieser Tendenz zuzuschreiben. Seinerzeit hat erstmals die Schneider-Pleite für die Deutsche Bank der ganzen Republik diesen Effekt schillernd vor Augen geführt; heute erinnert uns die ipsative Seehofer-Logik ‚wir brauchen keine Untersuchung zu Racial Profiling bei der Polizei, denn das *kommt nicht vor, weil es verboten ist*' in ihrer bemerkenswerten Stupidität erneut daran (auch Verbrechen sind verboten), oder, noch krasser, Trump'scher Umgang mit Spitzenpersonal und Expertise nach trivialer Toiletten-Manier.

Schöntun nach oben besorgt, dass unter der Bedingung einstufiger Kommunikation systematisch jeder Vorgesetzte ein falsch-positives Bild seines Verantwortungsbereichs gewinnt. Nur unterlassen die meisten Vorgesetzten, was ihre vornehmste Aufgabe wäre, nämlich: zum wahren Bild zurückzurechnen, wie bereits zuvor im Buch erwähnt. Dieses systematisch geschönte Bild und, dass ihnen im einzelnen missliebige Informationen und Probleme vorenthalten werden, verstellt den Verantwortlichen im Großen wie im Kleinen den Blick auf ihren

Verantwortungsbereich. Sie nehmen ihn regelmäßig unproblematischer wahr als er ist. Selbst besorgen sie dann, dass auch im unterstellten Bereich ein falsches, hier aber ein zu düsteres Bild entsteht, was durch die Einstufigkeit gelingt.

Nach unten in der Hierarchie empfehlen sich dramatisierte Darstellungen. Je schwerer die See, desto verdienstvoller, wer auf der Brücke alle Wetter meistert, desto geeinter die Mannschaft und desto unwidersprochener auch harte Entscheidungen. Wie soll aber zupackend gearbeitet, verantwortlich entschieden und zielsicher geführt werden, wenn nirgends ein Bild der wahren Lage existiert und unter den Trugbildern auch noch ein grundsätzlicher Unterschied ist: oben und unten – auf der Brücke und im Maschinenraum?

Den Dienstweg erlernen wir mit der hierarchischen Sozialisation, bereits in Kita, Schule und Hochschule. Praktische Erfahrung im Beruf ist dann, dass ein höherer Vorgesetzter uns, markant und knapp an ungeahnter Stelle, den Scheitel neu gezogen hat ‚wegen Verletzung des Dienstwegs', heißt: wegen Nichtbeachtung der hierarchischen Rangfolge.

Seither halten wir uns dran, abgesehen vom seltenen Fall, wo es sich mal anders fügt, wie bei der informellen Sitznachbarschaft zum höheren Hierarchen anlässlich Betriebsfeier oder -ausflug, wo wir ihm möglicherweise ohne Zwischenstufen direkt im Gespräch begegnen, und dennoch ein mulmiges Gefühl verspüren, wenn wir solche Möglichkeit missbrauchen, um ihn in ein realistischeres Bild zu setzen, was sich, im Sinne der unwillkommenen Wahrheit, als selbstschädigender Bumerangwurf auswirken kann. Nicht alle Wahrheiten genießen den Vorzug, willkommen zu sein.

Die drei Deformationseffekte des Dienstwegs sind da und wirken, lassen sich auch in Experimenten beweiskräftig und eindrucksvoll nachstellen und offenbaren sich im wahren Leben als eigentliche Verursacher von Fehlentwicklungen regelmäßig dem deutlich, der sich in Kenntnis dieser (den meisten unentdeckten) Quellen auf Fehlersuche macht.

Was aber, wenn dem so ist, bewirkt ein Wechsel zur Zweistufigkeit? Was würde sich, und wie, da ändern? Behauptung war, die Umstellung bewirke die Reform des Apparats an Haupt und Gliedern. Wie soll das gehen?

Wer die strategische Qualität dieses Kulturwechsels ermessen will, sollte ein gerüttelt Maß an Hierarchieerfahrung, ein Stück zwischenmenschlicher Lebensklugheit und ein wenig prognostische Fantasie aufwenden. Dann wird er's erkennen.

Es sind ja auch schon Weltraummissionen an den zu besprechenden Defiziten einstufig betriebener hierarchischer Kommunikation gescheitert – und im kleineren, alltäglichen Betriebsgeschehen summieren sich die sachlichen, Innovations-, Motivations- und sonstigen Mängel (wie Gerichtsfolgen etc.) volkswirtschaftlich eher im drei- als im zweistelligen Milliardenbereich – unerkannt und fortgeschrieben.

Was sich ändert (wie gesagt: eigentlich alles) lässt sich gruppieren in unmittelbare oder Primärwirkungen und in deren mittelbare Auswirkungen bzw. Sekundärwirkungen.

Primärwirkungen
Zunächst und zusammengefasst: der Kulturwechsel zur Zweistufigkeit bewirkt eine systematische Realitätssicherung in der Organisation, d. h. es gibt mehr Information, darunter weniger falsche oder tendenziös gefärbte, und diese kommt sicherer dort an, wo sie hin soll.

a. Minderung des ‚Bermuda-Effekts'
Da ist zum einen der bereits geschilderte Bermuda-Effekt; das war der Totalverlust von Information und

Initiativen. Der wird entscheidend gemindert. Wegen der im Militär unterstellten strikten Hierarchie greife ich zur Illustration auf hoffentlich nachempfindbare Beispiele dieses Bereichs gestufter Kommunikation zu:

Ein Soldat, der seinen Gruppenführer bewegen will, den diesen beiden vorgesetzten Zugführer dazu zu bringen, dem allen gemeinsam vorgesetzten Kompaniechef seine Initiative anzutragen, dieser Soldat würde in zweistufiger Kultur außer beim Gruppenführer auch beim Zugführer selbst vorsprechen können und auch sollen.

Unterstellt, dem Gruppenführer wäre dieses Anliegen unwillkommen, er würde sich beim etwaigen Unterschlagen dem Risiko zweier Nachfragen aussetzen, einer vom Soldaten selbst (die wäre hierarchisch leichter abzufedern), dann einer vom Zugführer (schon schwieriger, Untätigkeit zu begründen). Einstufigkeit ergäbe im Fall der Fälle nur eine einzelne Nachfrage, und diese – nur – von unten.

Im Fall, es wäre der Zugführer, dem die Initiative des Soldaten nicht genehm wäre – er würde sich bei Einstufigkeit nur einer Frage ausgesetzt sehen (von unten und nur mittelbar interessiert, des Gruppenführers).

Bei Zweistufigkeit wären dies drei oder mehr: Gruppenführer (von unten, mittelbar interessiert), Soldat (von weiter unten, dafür unmittelbar interessiert, und auf das direkte Erstgespräch Bezug nehmend) sowie Kompaniechef (von oben), bei dem der Gruppenführer vorgesprochen und u. U. Interesse geweckt hätte.

b. **Minimierung der ‚Stille-Post-Entstellung'**
Die Stille-Post-Entstellung wird minimiert. Müsste die Initiative vom Soldaten über Gruppen- und Zugführer, über Kompaniechef zum Bataillonskommandeur,

würde der Ein-Stufen-Dienstweg vier Übermittlungen bedeuten. Experimentelle Spielchen, mit denen ich häufig dieserlei Phänomene nachgestellt habe, zeigen, dass über vier Stufen entscheidende, massive Verfälschungen die Ursprungsfassung typischerweise bereits zur Unkenntlichkeit entstellt haben, Obwohl jedes der menschlichen Glieder der Mitteilungskette erklärtermaßen um Korrektheit bemüht war.

Die Überlappung liefert die Information mit nur je zwei Mitteilungen, zudem auf parallelen Strängen gesichert, ins Ziel. Jedes Kettenglied wird zweimal in derselben Sache angegangen. Da nicht alle gleich auffassungsbegabt sind, und vielleicht auch erst die zweite Fassung den richtigen Funken schlägt, ist ein wichtiges Korrektiv eingebaut.

c. **Aufhebung der ‚Oben-heiter-unten-düster-Tendenz'**

Die oben-heiter-unten-düster-Tendenz zur Tönung je nach hierarchischer Richtung wird durch Verzahnung der parallelen Kommunikationsstränge bei identischen Kettengliedern aufgehoben: vom Soldaten aus betrachtet ist der Gruppenführer oben, vom Zugführer aus, mit dem der Soldat dasselbe bespricht, unten; und es wird das Gleiche im selben Tenor besprochen.

Indem die zuvor verheerende Deformationswirkung der Störeffekte mittels Zweistufigkeit minimiert oder gänzlich aufgehoben ist, kann nun zupackend gearbeitet, verantwortlich entschieden und ziel- und ergebnissicher geführt werden, weil ein systematisch gesichertes Bild der realen Verhältnisse zugrunde liegt. Doch es gibt weitere konstruktive Primärwirkungen des Kulturwechsels hin zur Zweistufigkeit, wohltuende Wirkungen, die mit Einführung überlappender Kommunikation unmittelbar eintreten, wie zum Beispiel der Abbau von Verselbständigungen, von sachfremden Einflüssen und von Willkür – und deren Prävention.

d. Abbau des ‚Beflissenheitseffekts'

Ein vielen bewusster, weil ab und zu durchlittener Nachteil einstufig kommunizierender Hierarchien ist der Beflissenheitseffekt: oben wird gehüstelt, unten bricht eine Epidemie aus – gut nachempfunden in einer Satire von Günther Klein (‚Um Himmelswillen, bitte bloß keinen Aufwand!' über eine fiktive Falimos AG). Wenn ein hoher Vorgesetzter in Hörweite eines beflissenen Unterlings in einem beiläufigen Halbsatz den Hauch einer Idee erkennen lässt, passiert es, dass dieser Mitarbeiter eine konkrete Anweisung nach unten formuliert mit dem Hinweis, dass dies von ganz oben gewünscht ist.

Je länger die Kette der allzu Beflissenen abwärts reicht, wird ein Stufe um Stufe umfassenderer Aufgabenkomplex daraus mit unzähligen Arbeitsaufträgen, Terminsetzungen etc., eben: oben Hüsteln – unten Epidemie, häufig völlig nutzlos, eine stille-Post-der-Beflissenheit, Verselbständigungseffekt der hierarchischen Ordnung. Auch das findet unter der Bedingung Zweistufigkeit nicht mehr statt.

e. Austrocknen von ‚Hofschranzentum'

Einstufige Kulturen entwickeln, besonders auf dem Nährboden einer autoritären Führungspraxis eine Wucherung, die ich als Hofschranzentum bezeichnen möchte, ein System von Nischen, in denen sich Einbläser und Intriganten heimisch einrichten und Einfluss aufbauen. Der normale Mitarbeiter hat ein feines Sensorium für Wucherungen solcher Art und mag diese Kategorie von Leuten gar nicht, noch weniger deren Zuwachs an Einfluss und Macht. Solche Krebsgeschwulst der Hierarchie raubt unversehens die Motivation, das Vertrauen in die Organisation, ebenso die Identifikation mit ihr.

Zweistufigkeit, indem sie die Wahrheit transparenter macht und zugleich jedem zur Verfügung stellt, entzieht diesen Informanten des Finstern die Quelle ihres Einflusses. Zudem werden sie als solche identifiziert und schneller in ihrem wahren Naturell erkannt. Das bessert die Moral und das ‚commitment' der Redlichen!

f. Vermeiden von ‚Unrechtsverschweigen'

Tu ich etwas schlecht, oder unterlasse schlechterweise, was ich tun sollte, habe ich – unter Einstufigkeit – gute Chancen, dass dies nach oben mein Geheimnis bleibt; denn der Mitwisser unter mir sieht sich vor die Entscheidung gestellt: Melden an den Nächsthöheren (das wäre der über mir, dem Übeltäter, Fungierende), dabei aber sich selbst schuldig zu fühlen der Illoyalität (Moral) und der Verletzung des Dienstwegs (im Öffentlichen Dienst quasi ein Dienstvergehen), und in den Augen des Nächsthöheren in dieser doppelten Weise auch schuldig zu sein, quasi ‚Petze', Intrigant, Meuterer – oder aber lieber nicht melden, mit menschlich halbwegs gutem Gewissen und ein wenig Hoffnung, dass es auf anderem Wege (auf welchem?) herauskommt und er gerechtfertigt dasteht: *„ich find's ja auch schlecht, aber mir waren die Hände gebunden: der Dienstweg…"*.

Hier kommen alle zwei Wochen neue Vorgänge in die Schlagzeilen der Tagespresse, die dann jahrelange Gerichtsprozesse und parlamentarische Aufklärung verlangen – falsches Verständnis von Hierarchie ist die Ursache.

Als die Foltervorgänge im amerikanischen Gefängnis ‚Abu Ghraib' im Irakkrieg unleugbar ans Licht kamen, wurde das innerhierarchisch funktionierende ‚Omertà'-System der Chain-of-Command weltweit diskutiert; aktuell entdeckt man national wie international vergleichbare Korpsgeist-Phänomene auch bei Polizeien, selbst bei uns, und umso ausgeprägter in Russland, Belarus, Brasilien, Nordkorea und ähnlich hierarchisierter Verantwortungs-, Moral- und Kontrollfreiheit der irgendwie entstandenen Macht. Solche Refugien des unverantwortlichen gemeingefährdenden Umgangs mit diesem Erdball und allem, was ihn belebt, kann niemand – wie auch immer transzendental oder diesseitig ausgerichtet – vor sich, seiner Umgebung und der Welt ohne aktive Gegenwehr hinnehmen.

In zweistufigen Systemen lassen sich Subsysteme des Unrechtsverschweigens nicht mit ähnlicher Leichtigkeit aufbauen oder aufrechterhalten (und dennoch steht Zweistufigkeit keiner gesetzeskonformen Geheimhaltung entgegen). Besser noch: das Bewusstsein *‚er oder sie wird's ohnehin erfahren, so oder so, ich kann es nicht sicher verhindern'* entfaltet eine äußerst virulente präventive Kraft – vor allem wichtig bei all denen, die bisweilen schon mal etwas Unschönes zu verbergen oder zu bemänteln trachten.

Sobald die informationelle Hoheit über das Verfahren von der einzelnen Person auf der einzelnen Stufe weg und zurück in das System gelegt worden ist, wo sie an sich immer hingehört hat, entwickelt sich die Selbstkontrolle des Systems, auch seine Selbstreinigungskraft, oder metaphorisch: Stufen werden wieder zu Sprossen – man kriegt mehr Durchblick, dadurch Vertrauen, es sprießt Initiative.

Sekundärwirkungen

Zuletzt geht's um die Sekundäreffekte, die ein Kulturwechsel zur Zweistufigkeit bewirkt, solche Wirkungen also, die sich sozusagen als Folge der bis hierhin behandelten Primäreinflüsse mittelbar einstellen. Eigentlich kehren wir damit an den Ausgangspunkt der

Betrachtung dieses Kapitels zurück, an die Aufgabenstellung, mit (nur) einem Streich alle mir aufgefallenen aktuellen Mängel meines neuen Beritts zu beseitigen. Was für einen Einfluss hat eine zweistufige Kommunikation auf meine eingangs in sechs Punkten abgefasste Zielsetzung? Genügt – wie zuvor verwegen behauptet – zur Erreichung der Ziele bereits der Wechsel zu überlappend zweistufiger Kommunikationskultur?

a. Ökonomie: besseres Verhältnis zwischen Aufwand und Ertrag

Ein Mitarbeiter, der weiß, dass, was immer er tut und wie, und auch, was er nicht tut, nach unten wie nach oben nicht zu verschleiern oder zu bemänteln ist, ein Vorgesetzter, der seine Tätigkeit oder schuldhafte Untätigkeit unter Zeugen ausübt, ein nächsthöherer Vorgesetzter, der von zwei Ebenen unter und einer über ihm selbst in seiner Vorgesetzteneigenschaft zum Einschreiten aufgefordert ist – diese Figuren wissen, dass sie öffentlich in die Pflicht genommen sind: sie müssen handeln, und das professionell.

Wem solches mehrfach nicht gelingen will, hat sich öffentlich als ungeeignet geoutet und muss mit der Zwangsläufigkeit von Konsequenzen rechnen. Nicht verheimlichen zu können schafft ‚unheimliche' Handlungszwänge, auch für den Apparat. Hier ändern die Fakten das Bewusstsein genauso wie das Bewusstsein andere Fakten schafft. Wer nicht genug oder nicht professionell genug schafft, bekommt eine völlig andere Qualität und Quantität des Rechtfertigungsdrucks zu spüren, findet kaum Möglichkeiten des ‚so-tun-als-ob', des Vorschützens von dauerhaft glaubwürdigen Entlastungsargumenten.

Wir finden aus der Kultur des Versteckens und Vorgaukelns zurück in eine Kultur der allseits verfügbaren Wahrheit – auch über un- und mittelbare Nachbarn:

Leistung wird als solche unbezweifelbar, Minderleistung ebenso, nicht mehr eine Funktion von mehr oder weniger Darstellungsgeschick. Hemmnisse der Leistung, seien sie sächlich, strukturell, personell oder regelungstechnisch verursacht, werden jeweils von mehreren Seiten identifiziert und kommuniziert und ebenso von mehreren Seiten angegangen – auch dies mittelbare Folge des Einzugs von Transparenz, Klarheit und Wahrheit.

b. **Motivation und Identifikation**

Wie bereits ausgeführt drängt Zweistufigkeit Mauschelei und Intrigantentum zurück, was als Sekundäreffekt die Moral der Gutwilligen hebt. Stärker noch und auf breiter Front steigt deren Moral dadurch, dass die Organisation nach dem Kulturwechsel entscheidend anders mit ihren Fehlern und Schwächen umgeht: sie wird fehlersensitiv.

Fehler werden rascher identifiziert und erheblich verlässlicher angegangen, weil ihre Abhilfe bei mehreren gleichzeitig auf der Agenda steht. Indirekte Folge: es ist ein gutes Gefühl, einer Organisation anzugehören, die ihre eigenen Schwächen, sobald erkannt, auch behebt; solche Organisation entwickelt eine hohe Organisationskultur und stärkt die Selbstachtung ihrer Mitglieder.

c. **Leistung als Maß der Dinge**

Vom Leistungsprinzip wird auch heute viel gesprochen und in betriebswirtschaftlichen Aufsätzen häufig geschrieben. Dennoch kreisen typische Kollegengespräche in Unternehmen und Amtsstuben, in denen regelmäßig thematisiert wird, wer wo was geworden ist, um gänzlich andere Kriterien des Warum, und es sind eher Ausnahmen, in denen die Kollegen eine Beförderung tatsächlich in der Leistung gerechtfertigt sehen.

Es ist fast zwangsläufig, dass die Beförderungspraxis sich nach einem Kulturwechsel rasch zu allgemein akzeptierten Kriterien hin entwickeln wird, selbst wenn jede Beförderung nach wie vor von der fernen Personalabteilung vorbereitet werden muss. Zum einen erhält auch diese ein wahrhaftigeres Bild vom zu bewirtschaftenden Personal, zum anderen werden die tatsächlichen Kriterien für Personalentscheidunen transparenter gehandelt. Beide Effekte tragen zu einem höheren Gewicht der akzeptierten Kriterien in Personalentscheidungen bei.

d. **Zur Führung Befähigtere mit Verantwortung betrauen**

In einem transparenten hierarchisch gestuften Betrieb, in dem kaum etwas dazuerfunden oder weggemogelt werden kann, bleibt kaum etwas verborgen, was dienstlich von Belang ist.

Zudem entwickeln sich auch durch die um zwei weitere Stufen der Hierarchie erhöhte bzw. vertiefte Begegnungserfahrung zwangsläufig realitätsnähere, zutreffendere Einschätzungen der miteinander kommunizierenden Menschen voneinander. Charaktere, Stile, Umgangsformen, aber auch Potentiale welcher Art auch immer werden leichter erkannt, und das informationsfreundliche zweistufige System sorgt selbst im Fall der letztgültigen Entscheidung in der fernen Personalabteilung für sachgerechtere Erkenntnisse und mindert die Blendereffekte. Meine persönliche Peilung ist, dass der wahrhaftigere Umgang mit den realen betrieblichen Prozessen auch wesentlich der riesigen, aber weniger lautstarken, weniger brusttrommelnden Führungs-Begabungsreserve auf weiblicher Seite zugute käme.

e. **Innovationsbereitschaft und Reformierbarkeit der Organisation**

Durch direkten Einfluss des Wechsels in der Kommunikationskultur erhöht sich, wie gezeigt wurde, bereits die Innovationsrate – es wissen mehr Leute um die Schwächen, und es sind ebensoviele mehr in deren Abhilfe einbezogen. Dies wiederum setzt neue Standards zur Selbstverpflichtung des Einzelnen, tätig zu werden.

Mängel abzustellen bedeutet in der Regel auch, mängelfreie Alternativen zu entwickeln, innovativ zu sein. Da auch, wie oben hergeleitet, der Einzelne sich stärker mit der Organisation identifiziert, die er ohne irgendwelche Einschränkungen, bejaht, ist ein Sprung innovativer Bemühungen zu erwarten, der – anders als heute – auch nicht so leicht fahrlässig oder willkürlich unterdrückt werden kann.

f. **Wahrheit, Klarheit und Zivilcourage**

Wahrheit und Klarheit sind direkte Folgen des Kulturwechsels, wie bereits dargetan. Ob zugleich auch mehr Zivilcourage herangezüchtet wird, hängt zunächst von dem ab, was wir unter Zivilcourage verstehen wollen.

Wenn es das ‚Gegen-den-Stachel-Löcken' sein soll, das häufig – ebenso metaphorisch – auf die Formel ‚Mannesmut vor Königsthronen' gebracht wird, dürfte die zu erwartende Steigerung bescheiden ausfallen, was sich allerdings darin erklärt, dass kaum noch ‚Königsthrone' übrigbleiben, bzw. auch kaum wirkliche ‚Stachel', gegen die zu ‚löcken' wäre; schließlich bietet die zweistufig kommunizierende Organisation kaum Platz für den Stachel der Willkür und irgendwelches Potentatengehabe – denn in ihr werden Informationen, Ideen, Initiativen etc. systematisch jeweils mehrfach gesichtet, gewogen, geprüft aus unterschiedlichen Warten.

Wenn Zivilcourage meint ‚Ich bringe mich ein, auch wenn ich nicht wirklich sicher sein kann, damit allseits Gefallen auszulösen', dann ist ein Riesensprung zu erwarten: die Rate von Impulsen wird in der identifikationsträchtigeren Kultur die Qualität einer heilsamen Unruhe entwickeln.

Umfang und Engagement des Personals
Über diese sechs angestrebten Ziele hinaus dürfte interessant sein, ob sich die Umstellung der Kommunikation auch auf den Personalumfang auswirkt. Zwar nicht in der Liste meiner sechs Optimierungsziele mitgenannt, aber von perspektivischem Interesse – allein wegen des Kostenfaktors Personal – lohnt sich diese Betrachtung.

Da, wie ausgeführt, zu erwarten steht, dass unter den umgestalteten Bedingungen deutlich effizienter gearbeitet wird, ist in Konsequenz ein Abbau von Arbeitsplätzen zu erwarten, oder aber die Erweiterung des Aufgabenfeldes in meinem Beritt mit dem nun entlasteten Personal.

Ein Blick auf das Engagement der Mitarbeitenden ist wert, den Schluss dieser Betrachtung zu bilden. Was wir vom Leben erwarten, dürfte sich je nach Individuum recht unterschiedlich ausmachen. Wenn wir uns engagieren, haben wir typischerweise vor Augen, dass wir damit bzw. dafür einiges von dem erhalten, was für uns das Leben besonders lebenswert erscheinen lässt.

Für unser Engagement erwarten wir eine Rendite, wobei Qualität und Quantität dieser erwarteten Rendite sehr persönlich geprägt sind – oder anders ausgedrückt: ich werde mich dort am stärksten engagieren, wo ich die für mich beste Rendite erwarten darf. So individuell auch immer diese Erwartung beschaffen ist, es gibt dabei auch überindividuell Gültiges, wie z. B. die in der Renditeerwartung zentrale Funktion der ‚Wertschätzung durch Wertgeschätzte'. Das ist die externe Quelle von Selbstachtung: von mir geachtete Leute achten mich. Wir legen unser Leben wesentlich so an, dass wir ein hohes Maß an Achtung von Seiten der von uns Geachteten erhalten.

Wenn es mir um das Engagement von Mitarbeitern geht, muss ich meinen Einflussbereich so gestalten, dass das von mir gewünschte Engagement mit der vom Mitarbeiter erhofften Achtung und Wertschätzung belohnt wird, die ihm – wie sich mit unzähligen Beispielen belegen lässt – meist mehr bedeutet als die öffentlich meist heftiger diskutierten finanziellen Anreize.

Gespräche mit Berufstätigen zeigen immer wieder, wie differenziert deren Bewusstsein über Mängel in Ausstattung, Organisation und Abläufen ihres Arbeitsumfelds ist. Sie zeigen auch, wie konkret ihre Vorstellung darüber sind, wie dies besser zu gestalten wäre. Auch erfährt man häufig, dass sie sich inzwischen (nach etlichen gescheiterten bzw. sogar missbilligten Versuchen) abgewöhnt haben, entsprechende Verbesserungen anzuregen. Resignation ist die Folge, Schimpfen auf den Betrieb, sodann kollektives Schimpfen mit Gleichgesinnten. Später folgt die innere Kündigung und das Suchen nach dem eigenen Vorteil bei maskenhafter Loyalität.

Das Gallup-Institut veröffentlicht seit 2001 jährlich repräsentativ erhobene ernüchternde Prozentzahlen abhandengekommenen Engagements deutschen (und internationalen) Personals und erschütternde Quoten von Beschäftigten mit einer Antihaltung zum Beschäftiger, die ‚die Hand beißen, die sie füttert'. Warum diese Spirale ins Negative?

Viele privatwirtschaftliche und öffentliche Betriebe haben keine überzeugende Kultur entwickelt, das Arbeitswissen ihrer Mitglieder um die Missstände und Schwächen konstruktiv zur Verbesserung zu nutzen. Ebenso wenig haben sie eine überzeugende Kultur der Rendite für Konstruktivität und die Widmung ihrer Mitglieder erzeugt. Darin zeigt sich ein eklatanter Mangel an Führungskultur. Wer einwendet, es gebe ja betriebliche

Programme des Vorschlagswesens und der Leistungsprämien, sei darauf hingewiesen, dass ein beschlossenes und dekretiertes Programm noch lange keine Kultur ist.

Ich erinnere mich, dass ich als privatwirtschaftlich beschäftigter Studienleiter eines traditionsreichen Markt- und Meinungsforschungsinstituts mich zum Zwecke einer Wehrübung als Kompaniechef in eine von mir gewollte, für den Betrieb jedoch schmerzhafte, weil durch vierwöchige Dauer auch teure, Abwesenheit vom Institutschef verabschieden wollte, und dieser mir völlig überraschend einen 500-DM-Schein in die Kavalierstuchtasche meines Jacketts steckte. Auch weiß ich noch gut, wieviel mehr ich mir nach Rückkehr aus den vier Wochen ob dieser Geste persönlicher Wertschätzung – man sagt wohl – ‚ein Bein ausgerissen habe' für den Betrieb und gewiss dessen vierwöchige Einbuße mehr als einmal ausgeglichen habe.

Als Beamter habe ich später jährlich Urlaubsgeld in etwa vergleichbarer Höhe erhalten. Das war aber keine Geste persönlicher Wertschätzung, sondern folgte einem mir bekannten einklagbaren Anspruch, was dazu führte, dass sich Missmut regte, wenn's ein oder zwei Tage zu spät eintraf; das positive Moment persönlicher Wertschätzung wurde durch Verrechtlichung in ein negatives verkehrt: ‚später, als es hätte sein sollen' statt ‚unerwartet überraschend positiv persönlich'. Vergleichbare normierte Maßnahmen habe ich in etlichen Betrieben erlebt.

Die 500-DM-Geste war Symptom einer Kultur wertschätzender Kooperation, der verrechtlichte Anspruch auf Urlaubsgeld ist Symptom eines seelenlosen entmenschten Apparats.

Es gibt, wie ich zeigen mochte, einige taugliche Möglichkeiten, eine kleinere oder größere Betriebseinheit, in der deren mitwirkende Menschen sehr viel Lebenszeit verbringen, gegenwarts- und zukunftstauglicher zu gestalten, darunter auch ganz unscheinbare von strategischem Wert. Zu wünschen ist, dass der empathische Blick auf das Menschliche am Mitarbeiter und an der Organisation, deren Teil er ist, das Miteinander und die notwendigen Standards bestimmt.

Wie ich dargelegt zu haben hoffe, braucht es nicht unbedingt viel für eine Verbesserung an Haupt und Gliedern unseres Verantwortungsbereichs mit einer Drehung der Spirale in die positive Richtung. Die sind wir uns schuldig, wenigstens aber den anderen. Leisten wir sie (nicht zuletzt auch uns)!

15

Gutes Leben gestalten

Vorbemerkung
Einige der bis hierhin vermittelten, begründeten Impulse zum Miteinander in Privat- und Berufsleben werden hier, in der nun folgenden, das Leben als Individuum betrachtenden und anregenden Zusammenschau – zum kleinen Teil auch wörtlich – aufgegriffen und durch eine Reihe von Empfehlungen ergänzt, die zu einer glücklichen, zugleich erfolgreichen persönlichen Lebensführung und letztlich auch zu der Bilanz eines erfüllten Lebens führen werden.

Wie leg ich's an?
Da nicht mit letzter Gewissheit auszuschließen ist, dass wir vielleicht doch nur einmal auf der Welt sein werden, sollten wir umsichtigerweise dieses einzigartige Leben möglichst so gestalten, dass wir in seiner Dauer und an seinem Ende nicht Bedauern oder Reue empfinden

werden, sondern Zufriedenheit und Erfüllung, ganz persönlich und als Mitglied der Gemeinschaft.

Eine gute Lebensplanung wird – für uns selbst – eine Balance vorsehen von geistiger, schaffender und zwischenmenschlicher Erfüllung, und – über uns selbst hinaus: ethisch oder individuell moralisch – ausgerichtet sein auf das schlussendliche Fazit, dass die Welt durch unsere Existenz ein wenig (oder gar bedeutsam) an Qualität gewonnen haben wird.

Um nicht ein ‚falsches' Leben zu gestalten, müssen wir uns klar werden, wie unsere jeweilige zwischenzeitliche und die schlussendliche Glücksbilanz sein soll: im Frieden mit uns selbst, fähig und glücklich in der Welt – eine Bilanz mit Brillanz. Die perspektivisch gültigen Kriterien dafür sind naheliegenderweise recht individuell, und sie sind einem lebensgeschichtlichen Wandel unterworfen; dazu später. Zunächst zum Konzept:

Solide Bildung von Körper, Geist und Moral und ein diese Grundlagen nutzender und verfeinernder Beruf, dazu Freizeitengagements, die Einsatz und Kreativität fordern und zu unverwechselbaren Ergebnissen führen, und eine auf überdauernde, gegenseitige Anziehung gegründete Partnerschaft, vielleicht eine – wie man sagt – eigene Familie (sie gehört ja wohl allen), sowie eine anregungsreiche außerfamiliäre Umgebung sind gute Voraussetzungen für ein erfüllendes Leben.

Wie schaffe ich geeignete Bildungsvoraussetzungen?

Was Bildung betrifft, sollte unser vorrangiges Ziel ein unser Leben prägender und begleitender ‚Optimierungsehrgeiz' sein (nicht Optimierungswahn), nämlich das lebensbegleitende und -prägende Bestreben, bei jedem zweiten und weiteren Mal besser zu sein als beim vorherigen: aus dem Mühevollen das Mühelose, aus dem Guten das Bessere zu entwickeln.

15 Gutes Leben gestalten

Unsere Bildung sollte uns nachhaltig neugierig machen und zunächst auf fachliche Breite gerichtet sein, um uns eine im Groben zutreffende Orientierung in der vielgestaltigen Welt zu geben und viele feste Aufhängepunkte für spätere ergänzende Differenzierungen. Von solch solider Basis aus sollten wir uns (nach Perspektivenreichtum und persönlicher Neigung) für exemplarische Spezialisierung in einer Fachdisziplin (oder wenigen) und deren Denkweisen entscheiden. Wir sollten uns hier in den Sog des Vertiefens von Wissen, Können und Transfer begeben und hineinziehen lassen, über die Schwelle zur Faszination hinaus, jenseits welcher alles Mehr an Kenntnis und Können zusätzliches Begehren auslöst.

Zentral für alles Bildungsstreben ist das Entwickeln unserer Auffassungs- und Mitteilungsfähigkeit. Auf der Grundlage von Auffassungsgabe und Empathiebegabung in sozialen Situationen entwickeln wir auf der mitteilsamen Seite unser Repertoire an verbaler, paraverbaler und nonverbaler Expressivität. Lebenslang sollten wir unser Kommunikationsvermögen weiterentwickeln, es sich verzweigen und verfeinern lassen. Es ist immerhin das außen zugängliche Abbild unseres ‚Selbst'.

Sprache ist verflüssigter Geist, die Niederschrift sein fester Aggregatzustand.

Sprechen und Schreiben schaffen zudem beglückende mentale Freiheiten. Im Prinzip ist Sprache dem, was wir Intelligenz nennen, auch im Wesen sehr ähnlich: wenn Intelligenz eine Funktion ist von der Differenziertheit und Verknüpfbarkeit unserer Vorstellungswelt, ist unser Sprachvermögen das gleiche für unsere Begrifflichkeit, sozusagen die Materialisierung unserer Denkbegabung.

Wie forme ich einen erfolgsträchtigen Umgangsstil?

Für Partnerschaft, Familie, Bekanntenkreis und Beruf, die mitmenschliche Umgebung insgesamt, lassen sich mehrere Empfehlungen formulieren, leicht nachvollziehen und mit geringem Aufwand umsetzen:

Dass Kriege schrecklich sind, ist gewiss jedem klar. Uns sollte ebenso klar werden, dass wir, wenn überhaupt, von Feindschaft weit weniger profitieren als von Partnerschaft. Allenfalls gewinnen wir aus Feindschaft die – wahrlich teuer erkaufte – billige Einsicht, wie viel Lebensqualität wir einbüßen, wie viel hässliche Fantasie und Bosheit sie uns aufnötigt, und dass durch unsere hohen Aufwendungen an Energie für uns keinerlei Gewinn entsteht, sogar nicht mal einer auf Seiten unseres Gegners, stattdessen nur Schaden – auf beiden Seiten. Keine Vernunft, sei sie noch so eigennützig, kann also Feindseligkeiten rechtfertigen; Feindschaften sind Auswuchs eines archaischen physiologisch-vegetativen Programms aus der Frühgeschichte der Menschheit, in der Stammesangehörige sich für das Überleben der anderen gegen Feinde stellen mussten. Für unseren heutigen Alltag taugt dieses Kamikazeprogramm nicht.

Folge daraus für unseren Umgangsstil sollte sein, dass – jenseits erklärter Wettkämpfe und Konkurrenzen – wir im zwischenmenschlichen Miteinander es nicht auf's Siegen anlegen sollten, sondern auf's Gewinnen: besiege ich den anderen, ist er ab da feindselig, wer weiß wie lange? Das bringt mir keinen Nutzen, nicht mal dem andern, sondern nur Nachteile, sogar auf beiden Seiten; Kooperation würde auf beiden Seiten Vorteile erbringen. Wir sollten folglich anstreben zu gewinnen, ohne dass wir dabei andere schädigen. Geschickterweise sollten wir unsere Handlungen so anlegen, dass auch für die andere Seite Nutzen entsteht, also eine ‚win–win-Situation', was dazu führt, dass andere auch künftig gern mit uns kooperieren werden, weil sie die Beziehung zu uns als vorteilhaft erleben.

Viel menschliche Wahrheit liegt in der Metapher ‚wie man in den Wald hineinruft, so schallt es heraus': Begegnen wir unserem Gegenüber höflich, wird er in der Regel auch uns höflich begegnen, interessieren wir uns für ihn, werden wir für ihn interessanter, begegnen wir dem anderen negativ, lösen wir eine negative Reziprozität aus. Ihn so positiv zu behandeln, wie wir selbst von ihm behandelt werden wollen, nützt daher in der Regel auch uns selbst.

Wenn uns etwas stört, ist es ratsamer, einen entsprechenden Wunsch, eine Bitte um Abhilfe an den zu adressieren, der dies ändern kann, oder ihm als ‚Ich-Botschaft' mitzuteilen, welche Beeinträchtigung wir dadurch erleben, statt vorwurfsvoll Kritik zu äußern, wie dies viele unbedachterweise tun. Jeder Vorwurf löst im Partner eine Antihaltung aus mit der Folge, dass er die gewünschte Abhilfe weniger gern leistet: er versucht sich zu rechtfertigen, geht also in Opposition, was bedeutet: der Weg zur Lösung wird länger, die Lösung (unser eigentliches Ziel) wird schwieriger zu erreichen. Wir haben also mit dem Vorwurf gegen unser eigenes Interesse gehandelt. Äußern wir statt eines Vorwurfs oder einer Kritik einen Wunsch, eine Bitte, oder geben wir dem Gegenüber deutlichen Hinweis auf den von uns erlebten Nachteil, wird für ihn die Dringlichkeit unseres Begehrens und die Zuneigung zu uns seine Konzessionsbereitschaft beeinflussen.

Wollen wir etwas bewirken, gar durchsetzen, das gegen den Widerstand anderer nicht zustande kommen wird, ist die Einsicht aus der metaphorischen Volksweisheit ‚der Wurm muss dem Fisch schmecken, nicht dem Angler' hilfreich. Viele („gelernte Vorweihnachtskinder") belassen es bei der Schilderung, warum sie selbst (als ‚Angler') so sehr daran interessiert sind, und sollten doch besser die Vorzüge für den Partner (den ‚Fisch') herausstellen und schmackhaft machen.

Wir haben die Freiheit, Gutes zu unterstellen, wo wir Ärgerliches erleben. Tritt uns jemand aggressiv gegenüber, ist unsere typische Reaktion: Gegenaggression. Niemand zwingt uns indes dazu. Zeigen wir unsere Gegenaggression, wird sie kalkulierbar mit einer gesteigerten Gegen-Gegenaggression beantwortet werden. Erleben beide Seiten die Reaktionen der jeweils anderen als empörend unangemessen, treibt das ihren aggressiven Erregungszustand mit der Verlässlichkeit einer guten Mechanik Zug um Zug eskalativ in die Höhe, vielleicht über die ‚rote Linie' hinaus, was ein Ende der Beziehung in vorheriger Qualität bedeutet. Für beide wird eine Mäßigung mit jeder höheren Eskalationswindung schwieriger, weil nicht mehr mit dem eigenen Ehrgefühl vereinbar.

Lösen lässt sich solch verfahrene Situation, wenn wir uns auf das besinnen, was eigentlich unser sachliches Ziel ist, also ohne Sachfremdes wie Ehre und Vergleichbares. Wir müssen aus dem physiologisch-endokrinologischen ‚Blindflug-Modus Rache' (nucleus caudatus und sein Dopamin) auf ‚Vernunftsteuerung' umschalten. Übrigens wäre in diesem Eskalationsprozess unsere Gegenaggression auch nur ein Reflex auf die aggressive Vorgabe des anderen, also keine wirklich souveräne Aktion.

Wir sind frei, sogar so frei, Gutheit zu unterstellen. Wir können das aggressiv wirkende Verhalten des anderen auffassen z. B. als den (ziemlich missraten vorgebrachten) Versuch, uns vielleicht auf eine Gefahr hinzuweisen. Wir sind so frei, ihm eine konstruktiv zugewandte Haltung und gute Absicht zu unterstellen für das, was so missverständlich aggressiv daherkam, nämlich, als sei es nicht aggressiv, sondern eigentlich positiv – in unserem Interesse

– gemeint und für dieses dann sogar zu danken. Damit ‚schallen wir dann positiv in seinen Wald hinein'. Er wird angenehm überrascht sein davon, welch guter Mensch er in unseren Augen ist, und nun ähnlich positiv zurückschallen: Wir wandeln die von ihm destruktiv gestaltete Situation einfach um in eine nach unserer Vorstellung konstruktive, drehen damit auch ihn einfach um und verpflichten ihn aufs Positive. Zugleich sind wir damit souverän, indem wir uns nicht der Vorgabe des anderen unterwerfen, sondern unsere Lesart der gemeinsamen Lage (auch für ihn) gültig machen.

Aus jedem Kontakt mit Menschen, sei er auch noch so sachbezogen wie etwa ein Kauf von Brötchen beim Bäcker oder das Bezahlen an der Supermarktkasse, begleitend auch einen menschlichen Kontakt entstehen zu lassen, eine positive zwischenpersönliche Beziehung, etwa durch eine unerwartete empathisch-anerkennende oder humorvoll-integrative Bemerkung, ist eine der bereicherndsten Gestaltungsmöglichkeiten unseres Alltags – und zugleich dessen unserer jeweiligen Gegenüber. Unser beider Alltag bekommt eine unverwechselbare Farbe. Jede Begegnung ragt um eine Qualitätsstufe aus der Banalität, die wir Alltag nennen, heraus.

Unvermittelte, bedingungslose Herzlichkeit ist wohl das, was Hundebesitzer an ihrem Familienhund am intensivsten zu schätzen gelernt haben: der spontane, ungehemmte Ausdruck von Freude bei Frauchens Rückkehr. Wir werden unsere Freude, unsere Herzlichkeit als Menschen zwar anders zeigen als der Familienhund, aber das kann doch ohne weiteres genauso unvermittelt und bedingungslos geschehen. Als Kinder konnten wir's noch. Wir waren fähig zu Spontaneität – im Positiven wie im Negativen.

Wann und warum haben wir uns diese betörend herzige Offenheit positiven Ausdrucks nur abgewöhnt? Vermutlich, als wir im Heranwachsen zunehmend schlechte

Erfahrungen mit unserer negativen Spontaneität, bis hin zum Jähzorn, machen mussten. Unbedachterweise haben wir dann wohl gleich unsere gesamte Spontaneität als Unkontrolliertheit zu desavouieren gelernt und dann abgelegt.

Heute sollten wir differenzieren, die positive Spontaneität zurückerobern und die negative (Zügellosigkeit) nach Kräften unter unsere Kontrolle bringen. Dann werden wir – ebenfalls unvermittelt – gemocht. Das gibt uns zusätzliche Kraft und erleichtert nahezu alles.

Schenken bereichert den Beschenkten, das ist klar. Wer gerne schenkt, und damit Freude beim Empfänger seiner Gaben auslöst, teilt diese Freude mit dem Beschenkten und hat mit ihr zugleich auch noch sich selbst bereichert, eine doppelt positive Bilanz des Schenkens. Es nimmt dieser Tat fast ihren Charme, festzustellen, dass der immaterielle Gewinn die materielle Einbuße (des Weggegebenen) sogar meist mehr als aufwiegt, also selbst dem Egoisten gefallen müsste.

Zum doppelten Gewinn des ‚gerne Gebenden' ergänzt sich noch ein dritter: Geben macht den Gebenden beliebt. Beliebt zu sein hat viele Vorzüge: Gaben werden gern mit Gegengaben vergolten. Beliebtheit verschafft uns und unseren Stellungnahmen mehr Gewicht. Wir werden Knausern und Missgünstigen vorgezogen. Wir erfahren eher und mehr von dem Bedeutenden. Wir genießen mehr Vertrauen und Solidarität und haben – wenn's drauf ankommt – mehr Macht. In der Summe: durch ‚gerne Geben' gewinnen wir, in der Regel sogar mehr als der Beschenkte – im Moment und für die Zukunft der Beziehung.

Beliebtheit ist mehr als ‚gerne Geben', und doch so einfach zu erzielen – allerdings kaum glaubwürdig auf dem Wege der Unverhältnismäßigkeit des Gebens, der

Anbiederung, und – schlimmer noch – des unaufrichtigen Zweck-Kalküls; es bedarf der aufrichtigen, zugewandten Haltung zum Mitmenschen.

Menschlicher Charme macht vieles (wenn nicht gar alles) Zwischenmenschliche leicht, lebenswert und freudig und ist mit ein wenig Fantasie so einfach: ist Charme doch nichts anderes als die gezeigte Fähigkeit, Lebenssituationen mit unaufdringlichen, möglichst originellen, positiven Überraschungen zu begleiten.

Jedoch allein so überaus hilfreiche Fragen wie: ‚Was würde mir im Moment besonders gut gefallen, wenn ich jetzt mein Gegenüber wäre?' oder: ‚Mit welcher Bemerkung oder Tat könnte ich meinem Gegenüber jetzt eine Freude machen?' werden kaum jemals gedacht, weit seltener kommt es zu Antworten, noch seltener werden solche gar umgesetzt. Es lohnt sich, diese Fragen zu ständigen Begleitern zu machen und immer mal wieder im Sinne einer Antwort zu handeln: Es macht uns schätzenswerter und lädt unsere Mitmenschen zu positiven Erwiderungen ein.

Wie trete ich auf günstigem Weg ins Erwerbsleben ein?

Mit solcher, möglichst in die eigene Natur integrierten Umgangsform und Einstellung zu anderen haben wir eine sehr gute Basis für den Eintritt in ein erfolgversprechendes Erwerbsleben; denn: in weit höherem Maße werden Karrieren vom menschlichen als vom fachlichen Können bestimmt. Studien nennen Verhältnisse von 90 %:10 %.

Unsere Berufswahl sollte berücksichtigen, wie ärmlich ein Leben angelegt ist, in dem wir ein Drittel arbeitstäglicher Zeit allein für unseren materiellen Unterhalt, den Lohn, opfern müssen. Verantwortlich sind wir, wenn wir den Beruf so wählen, dass wir ihn dauerhaft gern und sinnerfüllt ausüben. Der Gipfel des Geschicks ist, so zu wählen, dass wir bereit wären, sogar Geld zu geben, um das tun zu dürfen, wofür wir – in diesem begeisterten Fall meist sogar viel – Lohn erhalten.

Wie werde und bleibe ich ein zufriedener Arbeitskollege?
Die bisherigen Empfehlungen zu berücksichtigen gibt uns fast schon die Gewähr, auch im Beruf geschätzt zu sein. Die Besonderheiten des Berufslebens verdienen jedoch einige ergänzende Hinweise. Vielleicht sind wir Vorgesetzter, vermutlich sind wir Mitarbeiter einer/s Vorgesetzten und auch Kollegin/e von anderen auf selber Hierarchiestufe.

Der Kollegenkreis hat einiges von einer Zwangsgemeinschaft, soll aber wenigstens – bei aller individuellen Unterschiedlichkeit, Konkurrenz oder gar Unverträglichkeit – sachlich harmonisch zusammenwirken. Alter, Geschlecht, Persönlichkeit, Moral, Motive, Kultur, Umgangsstil, Vorbildung begünstigen oder erschweren kollegiale Beziehungen.

Auf ein paar Misslichkeiten im Zusammenspiel unter Kollegen sollten wir vorbereitet sein, um diesen in einem Kapitel zuvor ('Die Gruppe – Haifischbecken oder Streichelzoo?') bereits ausgeführten Psychofallen früh entgegenwirken (oder -wirken lassen) zu können:

a. Kulturverschiedenheit
Wie jemand einen Kollegen oder Mitarbeiter auf dessen Fehler oder andere unerwünschte Verhaltensweisen anspricht, ist stark geprägt von seiner Umgangskultur. Wie der andere die Fehleransprache auffasst, ist von dessen Kultur abhängig. Eine erste Falle tut sich auf, wenn die Kulturen von Sender und Empfänger sich stark unterscheiden: Ist die des Senders sehr viel gröber, kann sich der Empfänger persönlich in Frage gestellt sehen und feindselig reagieren. Ist die Kultur des Senders sehr viel feiner

als die des Empfängers, kommt bei dem nicht an, dass er soeben auf einen ‚Fehler' hingewiesen wurde.

b. Selektive, wertende Wahrnehmung
Aber auch unabhängig vom Stil, in dem sie auf ihre Fehler hingewiesen werden, reagieren die Allermeisten auf solche Situationen mit negativer Wertung, auch wenn der Hinweisende selbst unzweideutig positive Beweggründe für sein Tun hat, beispielsweise, indem er den anderen kollegial vor Sanktionen bewahren will. Verlaufen derlei Fehleransprachen typischerweise nur in eine Richtung, nährt diese Einseitigkeit beim Kritisierten ein Gefühl des Gesichtsverlusts und damit das Bedürfnis nach einem Ausgleich im Kritisieren. Er wird das Verhalten des anderen kritischer beobachten und dank solch selektiver, zur negativen Wertung bereiter Wahrnehmung auch entsprechende Entdeckungen machen. Bereits aus der Physik ist geläufig, dass Beobachtung das Beobachtete verändert. Im Zwischenmenschlichen gilt dies ebenso und umso mehr, je weniger neutral beobachtet wird; denn auch der Beobachtete wird vom kritischen Charakter des Beobachtetwerdens ungünstig beeinflusst.

c. Negative Antizipation
Ist man erst einmal von der kritischen oder ablehnenden Haltung des anderen überzeugt, fragt man sich gründlicher, ob man ihm gegenüber etwas Konkretes klärend zur Sprache bringen soll und lässt dies auch häufiger sein als bei positiven oder neutralen Partnern, um diese bereits schwierige Beziehung nicht zusätzlich zu belasten. Man malt sich aus, typischerweise in sehr düsteren Farben, wie dieser ohnehin ablehnende Partner wohl reagieren wird, und lässt die in Frage stehende Klärung lieber unversucht. Folge dieser Psychofalle ist, dass beide weniger Kontakte miteinander haben werden und diese sich auch noch auf

gravierende Themen beschränken. Das verursacht Lagerbildung.

d. Kontaktminderung bringt Fremdheit bringt Ablehnung
Zwei, die sich nicht mögen, gehen sich typischerweise aus dem Weg, was zu Entfremdung führt. Mehr Fremdheit führt, bei aller menschlichen Neugier, die sie normalerweise auch weckt, hier zu mehr Reserviertheit: alles Fremde hat, organismisch betrachtet, zunächst etwas Bedrohliches. Sich selten zu begegnen heißt für beide somit zunehmend, das, was der andere sagt und tut oder lässt, kritischer zu wägen. Es ist ein Prozess der Wirkungsfortpflanzung in Gang gesetzt, und zwar auf beiden Seiten: > Er liegt mir nicht. > Ich meide ihn. > Er wird mir fremder. > Ich werde ihm gegenüber kritischer. > Er reagiert darauf mit mehr Distanz und meidet mich. > Wir werden einander umso fremder. > usw., usw.

e. Spirale wechselseitiger Zuschreibung von zunehmender Feindseligkeit
Wer erst einmal überzeugt ist von der feindseligen Haltung der anderen Seite, wird zunehmend unzweifelhafter anstelle des sachlich-kollegialen selbst ein vorwurfsvoll feindseliges Verhalten zeigen. Damit wird eine fünfte Falle scharf gemacht: Entrüstung führt zu Aufrüstung, die führt zu weiterer Entrüstung, die führt ... etc. Je unangemessener jemand das Verhalten einer anderen Seite erlebt, desto konsolidierender und affirmativer findet die Unterhaltung darüber im eigenen Lager statt und desto vorwurfsvoller und offensiver fällt die Kommunikation mit dem anderen Lager aus, welches dies naheliegenderweise wiederum als unangemessen wertet, mit den soeben beschriebenen Folgen nun auf jener Seite, usw. – ein sich selbst verstärkender, spiralartiger Eskalationsprozess, traditionelle Ursache von Fehden und

Kriegen jedweder Art. Und: Bei der Eskalation über ein paar Spiralwindungen hinweg bewegt sich die Frage nach Verursachung und moralischer Schuld trotz zunehmender Überzeugtheit in beiden Lagern immer weiter weg von einer klaren Antwort.

f. Schuld- und Moralumkehr
Die Nutzung des verwaschenen Begriffs ‚Mobbing' erleichtert das Betreiben einer Falle anderer Bauart: Aufgefallene Unzulänglichkeiten (qualitative oder quantitative Mängel, Fehlzeiten, etc.) kann der dadurch in die Kritik Geratene zunächst vor sich selbst (mit zunehmender Routine jedoch umso überzeugter und überzeugender auch nach außen) als Folge von Mobbing darstellen, vorzugsweise betrieben von denen, die ihn ob seiner Defizite kritisieren. Für ihn bietet diese Zuschreibung sozusagen die Quadratur psychohygienisch wohltuender Wirkungen: Einerseits bewirkt er damit einen Selbstfreispruch – er ist nicht schuld an den Mängeln, nicht leistungsschwach, schlecht motiviert, unprofessionell oder kaum belastbar. Andererseits schiebt er damit die Schuld genau jenen zu, die seine Defizite als solche registriert und thematisiert haben. Genau betrachtet findet eine Art Umkehr von Schuld statt, ähnlich wie in unserem landläufigen Umgang mit der Metapher des ‚Nestbeschmutzers', mit der anstelle des tatsächlichen Schmutzfinken üblicherweise der gestraft wird, der den Schmutz entdeckt und (verdienstvollerweise) auf ihn aufmerksam gemacht hat.

Wie werde ich als Mitarbeiter zufrieden und mein Chef mit mir?
Ein guter Mitarbeiter zu sein fällt uns dann besonders leicht, wenn der Chef uns wertschätzt. Für den arbeiten wir gern, und damit meist auch engagiert. Das Geheimnis dahinter ist, dass jeder von uns sich dort besonders

engagiert, wo er die für ihn beste Rendite dafür bekommt, und die ist für fast alle in erster Linie immaterieller, sozialer Art, nämlich Wertschätzung.

Wenn wir im Beruf als bedeutsamem sozialen Umfeld weniger Wertschätzung erfahren als unserem persönlichen Bedarf entspricht, reagieren wir darauf zunächst, indem wir unsere beruflichen und sozialen Anstrengungen vermehren. Bleibt das dauerhaft ohne Erfolg und verbietet sich – aus welchem Grund auch immer – ein Wechsel im Beruf, verlagern wir unser Engagement in ein anderes soziales Umfeld, das uns mehr Wertschätzung gewährt oder verheißt (Familie, Verein, Bürgerinitiative, etc.), und mindern Motivation und Engagement für den Betrieb bis hin zur ‚inneren Kündigung'.

Wertschätzender Umgang in der Hierarchie, als Kollege, Vorgesetzter, Mitarbeiter und unter Kollegen, mit Mitarbeitern, Kunden, hilft bisweilen, das Engagement des frustrierten Aussteigers zurückzugewinnen.

Menschen, denen kein soziales Umfeld erreichbar ist, in dem sie ihren Wertschätzungsbedarf auszugleichen vermögen, reagieren auf diese Ohnmachtssituation bevorzugt im Sinne ihres persönlichen Devianzmusters (Abweichungsmusters). Solche Muster reichen von Aggression nach außen über Süchte, psychiatrische Ausfälle und andere Krankheiten bis zur physischen Autoaggression.

Nur die als echt empfundene Wertschätzung zählt, und diese vor allem von akzeptierten, möglichst von uns selbst wertgeschätzten Partnern. Mitarbeiter differieren im Maß des Anspruchs an Wertschätzung, bisweilen auch der einzelne von Tagesform zu Tagesform. Für den einzelnen das jeweils passende Maß näherungsweise zu realisieren, ist für Kollegen wie Vorgesetzte schwierig, für letztere insbesondere, weil sie selbst es sind, die Aufgaben zumessen

15 Gutes Leben gestalten

und den Ergebnisrückfluss nicht nur organisieren, sondern auch bewerten.

Als Mitarbeiter habe ich Einfluss auf meinen Chef und sein Verhalten. Mit den oben erwähnten allgemeinen Anregungen zum Umgang (Reziprozität, ‚Umdrehen', Charme etc.) ist auf der Basis akzeptabler fachlicher Leistung ein erwartbares Maß an Wertschätzung beim Chef, bei Kollegen und Kundschaft gesichert.

Wie werde ich ein guter und gleichzeitig zufriedener Chef?
Sind wir Vorgesetzte, haben wir die Befugnis zu Anweisungen und den Anspruch auf Folgsamkeit unserer Mitarbeiter in dienstlicher Hinsicht.

Viele Studien belegen den Problemgehalt heutiger Unterstellungsverhältnisse. Die seit 2001 von Gallup Deutschland jährlich vorgelegten Ergebnisse einer repräsentativen Engagementsbefragung unter deutschen Mitarbeitern weist aus, dass zwischen einem Viertel und einem Sechstel der Arbeitnehmer etwa innerlich gekündigt haben und gegen den eigenen Betrieb eingestellt sind, und das im Wesentlichen wegen ungeeigneten Führungsverhaltens ihrer Vorgesetzten.

Und die merken das nicht einmal; denn: nach oben tun die Mitarbeiter schön. Aus diesem Umstand folgt, dass jeder Vorgesetzte beständig ein falsch-positives Bild seines Verantwortungsbereichs erhält. Er muss selbst auf den wahren Wert zurückrechnen. Seine ‚Höflinge' werden ihm dabei nicht helfen; eher könnten das die von ihm als unliebsam erlebten ‚kritischen Geister' – oder aber der teure Consultant. Der Kalif aus ‚1001 Nacht' hat sich, als armer Mann verkleidet, aus seinem Palast in die Gassen begeben, um die Wahrheit über seine Herrschaft zu erfahren. Und die war ganz anders als die Schmeicheleien der Höflinge.

Der problematische Umgang mit Macht ist menschheitsimmanent; oder, in einem Satz formuliert: Die Mutter allen Verrats ist der Verrat der Macht an der ihr zugemessenen Verantwortung. Vorgesetzte erleben ihr Mehr an Macht gern als verdientes persönliches Privileg, was es nicht ist: das (übrigens ja auf dienstliche Angelegenheiten begrenzte) Vorrecht ist ihnen lediglich zugeteilt worden als Werkzeug zur leichteren Wahrnehmung komplexerer Aufgaben und umfassenderer Verantwortung.

Es sind gar nicht viele Ansprüche, die Mitarbeiter an ihren Vorgesetzten stellen: Sie erwarten im Wesentlichen, dass er fair ist, klar und fähig: *fair*, indem er das Eigentliche auf geradem Weg auffasst und mit nur einem Maßstab misst, *klar*, indem er angemessen und unmissverständlich zu erkennen gibt, was er wie erwartet und wie er bewertet, und *fähig*, indem er mit seinen Mitarbeitern motivierend umzugehen und Ziele mit leichter Hand zu erreichen versteht.

Informationen aus dunklen Kanälen (von Zuträgern oder aus Gerüchten) zu übernehmen kostet Vertrauen unserer Mitarbeiter. Krasser noch ist der Vertrauensverlust, wenn wir uns vor anderen, insbesondere Rangniederen, negativ äußern zum Verhalten oder zur Leistung eines Mitarbeiters, sei der Betreffende dabei anwesend oder nicht. Um nicht unbedacht und vielleicht unerkannt andere zurückzusetzen, sollten wir – selbst für ein fälliges Lob – das persönliche, nichtöffentliche Gespräch vorziehen.

Wer als Vorgesetzter Aufgaben für seine Mitarbeiter unpassend zumisst (über- oder unterfordernd), mindert mittelfristig deren fachliches Engagement, ebenso, wenn er ihnen nicht klar die Vorgaben für die erwartete Erledigung mitteilt oder wenn er das Geleistete willkürlich und uneinheitlich bewertet.

Mitarbeiter leben mit der Hoffnung auf ausgleichende Gerechtigkeit und dem Anspruch, dass wir als Vorgesetzte die Gerechtigkeit und die Sanktionsmacht für Schlichtungen besitzen und einsetzen, und zwar: je höher in der Hierarchie wir sind, desto umfassender dieser Anspruch an uns.

Im Falle eines Zwistes erwarten Mitarbeiter von uns als Vorgesetzten Aufklärungswillen, Überparteilichkeit, Interventions- und ggf. Sanktionsbereitschaft. Entsprechen wir solcher Erwartung nicht, wird uns das Vertrauen entzogen, wir werden nicht mehr als Vorgesetzter im umfassenden Sinn, sondern bestenfalls noch als weisungsbefugt erlebt, die Suche nach ausgleichender Gerechtigkeit wird höheren- oder anderenorts fortgesetzt und die Identifikation mit dem Betrieb, der dieses Defizit in so elementarer Angelegenheit offenbar toleriert, wird aufgekündigt – wieder eine innere Kündigung.

Als nächsthöherer Vorgesetzter sollten wir vermeiden, unter Umgehung der in der Hierarchie unter uns eingerichteten Zwischenvorgesetzten unmittelbar deren, ja auch uns unterstehenden, Mitarbeitern Anweisungen zu erteilen, sozusagen ‚durchzuregieren'. Durchregieren bringt Einbußen an Motivation und Ordnung, die kostspieliger sind als die für den korrekten Weg aufzuwendende Zeit und Mühe.

Wollen wir aus gutem Grund mal den unmittelbaren Einfluss auf die zweite Ebene unter unserer, sollten wir bestrebt sein, dass deren, uns unmittelbar unterstellte, (Zwischen-) Vorgesetzte auch zugegen sind.

Neben den Ansprüchen der Mitarbeiter gibt es auch Hoffnungen an uns Vorgesetzte, vor allem die auf unsere Wertschätzung, möglichst auch die von Kollegen, Kunden, Lieferanten und ggf. ihren eigenen Mitarbeitern.

Wir haben konkrete Vorstellungen, wie es in unserem Verantwortungsbereich beschaffen sein und wie es vorangehen sollte. Je konziser unsere Idee davon ist, desto klarer registrieren wir jede Abweichung und desto verärgerter reagieren wir auf deren Verursacher: wir sind eben mängelfokussiert. Darüber und insbesondere in unseren auf Abhilfe der festgestellten Mängel gerichteten Bemerkungen und Gesprächen vernachlässigen wir allzu gern, dass der Urheber dieses von uns als Mangel erlebten Umstands vermutlich eine eigene Sicht dazu hat und vielleicht nachvollziehbare Gründe für das Geschehene, die für uns einiges in anderem Licht erscheinen lassen würden. Das zu erfahren, um optimiert lösungsorientiert damit umzugehen, muss uns aus vielerlei Gründen wichtig sein.

Verbreitete Eigenart bei der Sicht auf Minder- und Fehlleistung ist, dass wir als Vorgesetzte mit Blick auf dieses eine etwaige Manko die in Qualität und Quantität weit überwiegenden Vorzüge dieses Mitarbeiters außer Acht und dann unerwähnt lassen, ihm also die an sich fairerweise zustehende Wertschätzung vorenthalten. Unsere Mitarbeiter wissen gewiss um die Ungerechtigkeit in der Welt; aber müssen auch wir sie so was erleben lassen?

Was tu ich in Sachen Partnerschaft und Freundeskreis?
Die schwierigste Aufgabe in der Gestaltung eines erfüllenden Lebens liegt wohl in Aufbau und Pflege des engeren Umkreises: geeignete Partner- und Freundschaften, schwierig, weil wir hohe und zugleich höchstpersönliche Ansprüche haben und auch, weil unser alleiniger Einfluss nicht ausreicht: wir brauchen Gegenseitigkeit.

Vor allem, den einen, den ‚Lebenspartner', zu finden, dessen Eigenarten eine Beziehung mit uns für die Lebensspanne begründen lässt, nämlich einerseits *hochkompatibel mit unseren eigenen,* andererseits *auf dauerhaft attraktive*

Weise ergänzend zu unseren, der zudem auch *uns in gleicher Weise auffasst,* ist für die meisten so unerreichbar, dass sie sich in uneingestandener Resignation zu einer Entscheidung hinreißen lassen, die bestimmt ist von einem situativen Gefühls- und Willkür-Mix.

Eine auf rein sachlicher Vernunft gründende Entscheidung in dieser Angelegenheit birgt jedoch die Gefahr, der Beziehung ihre Spannung, ihren Zauber zu nehmen und damit das – im Moment sogar höherwertig empfundene – Glück zu zerstören. Nüchtern betrachtet müssten wir für die Partnerwahl vernünftigerweise prüfen, ob wir beide auf langer Zeitachse für den jeweils anderen ein in gleicher Stärke begehrenswerter Partner bleiben werden wie dieser für uns – bei aller Unterschiedlichkeit, die wiederum von beiden nicht als Belastung, sondern dauerhaft als Bereicherung erlebt werden muss.

Ehepartnerschaftliche Attraktivität besteht aus einem feinen Mosaik von Eigenschaften und Eigenheiten vertrauter Ähnlichkeit und anderen von begehrenswert ergänzender Andersartigkeit, das beide Individuen überdauernd als von vergleichbarem Wert erleben und perspektivisch erleben werden. In kleinerem substantiellen und zeitlichem Maßstab gelten diese Bedingungen auch für die Bildung von Freundschaft und Bekanntschaft.

Was bringen Kinder, was verlangt das Erziehen von mir?
Partnerschaft ermöglicht im Regelfall Familienglück. Gemeinsame Kinder und spätere Enkel bringen eine neue Dimension der Zufriedenheit ins Leben, eine als höherwertig erlebte Ergänzung des individuellen und des Paarglücks um eine Sinngebung, die die eigene Lebensspanne meist überdauert. Kinder sind eine frühe, biologisch substantielle Antwort auf die von vielen erst spät gestellte Frage nach dem Sinn ihres Lebens.

Die Steigerung von Führen ist Erziehen.

Erziehen verlangt von uns gegenläufiges Einwirken auf den ‚Zögling'. Wir tun es mit der einen Zielsetzung, ihn an überindividuelle Werte und Verhaltensstandards der gemeinsamen Kultur anzupassen. Das nennen wir Sozialisation und Enkulturation. Damit wollen wir ihm Akzeptanz und Geborgenheit in der sozialen Umgebung erleichtern. Dies ist *Gleichmachung*.

Gegenläufig dazu sind wir bestrebt, den Zögling in und zu den erwünschten Seiten seiner Individualität zu ermuntern und ihn darin zu fördern, um diese zur Blüte zu bringen. Das nennen wir Potentialentdeckung und -förderung. Damit wollen wir ihm die Wertschätzung seiner Einzigartigkeit durch die soziale Umgebung erleichtern, Das ist *Ungleichmachung*.

Der Dualismus dieser vornehmsten Aufgabe der Menschheit überfordert nicht nur die meisten erziehenden Personen (Eltern, Erzieher, Lehrer, Dozenten, Vorgesetzte, etc.), sondern auch die meisten für solche Aufgabe geschaffenen Institutionen (Kitas, Schulen, Hochschulen, Betriebe, Kultusbürokratien und ganze Staaten und sogar Kulturen).

Wessen Kinder auf natürliche Weise ‚gerade' in Umgebung und Gesellschaft hineinwachsen, der sollte auf die erzieherische Wirkung seiner Rolle als fürsorglicher Freund und Mentor vertrauen und ansonsten die hier notierten Empfehlungen leben und weiterreichen.

Bildung, Beruf, Familie – sonst noch was? Gestalten in der Freizeit

Selbst wenn der Beruf bereits kreative Leistungen von uns verlangt, empfiehlt sich in Ergänzung dessen eine Freizeitgestaltung, in der wir etwas (er)schaffen. Das mag gärtnerischer, kulinarischer, handwerklicher, musikalischer, schriftstellerischer oder bildend-künstlerischer Art sein, sollte uns jedenfalls gestatten, gelegentlich materielle oder/und ideelle Unikate zu erzeugen, die ihren Ursprung in unserer Einzigartigkeit, in Unnachahmlichkeit haben, mit denen wir uns identifizieren, an denen wir uns wiedererkennen und mitteilen, uns – und vielleicht auch andere erbauen und durch unsere Individualität anregen und bereichern. Darum geht es viel mehr als um den mittlerweile zum Ramschbegriff denaturierten (vormaligen Adelstitel) ‚Künstler'.

Nicht alles Schöne, mit dem wir uns umgeben wollen, werden wir selbst schaffen können. Bei der Auswahl der uns umgebenden heimischen Ausstattung und Einrichtung können uns zwei Ansprüche leiten, die unsere Umgebung in unserem Sinne wohlgefällig machen: die Gegenstände sollten (in unserem Sinne) *ästhetisch und nützlich* sein. Wenn zudem noch (drittens) mit dem Gegenstand oder seinem Erwerb ein (z. B. Urlaubs-)Erlebnis verknüpft ist: umso besser für unser Wohlfühlen im Nest.

Und sonst? Sich engagieren

Soziales Engagement macht unser Leben mehrfach reicher.

Ob wir uns im Verein ehrenamtlich einsetzen oder für behindertengerechte Stadtgestaltung, für Therapie und Reintegration von Kindersoldaten aus Schwarzafrika oder für die Durchsetzung parteipolitischer Zielvorstellungen für eine bessere Welt: wir gewinnen für uns und die Welt an Wert, indem wir uns und unsere Kräfte jenseits aller Egoismen einem Menschheitsanliegen widmen und uns dafür engagieren, auch wenn uns klar ist, dass dieser Einsatz nicht von allen geteilt wird.

Wir profitieren nicht nur vom reicheren Wissen um die Facetten unseres Engagements, wir machen auch neuartige soziale Erfahrungen, sowohl in der Gruppe der gleichartig Bemühten als auch an unseren Konkurrenten und Opponenten wie auch mit dem Heer der Indifferenten.

Allein die argumentativen Erfahrungen, die wir als Beobachter oder Teilnehmer in streitigen Diskussionen unter den in einer Sache sehr Bemühten machen können, sind äußerst wertvoll. Wir können daraus lernen, voreilig endgültige Festlegungen zu scheuen, stattdessen differenzierungsbereit und für alle Zukunft grundsätzlich aufgeschlossen und neugierig zu bleiben, auch dem gegenüber, das nicht im Einklang mit unserer bisherigen Auffassung und Überzeugung steht, also: uns selbst zu relativieren, was eine menschlich überlegenere, weil überlegtere Daseinsqualität bedeutet.

Was noch? Gelegentlich lehren

Empfehlenswert ist auch, gelegentlich zu lehren, unsere immateriellen Werte weitergeben zu wollen. Lehre ich engagiert, ist diese Tätigkeit ungemein bereichernd für mein gutes Leben, bereichernd in sachlicher, sozialer und persönlicher Hinsicht. Als Lehrender gebe ich ein Ganzes. Jeder meiner in der Regel mehreren, nennen wir sie ‚Teilnehmer' empfängt dieses Ganze von mir. Wenn ich meinen Lehrstoff gut, will sagen: adressatengerecht, nutzenverheißend und einprägsam, überbracht habe, sind mir die Teilnehmer dankbar und geben entsprechendes zurück. Ich habe eins gegeben, erhalte ein Vielfaches zurück – eine äußerst vorteilhafte Aktion.

In der lateinischen Sentenz, dass wir durch das Lehren lernen („docendi discimus') liegt viel gültige menschliche Wahrheit. Wir lernen durch eigenes Lehren sogar doppelt: Zum einen bringt es uns zu einem anderen Blick auf das Lehr-Sujet, das uns bisher nur aus dem Blick des Prüflings und/oder Nutzers vertraut sein musste, nun aber aus der Perspektive des Lehrenden vor Augen steht.

Mindestens ebenso wichtig wie der fachliche ist der menschliche Gewinn: sind wir engagiert, das zu Vermittelnde wirklich für andere Köpfe begreiflich, umsetz-, nutzbar, gar erstrebenswert werden zu lassen, wird uns interessieren, wie diese anderen Köpfe beschaffen, wie sie ansprechbar sind oder gemacht werden können für das zu Vermittelnde, den Vermittler und die möglichen Arten des Vermittelns.

Folglich werden wir unser Sensorium auf das Wahrnehmen dieser Ingredienzien der jeweiligen Ausgangslage hin verfeinern; das schult soziale Wahrnehmung, Empathie und Feingefühl.

Im Bewusstsein dieser einzigartigen Ausgangslage und unseres Schulungsziels müssen wir dann die Spanne unserer glaubwürdigen Verhaltensmöglichkeiten nach möglichst kurzen, für unsere Begleiter nachhaltig attraktiven Wegen ins Vermittlungsziel durchsuchen. Auch das fördert unsere Empathiebefähigung und hilft zudem, unsere Geschmeidigkeit in der Zielerreichung unter jeweils andersartigen sozialen Bedingungen weiterzuentwickeln, und das ist ein zentrales Stück Lebenstüchtigkeit, welches engagiert Lehrende besser entwickeln als ‚Nur-Anwender' desselben Wissens oder Könnens zum Beispiel am Arbeitsplatz.

Regelmäßig oder gar hauptberuflich zu lehren hat, bei allen geschilderten Vorteilen, eine wesentliche Schattenseite: Wer täglich mehrere Stunden die Zentralfigur ist für Lerngruppen, die ihm selbst nicht besonders nahestehen, indem er die gemeinsame Situation gestaltet, wissensüberlegen ist, Aussagen macht, die deutlich wichtiger genommen werden als die von anderen in derselben Gruppe, der wird solche lebensprägende Rollenerfahrung nicht plötzlich neutralisieren (können), wenn er daheim beim Ehepartner, der Familie, im Verein o. ä. auf eine soziale Umgebung trifft, die solch mitgebrachten ‚Alphatieranspruch' der Zentralität nicht ohne weiteres akzeptiert. Er wird kaum hinnehmen wollen, dass ihm hier – immer wieder – die gewohnte Vorrang-Rolle versagt bleibt. Er wird als erschwerend registrieren, dass ihm diese empfundene Geringschätzung gerade von Leuten angetan wird, die ihm besonders nahestehen: tragische Erfahrung für sein von allen übrigen gestreicheltes Ego. Solch tägliches Erlebnis mündet in dem Fazit: ‚Überall werde ich verehrt – zuhause aber bin ich nur ein Putzlappen! Suche ich mir doch lieber eine andere, eine ‚normale' Partnerschaft!'.

Viele Ehen mit Lehrenden kriseln aus diesem Grunde. Meist weiß der Betroffene selbst aber diesen erlebten Mangel nicht richtig zuzuordnen. Und selbst wenn er sich dieser <déformation professionelle>, seiner berufsbedingten Verbildung bewusst wäre, könnte er den Einfluss nicht gänzlich ausgleichen.

Kurz vor Ende die wichtige, schwierige Voraussetzung: Wie finde ich mich selbst?
Um unsere höchstpersönlichen Glücksbedingungen, -erwartungen und -hoffnungen hinreichend klar zu erkennen, sind zwei Blicke nötig, der eine nach außen, der andere nach innen, sodann eine Peilung des wahrscheinlichen alternsbedingten Wertewandels.

- Der Blick nach außen: Soziale Kontakte aller Intensitätsstufen helfen uns, per Vergleich uns selbst in der menschlichen Vielfalt zu verorten: unsere Vorzüge, Defizite, Vorlieben, Abneigungen, etc. Je genauer wir verglichen haben, desto deutlicher konturiert sich das

Bewusstsein unseres Selbst. Wir erkennen klarer, wie leicht uns das eine, wie schwer es dem anderen fällt, wie viel Glück wir aus kleinen, wie wenig andere aus großen Erfolgen beziehen. Wir entwickeln ein Bewusstsein für vergleichende Kosten-Nutzen-Rechnungen, das unser Geben und Nehmen in jedwedem sozialen Kontext perspektivisch optimieren hilft.

- Der Blick nach innen: Antizipatorische Fantasie befähigt uns, den Wert der Befriedigung eines Begehrens für uns persönlich hochzurechnen; ebenso lässt sich der zu dieser Befriedigung nötige Aufwand antizipieren – mit zunehmender Übung umso treffender. Mitunter schließt der Verfolg eines Ziels den Verfolg eines anderen aus. Zur Entscheidung solchen Zielkonflikts müssen wir unseren Aufwand und den persönlichen Erfolgswert beider Optionen miteinander vergleichen.
- Die Peilung alternsbedingten Wertewandels: Unsere Aufwand-und-Ertrags-Rechnungen verändern sich mit der Zeit. Sowohl unsere Genuss-Skala für Erfolge als auch unser Aufwand, ein Genussziel zu erreichen, wandeln sich mit der Erfahrung, also auch dem Alter, desgleichen der Aufwand im Umgang mit Misserfolgen. Betrachten wir alle Altersgruppen, können wir typische Muster solchen alternsbedingten Wandels extrapolieren, um unseren eigenen Wandel näherungsweise zu prognostizieren. Die Prognose wird besser, je näher die Betrachteten uns genetisch sind.

Empfehlung bilanzierenden Rückblicks mit verständnisförderndem Entree
Nicht jeder wird ein so miserables ‚Album-Gedächtnis' haben wie ich, der ich statt nach hinten viel lieber nach vorn gucke, plane, disponiere, initiiere und realisiere – oder verwerfe. Es muss Jahrzehnte zurückliegen, dass ich in eines der vielen (wir haben vier Kinder) Fotoalben geschaut

habe. Heute tröste ich mich über versäumte Albumblätterei mit Revitalisierung der in Summe unzähligen einzigartigen Erlebnisse meiner Elternschaft auf kompensatorische Weise hinweg.

Meine Frau hat da (und nicht nur da) ein völlig anderes Erinnerungsvermögen, erinnert sich an konkrete Szenen, Aktionen und Verläufe quasi als gespeicherte Filmszene! Das kann ich meist nicht da, sondern an anderer Stelle; man ist halt verschieden und meist ergänzend. Ich bin dann überrascht von den ‚mir neuen' Historien meiner eigenen, erlebten Vita, habe kaum Zweifel an der Schilderung meiner Frau, die mitunter von den Kindern bestätigt wird.

Mein – im Moment einziger – Schwiegersohn hat mich dazu gebracht, mal aufzuschreiben, was es in meiner eigenen Existenz an erwähnens-, schildernswerten, möglicherweise auch nachvollziehbaren, Verständnis begünstigenden Individualerlebnissen, -erfahrungen und resultierenden Verhaltensmustern und Ergebnissen gegeben hat, die er an meine Enkel in welcher Form auch immer weiterreichen könnte.

Dieser Aufgabe habe ich mich sukzessive an einigen Feierabenden in Folge gestellt und bin im Rückblick sehr froh über diese Anregung, die ich – überzeugt – an dieser Stelle weiterreiche. Mein notorisch ungeübter Blick zurück hat daraus ein ‚Work-in-progress' werden lassen, eine inzwischen 60 Seiten lange knapp formulierte Notation von biographischen Eigenheiten, die in der Mehrheit individuell und höchst persönlich sind, und in größerer Zahl auch einzigartig sein dürften, und immer noch fallen mir wesentliche Ergänzungen ein.

Im Rückbesinnen ist mir peu-à-peu die unverwechselbare Einzigartigkeit meiner vielgestaltigen Vita bewusst geworden in einer Intensität und Qualität, die ich als demütiger und eher bescheidener Zeitgenosse ohne dieses

Erinnerungs-Puzzle so nicht erwartet haben würde. Als späte Bereicherung erlebe ich es nun in der summarischen Darstellung und rege Sie gern an, Ihre biographischen Eigenheiten, die Ihr Leben einzigartig gemacht haben, in vergleichbarer Weise zu skizzieren. Vermutlich wird auch Ihnen – jenseits etwaiger Tagebuchzeilen – einiges Prägendes in seiner individuellen Bedeutung ins Bewusstsein gelangen.

Was steht unterm Summenstrich?
Häufig, aber nicht zufällig so häufig, sind die Begriffe ‚engagiert', ‚empathisch' und ‚wertschätzend' und andere mit ähnlicher Bedeutung aufgetaucht in diesen Empfehlungen.

Sein Leben ‚abzuleben', solange eben die Uhr tickt, weil man nun mal in diese Welt hineingeboren worden ist, mag biologisches Programm sein, ist aber wohl nicht die Gewähr für ein reiches Leben, auf das wir, älter geworden, mit Freude, Genuss und Erfüllung zurückzublicken erwarten dürfen.

Als Spezies, die sich zugutehält, rational begabt zu sein, u. a. zum Vorausschauen, Planen und plangemäßen, wenngleich geschmeidigen Umsetzen, haben wir als Menschen die Chance, unserem Leben willentlich eine einzigartige Prägung zu geben.

Wir sollten uns über die rein biologische Schicksalhaftigkeit einer im Wesentlichen rein reaktiven Existenz des ‚mit-dem-Strom-Schwimmens' erheben. Dann kann uns gelingen, ein nach Maßstäben des durch uns und in uns identifizierten Selbst angelegtes Leben zu gestalten im Verfolg unserer ureigensten Glücksperspektive: unser gutes/bestes Leben, nicht nur, weil wir ja nicht wissen können, wie's anders hätte werden können.

Dazu Anregungen zu geben, war Zweck dieser Zeilen. Die Entscheidung, sich über das rein vegetative ‚falsche' Programm zu erheben und das selbstbestimmte, ‚richtige' Leben anzustreben, anzulegen und zu leben, verlangt grundsätzlich bereits Engagement, im Zwischenmenschlichen flankiert von Empathie und Wertschätzung. Was immer wir in Richtung dieser selbstbestimmten, glückverheißenden Richtung unternehmen:

> Tun wir's empathisch, wertschätzend und engagiert, wird's besser.

Teil III
Zwischen-
mächtiges

Im Interesse des konstruktiveren ‚Miteinanders' ist mir darum zu tun, unseren Blick über den alltäglichen Horizont zu erheben in drei Ebenen, die unserem unmittelbaren individuellen Zugriff üblicherweise entzogen sind, sei dieser auch noch so impulskräftig. Es ist dies zum einen die Ebene gesamtgesellschaftlicher Entwicklungen, zum zweiten die unserer (auch politischen) Entscheidungspraxis in Sach- und Personalfragen, und drittens die Ebene des Miteinanders der Staaten dieses Globus'.

Indem ich mich in solche Höhen ‚versteige', bin ich mir des Risikos bewusst, milde belächelt zu werden oder gar auch rückwirkend für vorherige Anregungen als vertrauensunwürdig zu erscheinen. Beides täte mir weh; denn sowohl meine Lebenspraxis wie auch das Heer derer, die ich anregen durfte und deren Feedback mich erreicht hat, bestärken mich in meinem guten Gewissen und überzeugen mich von Brauchbar- und Nützlichkeit der Anregungen.

So gebe ich mir einen Ruck und nehme das Wagnis auf mich in der Hoffnung, viele könnten mit mir der Ansicht sein, dass sowohl in unserer gesellschaftlichen Realität als auch in dem Miteinander der Staaten dieses Globus' bei weitem nicht alles zum Besten bestellt ist. Ein Verharren auf dem erreichten Level dürfte daher nicht in Betracht kommen. Wenn wir die rasante Fahrt in Richtung auf den Rand der Klipppe betrachten, auf welchen die Menschheit in ihrer globalen Verantwortung zusteuert (auch ‚Kipppunkt' genannt), dann stellt sich akut die Frage: was tun? welcher Ruck kann unsere Gesellschaft, welcher kann auch die Staaten dieses Globus' auf den raschen Weg bringen, auf dem gerettet werden kann, was durch besseres Miteinander zu retten ist?

16

Aus der Radikalisierung zurück zur vielseitigen Realität

Terror von rechts, Terror von links, Terror der ‚Rechtgläubigen' gegen die ‚Ungläubigen', Amok, Selbstmordattentate, Verschwörungstheorien, Rassismus, Terror gegen andere Pigmentierung, andere Herkunft, Annexion fremden Staatsgebiets, Völkermord, Vertreibung, wir vergessen viel zu schnell, was uns mal bewegt hat.

Die Menschheit wird immer verrückter, und das in einer Rasanz, die uns erschrecken lässt. Bei jeder Nachrichtensendung sind wir auf neue Horrormeldungen gefasst, und immer abgestumpfter im Umgang damit. Nie war die Welt so zerstörungsbereit wie jetzt. Zerstören und Kaputtmachen ist einfach wie nie zuvor mit heutigen Mitteln; Bauen und Gestalten – wie aufwendig!

Was erleben wir da gerade eigentlich? Ist es die Pathologisierung der Menschheit? Ihre Radikalisierung? Der Zerfall einer vormals in Teilen der Welt vorhandenen, kulturübergreifenden Aufgeschlossenheit, eines Respekts für und vor Andersartigkeit, die sich u. a. in Gastfreundschaft und Hilfsbereitschaft ohne Eigennutz ausdrückte? Ist es einfach wuchernde Borniertheit, globale und kollektive intellektuelle Degeneration? Eine bislang nicht erkannte physikochemische Folge unseres schändlich unverantwortlichen Umgangs mit unserer und unserer Nachkommen überlebenswichtigen Umwelt?

Dass unsere Welt immer unruhiger und gefährlicher wird, war schon der Eindruck unserer Eltern, Groß- und Urgroßeltern. Aber das hatte eine andere Ursache: zu deren Lebzeiten hat sich der Radius, aus welcher Umgebung sie Neuigkeiten erfuhren, in erst- und einmalig in der Menschheitsgeschichte dramatischem Ausmaß erweitert.

Die Ururgroßeltern hatten noch einen Nachrichtenhorizont von Nachbarschaft, Ort und Nachbarorten, also einen, aus welchem alle Jubeljahre mal ein in unserem heutigen Sinne dramatisches Ereignis sie beschäftigte. Die Urgroßeltern erfuhren bereits Dramatisches aus dem Land, Großeltern dann aus ganz Europa und Eltern bald darauf aus der ganzen Welt, eine Explosion des Nachrichtenhorizonts in nur drei Generationen, als Folge der Technik- und Medienentwicklung.

Zwangsläufig hat sich aus der in der Menschheitsgeschichte einmaligen sprunghaften Vergrößerung des ‚Radius' eine Vervielfachung des Nachrichtenquantums ergeben, das für uns erreichbar ist. Da wir weder physisch noch psychisch in der Lage sind, das ganze Quantum aufzunehmen und zu ‚verdauen', sondern nur ein (persönliches) Pensum vertragen, gibt es eine ebenso individuelle Art, mit der jeder von uns wegfiltert, was dieses Maß übersteigt.

Überindividuell, also im statistischen Betrachtungswinkel, spricht man auch vom ‚Nachrichtenwert einer Meldung' mit einer Reihe publizistisch belegter Konstituenten. Individuell determiniert ist der

‚Informationswert' für den Rezipienten, der die Faktoren ‚Wissens- und Orientierungswert', ‚Gebrauchswert' sowie ‚Unterhaltungs- und Gesprächswert' für den einzelnen umfasst.

Die exponentielle Erweiterung des Horizonts, aus dem unsere Altvordern zwangsläufig immer mehr Informationen erhielten, musste ihnen den Eindruck vermitteln, dass die Welt immer vielgestaltiger, unruhiger, unberechenbarer werde, zunehmend aus den Fugen zu geraten drohe. So kommt es gewiss zu der bei Älteren verbreiteten nostalgischen Einschätzung, dass früher alles übersichtlicher, verlässlicher und heimeliger – eigentlich besser – gewesen sei, eine Bewertung, die faktisch leicht zu widerlegen ist.

Aus der vorbenannten Explosion der Nachrichtenfülle erwächst ein weiterer Effekt. Bei dem Vielen, was global passiert, beschäftigt uns naheliegenderweise bald nur noch das Außergewöhnlichste, Aufregendste, Schlimmste. Hatte in der engen Nachrichtenwelt unserer Urgroßeltern noch ein Beinbruch im Dorf, ein Einbruch im Stadtteil das, was Medienleute ‚Nachrichtenwert' nennen, werden wir von einem gleichwertigen Ereignis heute kaum erfahren, oder, wenn doch mal, nicht groß Notiz nehmen.

Einzig Naturkatastrophen, Revolutionen, Kriege, Terror oder – weit seltener – auch deren positive Äquivalente sind in unserem heutigen, globalen Nachrichtenhorizont meldungswürdig und damit bisweilen auch wert, dass wir möglichen Rezipienten uns dafür interessieren, dass wir uns der neuen Situation annehmen – kurzzeitig; denn das nächste Großereignis überlagert rasch die kurze Anteilnahme. Diesen Effekt können wir ‚Banalisierung der Nachrichtenqualität durch Explosion der Nachrichtenquantität' nennen, oder, auf den einzelnen Zeitgenossen gemünzt: ‚Teilnahmslosigkeit durch Gewöhnung'.

Die um Größenordnungen erhöhte Quantität der uns verfügbaren Nachrichten hat unmittelbar die Qualität unserer empathischen und emotionalen Beteiligung mit den Geschehnissen verändert. Unsere drei Vorgängergenerationen haben dank dieser beiden Effekte das Bild von einer zunehmend unruhiger, extremer und gefährlicher werdenden Welt in sich entstehen lassen müssen, eines von exponentieller Beschleunigung existentieller Gefährdung.

Aufmerksame Begleiter von Angehörigen der Groß- und Elterngenerationen werden beobachtet haben, dass diese vertrauten Personen mit zunehmendem Alter besorgter und verunsicherter wurden. Diese Entwicklung werden sie möglicherweise als typische Begleiterscheinung physischer und psychischer Alterung bewertet haben, was sie nicht ist; denn in Generationen vor der Nachrichtenexplosion und ihrer psychisch verunsichernden Wirkung waren ‚die Alten' in ihrer Umgebung die traditionellen Horte erfahrungsbasierter Sicherheit und somit Pole der Beruhigung für ihre lebensjüngeren Nächsten.

Hier hat sich in nur drei Generationen das bisher menschheitsimmanente Gefüge der Funktionen und Rollen der Generationen zueinander in entscheidender Hinsicht gewandelt, fast ins Gegenteil verkehrt, was bislang offenbar weder erkannt noch in den Auswirkungen beforscht worden ist.

Wir Heutigen sind ja in dieser bereits veränderten Nachrichtenwelt aufgewachsen und an sie gewöhnt. Für uns ist sie seit Anbeginn globalisiert (Quantität) und banalisiert (Qualität). Vielzahl und Außergewöhnlichkeit täglich aufrüttelnder Meldungen scheinen uns hinnehmbar, eher normal, fast lapidar. Dabei haben wir uns wegen unseres begrenzten Emotionenhaushalts ein persönliches Verfahren angeeignet, mit dem wir unsere empathische und emotionale Anteilnahme am erfahrenen

Geschehen ausrichten. Dieses berücksichtigt die zwei Parameter: ‚Außergewöhnlichkeit' und ‚persönlicher Bezug'; je absonderlicher, desto einprägungs- und mitteilungswürdiger; je näher am eigenen Schicksal, desto präsenter und verknüpfter mit dem, was gerade anliegt.

Dennoch sind auch wir Gegenwärtigen in ähnlichem Ausmaß wie unsere Vorfahren irritiert über einen Trend in unserem Nachrichtengeschehen und -konsum, seit mehr als zwei Jahrzehnten. Wir erleben eine beschleunigend um sich greifende Radikalisierung von Menschen und deren Gruppierungen, die sich in Fanatismus, Gewissenlosigkeit, Pathogenität, Brutalität, Extremismus und Terror manifestiert.

Wie kommt es dazu? Liegt hier eine objektiv festzustellende Entwicklung der Ereignisse in der Welt zugrunde, ein mit Fakten bestätigter Trend, dessen Ursachen es zu identifizieren gilt? Oder ist dieses Erleben die Folge einer kollektiven Wahrnehmungsverzerrung bei uns, den heutigen Subjekten, welche die Meldungen empfangen, also ein Resultat sich ändernder Aufnahme und Bewertung von Information durch unsere jetzige Generation?

Als heutige Empfänger von Nachrichten aus aller Welt sind wir gewiss nicht hysterischer geworden im Bewerten des Ungewöhnlichen, des medienfähigen Ereignisses; eher im Gegenteil: heute gehen wir sogar deutlich unaufgeregter mit dem Außergewöhnlichen um, als dies noch vor dreißig oder vierzig Jahren unsere Eltern getan hätten. Daraus folgt, dass unserem Eindruck zunehmender Radikalisierung tatsächlich eine faktische Entwicklung in der Welt zugrunde liegt, wie eingangs ausgeführt: ‚Terror von rechts, …Rechtgläubige, …Amok, …Selbstmordattentate, …Völkermord, …Verschwörungstheorien'.

Was hat sich für die gegenwärtige Generation, die das globale Geschehen zu Lebzeiten bereits gewohnheitsmäßig zu registrieren oder zu ignorieren gelernt hat, nun so grundlegend verändert, dass sich ihr der Eindruck aufnötigt, die menschheitsbestimmte Welt würde unaufhaltsam schlimmer? Was ist es, das die Zunahme (Quantität) der schlimmen Menschentaten verursacht und die gleichzeitige Steigerung ihrer Exzessivität (Qualität)? Was kann also insgesamt die Radikalisierung unserer Mitmenschen erklären?

Geändert hat sich die Seite der *Anbieter und Übermittler* von Informationen und zugleich die Seite heutiger *Nachfrager und Konsumenten,* beide grundlegend.

Unsere Ururgroßeltern erfuhren das Neue aus ihrem engen Nachrichtenhorizont über persönlich bekannte Berichterstatter, deren Seriosität für sie persönlich in etwa einschätzbar war. Angehörige unserer Großeltern- und Elterngeneration bezogen ihre Informationen aus der größeren und später globalen Umwelt über vornehmlich journalistische, auch mal diplomatische Quellen, also typischerweise über professionell eingesetzte und kontrollierte Institutionen und deren Mitwirkende mit entsprechender Faktentreue, die auftragsbedingt zwar einen unterschiedlichen Stil des Umgangs mit Informationen gepflegt hatten, aber doch der Wahrhaftigkeit einerseits und einer gewissen Neutralität andererseits verpflichtet waren.

Heutige Zeitgenossen leben in einer völlig anderen Informationswelt. Internet und ‚soziale Netzwerke' haben sowohl auf Anbieter- als auch auf Nachfrageseite der Informiertheit völlig andersartige Bedingungen entstehen lassen, an deren ‚Kinderkrankheiten' die Gesellschaften gegenwärtig laborieren, deren pandemische Folgen jedoch kaum im allgemeinen Bewusstsein sind – trotz einschlägiger Hinweise.

Internet und soziale Netzwerke ermöglichen heute nahezu jedem zu jeder Zeit den Zugang zu nahezu jeder

Information, die er oder sie will (Nachfrager). Zudem ermöglichen sie nahezu jedem zu beliebiger Zeit, beliebige Informationen in nahezu beliebiger Form für beliebige Zugriffsinteressenten bereitzustellen (Anbieter). Beide fundamentalen Veränderungen haben dramatische Auswirkungen für (eigentlich auch gegen) alle.

Dieser zweiseitige Wandel führt uns in eine gänzlich andere als die bislang halbwegs vertraute Welt der Informationen und deren Rezeption, eine mit sehr tiefgreifenden und extrem bedrohlichen Perspektiven, die nur mit großen, koordinierten, unter derzeitigen Auspizien jedoch eher unwahrscheinlichen Anstrengungen zu neutralisieren oder zu kontrollieren sein wird.

Informationssuchende heute können kaum mehr so sicher sein, wie jemals zuvor, ob die gefundene Information nun objektiv oder subjektiv ist, faktisch oder spekulativ, diesseitig oder transzendent, ausgewogen oder einseitig, nüchtern oder tendenziös, redlich oder manipulativ, richtig oder falsch. Diese Uneinheitlichkeit beschränkt sich nicht auf Akzentuierungen in der Darstellung, sondern generiert oft völlig andere, auch gegenteilige Bewertungen des Geschehens, häufig kontrafaktische oder völlig fiktionale Berichte und Darstellungen.

Sowohl die Spreizung in jedweder qualitativer Hinsicht als auch die Quantität verfügbarer Information haben einen vorläufigen Höhepunkt erreicht. Nicht einmal theoretisch wäre uns möglich, die Überfülle der verfügbaren Informationen an uns heranzulassen. Die ist unbewältigbar. Nie war sie das mehr als heute.

Wir müssen auswählen, können auch nicht anders. Das machen wir individuell recht unterschiedlich. Jede/r hat eigene Prinzipien, Kriterien und Neigungen, die auch noch wechseln können. Ein im Groben verlässlicher äußerer Maßstab für die Werthaltigkeit der

Informationen, die wir aufnehmen, und auch derer, die wir tunlichst ignorieren sollten, steht uns heute weniger zur Verfügung als jeder Generation zuvor.

Ohnehin gibt es keine unbestreitbare Objektivität in der Welt. Unumstößliche Instanz für ‚richtig' oder ‚falsch' existiert nicht real, sondern nur im Bewusstsein von Gottes- und Ideologiegläubigen. Umso schwieriger wird uns Zeitgenossen die Orientierung und Unterscheidung zwischen vertrauenswürdigen und weniger vertrauenswürdigen Informationen, weil Nachrichten völlig unzensiert und unkontrolliert verbreitet werden von Individuen, Organisationen und Parteien, die ihre jeweiligen Interessen und somit auch ihre Sicht und Wertung der Geschehnisse in welchem Gewand und welcher Tarnung auch immer schamlos und ausschließlich interessengesteuert in die Welt stellen.

Auch traditionelle, der journalistischen Professionalität verpflichtete Medien differieren heute stark im Umgang mit ihrem Nachrichtengut, und zwar nicht nur von einer Kultur zur anderen, sondern, wie jede/r immer wieder vor Augen geführt bekommt, in jeder einzelnen Kultur und Gesellschaft, auch in der zivilisatorisch weitest entwickelten.

Da die heute zugreifbare Informationsfülle uns unermesslich viele Wahlmöglichkeiten der Realitäten bietet, da auch die Differenzen in Qualität und Wahrhaftigkeit heute unübersichtlicher geworden sind als je zuvor, und es weniger als je zuvor vertrauensvolle qualitative Orientierung gibt für uns, bleibt uns nur eine individuelle, damit auch recht arbiträre Selektion.

Uns ist zu eigen, dass wir ungern im Widerspruch leben. Noch weniger gern tragen wir einander ausschließende Haltungen mit uns herum zu den (vermeintlichen) Fakten und Geschehnissen dieser Welt. Wir suchen Konsistenz und Widerspruchsfreiheit in unserer individuellen Beziehung zur Welt, im Inneren wie im Äußeren, sind also lieber insgesamt ‚überzeugt' oder ‚im Zweifel' in selber Angelegenheit, als beides zugleich.

Uns empfiehlt sich folglich, zur Vermeidung solch unwillkommener kognitiver Dissonanzen, unsere persönliche Informationspolitik einhellig zu gestalten, also Informationen zu bevorzugen, die widerspruchsfrei in das bereits vorhandene Muster passen. Wir sorgen also für Konkordanz in unserer selektiv organisierten persönlichen Informationsaufnahme und -akzeptanz. Diese Einseitigkeit verstärkt unsere Überzeugtheit im jeweiligen Standpunkt.

Je wesentlicher uns der Standpunkt ist – und seine Bedeutung nimmt zu mit der zur subjektiven Gewissheit gewordenen Überzeugung –, desto abwegiger erscheint uns jede andersartige Sicht. Wir werden intoleranter, meiden zunehmend den Austausch und bald darauf die Begegnung mit vormaligen Weggefährten, deren abweichende Überzeugung uns nun zunehmend irrational bis pathogen vorkommt.

In manchen dieser vormals akzeptierten Partnern hat vielleicht zeitgleich ein ähnlicher Prozess selektiver Informationspolitik und Selbstaffirmation stattgefunden, vielleicht zum selben Gegenstand, jedoch in anderer Richtung. Unsere Distanz wird dann größer, unsere zunächst partielle Abneigung totaler, die Kontakte werden seltener. Die Auswirkung ist zunehmende Entfremdung wegen unvereinbarer Auffassungen. Hier ist die ‚Ära Trump' und die Spaltung der US-Bevölkerung das wohl augenfälligste von unzähligen gegenwärtigen Beispielen.

Wir ziehen nun den Austausch vor mit denen, die uns bestärken in unseren Werthaltungen, Einstellungen und Überzeugungen; und wir bestärken diese wiederum in einer spiralförmigen Wirkungsfortpflanzung des Musters *‚ich bin überzeugt, dass Du Dich nicht irrst, weil ich – (ver-*

meintlich) unabhängig davon – zur gleichen Überzeugung gelangt bin, und Du bist auf Basis Deiner – von meiner (vermeintlich) unabhängigen – Quellenlage ebenso überzeugt, dass (auch) ich mich nicht irre; wie kann auf solch (quasi-) objektiver Datenlage jemand noch anderer Einschätzung sein? Solch (quasi-) objektivierte Einschätzung gibt mir das Recht zur Kategorisierung: Das ist abwegig, bzw. pathogen. Wir Gesunden müssen uns, um nicht auch der klinischen Abwegigkeit verdächtig zu werden, weit genug davon absetzen'.

Da solcher Prozess zunehmend unwidersprochener, durch Selbst- und dann auch soziale Verstärkung und Verabsolutierung zu exklusiver einziger Wahrheit ausgewachsener Überzeugung weder durch argumentative noch durch soziale Einflussnahme aufgebrochen werden kann, ist eine Radikalisierung in Gang gesetzt, die – je nach Sujet der Überzeugung – auch extreme Tatbereitschaft zur Folge haben kann.

Wie lässt sich dieser gefährliche Trend solcher quasi-automatischen durch dissonanzvermeidende Selektivität der Informationszulassung im Multiversum des Verfügbaren neutralisieren oder wenigstens mindern, der in seiner selbstverstärkenden Stringenz zwangsläufig zu Radikalisierungsprozessen führt?

Es gibt erste bescheidene Versuche, im ‚Netz' Signale und Prozeduren einzurichten, die auf die gröbsten Verstöße gegen das (nicht existente) Wahrhaftigkeitsgebot hinweisen. Diese werden allerdings immer wieder angefeindet mit dem Argument, sie würden die ‚Freiheit des Netzes' angreifen und konterkarieren.

Wir wissen um die vielen selbstverstärkenden ‚Ismen', von denen der ‚Islamismus' nur die derzeit häufigst diskutierte Spielart ist. Hier zeigt sich übrigens ein sprachbasiertes Problem der beobachtbaren Lagerbildung in unserer Gesellschaft. Jedem Deutschen ist die Semantik der Nachsilbe ‚ismus' im Sinne von ‚übersteigernd' geläufig. Der Begriff ‚Islamismus' hat aber in betroffenen Kulturen kein sprachliches Äquivalent. Dort wird stattdessen ‚Islam' gesagt und geschrieben. Die Folge ist, dass die Ablehnung des extremistisch radikalisierten ‚Gotteskriegertums' nun dort missverstanden wird als Feindseligkeit gegenüber der gesamten Religion und Kultur. Welch folgenreiches lexikalisch begründetes Fehlverständnis!

Wir wissen um die Unkultur der ‚Fake-News'; wir wissen auch um die aus obiger Mechanik selektiver Selbstverstärkung bis ins Absolute entstandenen ‚Verschwörungstheorien', deren Absurdität ihre Verbreitung kaum wesentlich zu beeinträchtigen scheint, weil ihre Adepten sich bereits in derselben realitätsfernen Informationsblase aufhalten und in der gleichen Spirale einer Wirkungsfortpflanzung winden.

Wir wissen auch, dass wir gesellschaftlich kaum in der Lage sein werden, beim Vertrauensstand gegenwärtiger psychiatrischer Wissenschaftlichkeit und Objektivitätsnähe unter Rechtsstaatsbedingungen justitiable Einweisungen devianter Zeitgenossen in therapeutische Einrichtungen durchzusetzen (solche Möglichkeiten hätten Trump und viele andere Unglücksfälle krankhaften Geistes an Hebeln des Menschheitsgeschicks verhindern helfen).

Auch wissen wir, dass weder das ‚Netz' noch die ‚asozialen Netzwerke' aus der Welt oder auch nur aus unserer gesellschaftlichen oder staatlichen Kultur entfernt werden können. Was bleibt an Möglichkeiten, wenn die vermeintlichen ‚Rechtsgüter' ‚Freiheit des Netzes und der darin bereits existierenden Netzwerke' und ‚staatlicher Schutz seiner Bürger vor extremistischer Bedrohung' miteinander kollidieren? – Kaum etwas!

Trost beziehe ich in Erinnerung an die ‚Stiftung Warentest', einer bis heute existierenden, vertrauenspendenden und vertrauenswürdigen, inzwischen über die Jahre zur Institution gereiften halbstaatlichen Einrichtung. Wer in der kaum überschaubaren Vielfalt der im Markt vorhandenen Produkte seriöse, faktenbasierte Orientierung sucht, findet sie dort. Experimentelle, mit klar dargelegten Kriterien und Parametern, wiederholbaren Prüfungen und falsifizierbaren Ergebnissen kenntlich gemachte Untersuchungen der vorhandenen Alternativen bieten ihm/r die verlässlichen Bewertungen hinsichtlich seiner/ihrer individuellen Ansprüche. Toll!

Ein vergleichbar vertrauenswürdiges Institut (vielleicht ‚Stiftung Wahrheitstest', ‚Vertrauens-Check', ‚Sachtreue', ‚Faktencheck', ‚Seriosität' o. ä.), das unter gesamtgesellschaftlicher Kontrolle mit wissenschaftsbasierten und allgemein zugänglich gemachten nachvollziehbaren Kriterien, mindestens im Groben die Spreu vom Weizen der Information und ihrer Quellen unterscheidbar macht und der vielerorts feststellbaren Hilflosigkeit in der Orientierung in der dank Überflutung orientierungsarm gewordenen Welt als ein ‚Navi' dienen kann, wäre eine erste Idee aus der erwarteten und ansatzweise bereits erlebten Misere sich zunehmend verstärkender Radikalisierung.

Vielleicht gelingt in unserer Zeit von nie dagewesener Vielfalt der Orientierungen und Gestaltung individueller Existenzen, wenigstens einen vertrauenswürdigen Pflock in das unübersichtlich gewordene Gelände zu rammen, der verlässliche Orientierung ermöglicht. Die würde vermutlich von der Minderheit derzeitiger ‚Blasenbewohner' gar nicht gesucht, aber von der (noch großen) Mehrheit außerordentlich begrüßt werden, weil sie im Kriterium Seriosität (vielleicht ‚nutriscoremäßig') unterscheiden hilft.

Solches Angebot vertrauenswürdiger Orientierung hätte, so bin ich überzeugt, derzeit noch die Chance, uns vor einigen Auswüchsen des wuchernden Extremismus' zu bewahren. Zwar würde solch ein Angebot verlässlicher Information die (im Moment noch) Minderheit der bereits ‚Abgedrifteten' wohl nicht in die reale Welt zurückholen. Aber die in der Zeit solcher Umwälzungen noch an der Realität orientierte Mehrheit verdient, dass wir uns jetzt intensiv um Kennzeichnung verlässlicher Quellen bemühen. Es ist Eile geboten, damit sich die Bezugsrahmen nicht schon in einer fiktiven statt der realen einen Welt justieren.

Solch ein Institut rege ich an für die Republik, weniger im Interesse meiner selbst, aber vermutlich vieler Landsleute. Besser wäre eine UN-Einrichtung mit Vertrauenswert, weil die Radikalisierung technisch wie menschlich globale Ursachen und Ausmaße hat, die alles Leben gefährden.

Ich bin in Sorge.

17

Aus der naiven in eine qualitative Demokratie

Gegenwärtige demokratische Praxis vernachlässigt Wesentliches, indem sie ausschließlich quantitativ eingerichtet ist. Bei Entscheidungen hat jeder Abstimmende mit seiner Stimme denselben Einfluss auf den anstehenden Beschluss: als einzelner Bürger wie der andere Bürger, als Mandatsträger wie der andere Mandatsträger, als der Repräsentant eines Bundeslandes wie der eines anderen, und auch eine Nation wie eine andere der EU.

Um die dringend reparaturbedürftige, naive Einseitigkeit der gängigen nur quantitativen Entscheidungsprozeduren, die trotz ihrer stupenden Primitivität heute noch als ‚demokratisch' durchgehen, mal drastisch vorzuführen, konstruieren wir das (vielleicht wünschenswerte) künftige Modell einer zu bindenden Entscheidungen befugten UN-Vollversammlung. Deren Statuten sähen – nach derzeit vielfach praktiziertem Muster – gleiches Stimmrecht aller ihrer Mitglieder vor, was überschaubar einfache, für jeden auf den ersten Blick zweifelsfreie

Entscheidungen nach der Auszählung aller knapp 200 Stimmen der Mitgliedsstaaten zur Folge hätte.

Die in dieser Sitzungsperiode in langen Debatten zur Abstimmung vorbereitete, künftig alle Mitgliedsstaaten verpflichtende Entscheidung beträfe Maßnahmen zur Senkung der Welttemperatur durch geeignete, von jeder einzelnen Volkswirtschaft der Welt umzusetzende Maßnahmen.

Ohne große Misstrauensbegabung scheint mir gewiss, dass Staaten wie Mali, Tschad, Simbabwe, Botsuana, ähnlich auch Paraguay, Bolivien, Mongolei und Afghanistan weit weniger bereit wären, im Sinne sofortiger für sie teurer Aufwendungen abzustimmen als die gleichermaßen stimmberechtigten Mitglieder Palau, Kiribati, Fidschi, Salomonen, Mikronesien, Vanuatu, auch Bangladesch, die Niederlande und andere. Allerdings wären diese dem Meeresspiegelanstieg schutzlos preisgegeben, also untergangsbedroht – extrem betroffen.

Vielleicht wäre allenfalls einigen fantasiebegabten Bolivianern vorstellbar, dass tausend Bangladeschis und vierzig Mikronesier das Heil ihres Überlebens auch mitten in Südamerika suchen könnten und damit u. U. auch ihr Binnenstaat indirekt ein wenig betroffen sein könnte. Insgesamt würde eher gelten: der Untergang der weit entlegenen Heimat der anderen würde stirnrunzelnd gegenübergestellt den wichtigen nationalen Eigeninteressen – mit voraussehbarem Ergebnis für das eigene Votum: vital betroffen die einen, im Vergleich dazu marginal betroffen die anderen; aber beider Stimmgewicht wäre gleich.

Dass es so nicht bleiben kann, dass diese Abbildung der Interessen in der Abstimmung eine zutiefst ungerechte Schiefe aufweist, ist wohl nachvollziehbar. Sie ist nicht erst in der Auswirkung sondern bereits in der Konzeption unverantwortlich angelegt, nämlich unter

Außerachtlassung der (neben der *Quantität*) zweiten relevanten Dimension: der *Qualität*, hier dem Ausmaß der Betroffenheit vom Ergebnis der Entscheidung. Und dabei spielt keine Rolle, ob es sich im Muster um Mehrheits- oder Verhältniswahlrecht handelt.

Analog zu dem fiktiven UN-Beispiel könnte ein plebiszitärer Bürgerentscheid einer Großstadt wie etwa Mannheim vorgesehen sein zur verbindlichen Entscheidung über die ‚autofreie Innenstadt'. Da theoretisch kein Bürger mehr wert sein darf als ein anderer, würde sich aus Prinzip als Entscheidungsverfahren nur die gleichwertige Behandlung jeder einzelnen abgegebenen Bürgerstimme empfehlen. Wäre diese Entscheidung ‚gerecht' zu nennen? Sachgerecht wäre sie wohl kaum angesichts der extrem unterschiedlichen Betroffenheiten unter den Votierenden. Die würden von ‚nahe null' bis dicht an ‚hundert Prozent' divergieren, wie sich leicht ausmalen lässt, wenn wir den Betreiber einer Kfz-Werkstatt in der City vergleichen mit dem am Stadtrand residierenden Handelsvertreter.

Plebiszite können äußerst ungerechte Wirkungen entwickeln, ein wichtiger Grund für unsere repräsentative Form demokratischer Entscheidungen. Aber auch diesen fehlt die angemessene Berücksichtigung der qualitativen Dimension.

Wenn im Stadtrat zu entscheiden ist, ob in Straßen des östlichen Stadtteils Leitungen für eine Fernwärmeversorgung verlegt werden sollen, werden im betroffenen Stadtteil recht unterschiedliche Interessen der von der Entscheidung betroffenen Bewohner vorhanden sein. Die aufwendigen Baumaßnahmen und damit verbundenen Beeinträchtigungen werden bei vielen Anwohnern einige Befürchtungen auslösen. Von anderen wird die mittel- und langfristige Perspektive ökologischer und auch ökonomischer Verbesserung als begrüßenswert erlebt werden.

Die fernab wohnenden Besitzer von Immobilien in den betroffenen Straßenzügen werden andere Interessen mit der anstehenden Entscheidung verbinden als die in diesen Anrainerhäusern eingemieteten Rentner, und diese wiederum andere als die Studenten dortiger Wohngemeinschaften oder die Eltern schulpflichtiger Kinder dortselbst. Diese vier Beispielgruppen wären (mit ihren divergierenden Interessen) unmittelbar betroffen vom Abstimmungsergebnis im Stadtrat. Dort sitzen ja auch die von den unterschiedlich Betroffenen dorthin per Wahl entsandten Räte, vielleicht fünf an der Zahl.

Das Ergebnis wird jedoch maßgeblich bestimmt werden von den dreiunddreißig Stadträten, die als Repräsentanten von nicht Betroffenen mit gleichem Stimmgewicht die Entscheidung dominieren. Sie repräsentieren Wähler aus völlig unbetroffenen Gegenden, allerdings mit ihrem zahlenmäßigen Mehrheitsgewicht zum Nachteil der Betroffenen. Quantität ist nur die eine, wir brauchen auch die andere Dimension für angemessene demokratische Entscheidungen: die qualitative Repräsentanz der Betroffenheit!

Schlimmer noch wirkt sich diese Naivität unserer gegenwärtig praktizierten rein quantitativen demokratischen Verfahren aus, wenn nicht divergierende sondern einhellige Interessen der Betroffenen durch die rein quantitative (One-Man-One-Vote)-Demokratieprozedur gänzlich untergepflügt werden. Alle betroffenen Bürger eines Stadtteils, Eltern oder nicht, wollen eine wohnortnahe Grundschule. Die Infrastruktur wäre vorhanden. Das gesamtstädtische Entscheidungsgremium entscheidet mehrheitlich dagegen.

‚Mehrheitlich' ist der einseitige Begriff in unserer naiven – ich neige dazu, sie ‚primitiv' zu nennen – Demokratiepraxis, die (im Verein, Stadtrat, Bundestag, EU-Parlament und in Globalgremien) das Ausmaß möglicherweise äußerst unterschiedlicher Betroffenheiten von den Wirkungen der Sachentscheidungen, also die qualitative Dimension, völlig unberücksichtigt lässt. Das Ausmaß der erwartbaren Betroffenheit der Abstimmenden vom Ergebnis der Entscheidung muss sich im Gewicht ihrer Stimmen abbilden, bzw. im Gewicht der Stimmen ihrer Mandatsträger.

Wer aber könnte differentiell die pro Abstimmungs-Angelegenheit zu vergebenden, nach Betroffenheit unterschiedlich zu bemessenden Stimmgewichte der Abstimmenden gerecht zumessen? Es wird nicht leicht sein, nahezu einvernehmlich eine vertrauenswürdige Instanz einzurichten, die den in unterschiedlichem Maß vom auszurechnenden Ergebnis der Entscheidung betroffenen Abstimmenden ihr Mehr an Stimmgewicht zuteilt. Ein nach Kriterien überparteilicher Integrität zusammengesetztes Bürgerforum könnte damit betraut werden. Hier ist wissenschaftlich und gerichtlich unabhängige Neutralität die gefragte Bedingung für die erforderlichen Differenzierungen der Stimmgewichte in *Sachfragen*.

Auch Entscheidungen in *Personalfragen* werden vielfach demokratisch getroffen. Allerdings geschieht auch dies bislang in einer reparaturbedürftigen Weise. Wie lässt sich mit vertretbarem Aufwand hier eine qualitative Ergänzung der naiven, weil nur einseitig quantitativen Arithmetik herbeiführen? Das auszuwählende Personal soll ja für bestimmte, unterschiedliche Funktionen vorgesehen werden. Jede dieser Funktionen stellt eigene Ansprüche an ihre/n Inhaber/in.

Der demokratisch zu wählende Präsident der Vereinigten Staaten z. B. hätte – als dann amtierender ‚mächtigster Mann der Welt' – einer Reihe gewichtiger nationaler und sogar internationaler Erwartungen zu genügen. Wir alle wissen, wie es gekommen ist. Gewählt wurde er nach Kriterien, die mit den an das Wahlergebnis zu stellenden Qualifikationskriterien kaum eine Berührung, geschweige denn eine gewisse Entsprechung aufwiesen. Resolutheit ('you are fired') im TV-Format 'Apprentice' und eine von der 'Maske' optimierte 'telegene' Erscheinung erfüllen die national wie international erwarteten (unter unseren 'primitivdemokratischen' Bedingungen allerdings nur zu erhoffenden) Kriterien der Begabung und Eignung bestenfalls in einem akausal glücklichen Zufall. Ins Verbrecherische pervertierte Egomanie wird durch kriterienunabhängige, rein quantitative Entscheidungsgänge nicht sicher ausgeschlossen.

Seit vielen Jahren beklage ich vor mir selbst und vertrauten Personen, wie sehr der gerade Wuchs, das symmetrisch gewachsene Gesicht, die angenehme Stimmqualität, das allgemein als 'gewinnend' eingestufte Lächeln und eine ganze Reihe weiterer, für die geforderte und erwartete Ausübung des zur Nachbesetzung anstehendes Amtes völlig irrelevanter oder unbedeutend nachrangiger physischer Attraktivitätsmerkmale anstelle der tatsächlich relevanten und geforderten Eignungseigenschaften und -fähigkeiten sich wahlentscheidend durchsetzen. Als heutiger Meinungsforscher würde ich mit vergleichbaren Bild- und Stimmauftritten von Kandidaten ähnlichen Ranges gewinnsichere Prognosen auf den umkämpften Wahlsieg wagen. Wieviel Steinzeit ist heute noch in unseren Wahlen, in dieser Zeit der Entscheidung über aller Überleben?

Damit soll nicht 'a priori' jedem gewählten Funktionsinhaber eine minderwertige Qualifikation für sein Amt unterstellt werden, sondern nur eine differenzierende, die Qualifizierungsdimensionen berücksichtigende Mandats- und Funktionszuteilung angeregt werden. Was wären denn z. B. wahlrelevante Kriterien bei der Nachbesetzung eines Kämmerers in der Kommune? Was, im Unterschied dazu, wären die Ansprüche an Eignung und Befähigung, die an die Kandidaten für das Amt des Oberbürgermeisters zu stellen wären?

Hier müsste die Wahlkommission in Anbetracht der zu besetzenden Funktion und ihrer Erfordernisse die relevantesten Eigenschaften und Fähigkeiten des zu wählenden Wunschkandidaten benennen, vielleicht zwei bis fünf an der Zahl. Für den Posten des Kämmerers wären vermutlich Kriterien wie ‚Vertrauenswürdigkeit' und ‚rechnerische Befähigung' erstrangig. Hernach könnte jeder Stimmberechtigte (statt der heute einen Pauschalstimme für Kandidat/in X) zwei einzelne voneinander unabhängige (Eigenschafts-) Stimmen an (möglicherweise verschiedene) Kandidaten vergeben, die ‚Vertrauensstimme' dem aus seiner Sicht vertrauenswürdigsten der Kandidaten, die ‚Rechnerstimme' dem Kandidaten, der seiner Ansicht nach diese Wunschbedingung am besten erfüllt.

Bei den OB-Kandidaten denke ich z. B. an eine Stimme für die ‚Integrität' (eine moralische: Umgang mit verliehener Macht), eine andere für die ‚Befähigung zur Lösung komplexer Aufgaben', und eine dritte, die der erwarteten ‚sozialintegrativen Führungsbegabung' Rechnung trägt. Jeder Abstimmende hat damit – und das ist wichtig: im Bewusstsein des qualitativen Anforderungsprofils der zu besetzenden OB-Funktion – ein in diesen Qualitäten differenzierendes Votum in Gestalt dreier voneinander unabhängiger Stimmen abzugeben. Es wäre vermutlich nicht die Regel, dass alle drei unterschiedlich gemünzten Stimmen eines Wahlbürgers auf denselben Kandidaten abgegeben würden. Auf solche Weise würden wir weniger Blendern und Rosstäuschern zu Amt und unverdienten Würden verhelfen, sondern mehr funktionierenden Funktionären.

Lägen für die Amtsperiode des zu wählenden OBs besonders diffizile, komplexe Entscheidungen an wie nie zuvor, wäre zu empfehlen, die drei unabhängig auszuzählenden qualitativen Voten u. U. noch gegeneinander zu gewichten, etwa: ‚Lösung komplexer Aufgaben' mit Faktor 1,2, dagegen ‚Integrität' mit Faktor 0,8 und ‚sozialintegrative Führungsbegabung' mit Faktor 1. Das ist alles rechnerisch kein Problem. Das sachgerechtere Ergebnis bringe ich anderntags mit, nach kurzer Konsultation eines primitiven Taschenrechners oder ganz per Kopf und Hand, aber dennoch unbestreitbarer als bei Wahlen zum ‚Mächtigsten Mann der Welt'.

Mit diesen beiden Ergänzungen gegenwärtiger Demokratiepraxis in Sach- und Personalentscheidungen würden grundlegende Irrtumsquellen und wiederkehrende Schieflagen mit tragischer Auswirkung neutralisiert, vielleicht nahezu ausgeschlossen werden. Mit dem schwierigen, aber lohnenden, z. B. von einem Bürgerforum zu leistenden, vorkehrenden Aufwand, die qualitativen Stimmgewichte in Sachentscheidungen gerecht *im Maß der Betroffenheit* zuzumessen und in Personalentscheidungen den von der Wahlkommission benannten *erwarteten primären Befähigungen* zuzuordnen und in solchem Bewusstsein die Stimmen abgeben zu lassen, wäre ein qualitativer Sprung in Richtung Optimierung getan, eine Abkehr von der für unsere Zeit und Möglichkeiten beklagenswerten Primitivität.

18

Durch Staatenpatenschaften zum globalen Miteinander

Wir müssen nicht zu Christoph Kolumbus zurückdenken, zu James Cook und anderen Entdeckern der ach so anderen Bereiche menschlichen Lebens auf dieser einen Erde, seinen diversen Bedingungen und Gestaltungen. Wir wissen mittlerweile viel von fremden Kulturen, und deren Angehörige wissen viel von unserer Art zu leben. Die unseligen Zeiten von Kolonialismus, von Unterdrückung und Sklaverei liegen (im Wesentlichen) hinter uns Zeitgenossen. Man weiß voneinander, man handelt miteinander, man lebt in organisierten Strukturen, man kommuniziert miteinander und bisweilen besucht man einander. Soweit das Tableau eines gewissen Miteinanders auf diesem Globus.

Je mehr wir miteinander zu tun haben, desto augenfälliger kommen uns die Unterschiede ins Bewusstsein, bisweilen auch Unvereinbarkeiten. Die Umgebung beeinflusst die Menschen und die Menschen gestalten nicht unwesentlich auch ihre Umgebung. Wir gruppieren derlei menschliche Einflussnahme gern unter den Begriffen Kultur und Zivilisation. Unterschiede in den beiden Menschheitsleistungen haben historisch ungeheuer tragisches Unheil angerichtet, das weniger aus tatsächlichen Unvereinbarkeiten resultierte sondern aus menschlichen Schwächen wie *H*ybris, *E*ngstirnigkeit, *I*ntoleranz, *N*eid und *I*gnoranz (HEINI).

Diese menschlichen Schwächen sind heutzutage nicht aus der Welt, sollten aber nicht länger unser globales Miteinander so unheilvoll bestimmen dürfen wie zu Zeiten unserer kriegs- und unterdrückungsbereiten, dominanzversessenen Vorfahren, über deren kollektive Unkultur man sagen konnte: ‚Seine Bestialität unterscheidet den Menschen von seinen tierischen Mitgeschöpfen'. Unsere globale Situation verlangt globales Miteinander in Verantwortung allfälliger Überlebenschancen auf dieser einen Erde. Wie aber soll das gelingen in Anbetracht unserer, von den soeben gescholtenen dominanzversessenen Vorfahren nahezu unveränderten, genetischen Ausstattung?

Weder als Einzelpersonen noch als wie auch immer groß bemessenes Kollektiv sind wir Sklaven unserer genetisch-physischen Disposition. Zum einen können wir uns einzeln, wie auch im Kollektiv, zur Vernunft durchringen (im einen Fall gelingt das eine leichter, im anderen das andere), die uns heute, wie nie zuvor in der Menschheitsgeschichte, aus der fremd- und in dieser Zeit zugleich selbstzerstörerischen Richtung in die einer globalen Kooperation weisen wird – epigenetisch, und ohne Alternative.

Diese Abkehr von den traditionellen historischen Dominanzegoismen mit konfliktbedingt beidseitig schädlichen Ergebnissen hin zu beidseitig profitablen Kooperationen wird umso leichter gelingen, wenn wir unsere künftigen Weichensteller nicht auf primitivdemokratische Weise in ihre Funktionen bringen, sondern durch Verfahren, die bereits differentiell berücksichtigen, welche Qualitäten die verantwortliche Funktion künftig verlangt, wie soeben zuvor beschrieben.

Unsere Zeit verlangt, wie keine zuvor, globale Kooperation. Wir brauchen dazu, möglichst ausschließlich und auf allen zu beteiligenden Seiten, sowohl in fach- als auch in persönlicher Hinsicht demokratisch legitimierte und qualitativ disponierte Wort- und Entscheidungsführer. Wir brauchen ein global überzeugendes, praktikables Modell, das die überlegene Nützlichkeit des Miteinanders im Vergleich zu traditionellen, ausbeuterischen Egoismen auf diesem Globus – selbst für notorische ‚Bauchentscheider' – in ‚prima-vista-Logik' unabweisbar zutage treten lässt.

Nach diesen Prämissen muss das ‚praktikable Modell' her. Und das ist denkbar einfach. (Mein Bedauern in diesem Zusammenhang ist gleich zweifach: das Modell ist nicht ‚auf meinem Mist gewachsen' (damit kann ich gut leben), sondern im Nebensatz von Helmut Poenicke geäußert worden, meinem Vermieter in der Schlussphase meines Studiums in Hamburg, und dann, und das bedaure ich besonders, dass dieser ideenreiche Kopf, mit dem in Zusammenarbeit auch meiner einen Weg gefunden und in 5,3 Mio. Spielen bestätigt hat, die Spielbank im Roulette ‚systematisch' zu besiegen, unseren Sieg und auch über Blaise Pascals – damit als vorschnell widerlegte – Behauptung solcher Unmöglichkeit nicht lang überlebt hat. Welch ein Verlust!).

Das ‚Modell' bedient sich dessen, was bei uns ‚Patenschaft' heißt, und eine quasi-betreuende Obsorge von (in unserer Kultur verwandt- oder bekanntschaftlicher) Beziehung erwachsender Verantwortung bezeichnet, üblicherweise in nur einer Leistungsrichtung: vom Gebenden zum Nehmenden. Genau hier gilt es, für die zu empfehlenden ‚Sta**at**en**paat**en**schaaf**ten' eine neue Variante zu kreieren: mit dem Vorzug der zwischenstaatlichen Zweiseitigkeit, also des Gebens und Empfangens von dem, was immer Zivilsationen und Kulturen einander zu geben in der Lage sind und sein mögen.

Vermutlich wird in der Denke westlicher Industriestaatenhybris das zu gebende Zivilisationsgut weitaus höher bewertet bleiben als der vom Patenstaat der inmitten des südamerikanischen Kontinents als Tauschgut gebotenen Kultur, vielleicht der überzeugenden, hier unbekannten indigenen Heilverfahren, der dortigen Variante der nachhaltigen Naturbezüglichkeit, vielleicht auch der völlig andersartigen Transzendentalmystik mit ihren heilsamen und trostreichen Wirkungen.

Sicher bin ich, dass durch derartige ‚Patenschaften des Gebens und Nehmens' im Austausch von Zivilisation und Kultur nicht nur die ‚kolonisatorische' Einseitigkeit angemaßter Überlegenheit sondern auch die Demut im Bewusstsein eigener degenerierter, zur Mode verkommener vermeintlicher ‚Kultur' eine qualitative Bereicherung grundsätzlich menschlicher Art erfahren würde. ‚Wer suchet, der findet' lautet eine geläufige Sentenz. Wer unerwartet findet, wird vermutlich einen suchenderen Blick entwickeln. Was gibt es Bereicherndes in der menschlichen Existenz?

Konkret sieht das Konzept vor: Es wird zwischen einem oder mehreren Staat(en) der sogenannten ‚ersten' und einem oder mehreren der sog. ‚dritten Welt' unter der Ägide der UNO vertraglich eine mittel- und langfristige Patenschaft zum zivilisatorischen und kulturellen Austausch vereinbart. Das wär's bereits.

Die erwartbaren unmittelbaren Folgen sind in absehbarer Zeit:

- detailliertere und vorurteilsfreiere Kenntnis der beteiligten Staaten voneinander, von den jeweiligen

18 Durch Staatenpatenschaften ...

Existenzbedingungen, ihren Möglichkeiten und Defiziten
- kundigeres Verständnis, größere Akzeptanz und Bereitschaft zur Übernahme etwaiger bewährter Impulse kultureller oder zivilisatorischer Art vom jeweiligen Partner auf Gegenseitigkeit
- Routinen des gegenseitig bereichernden Austausches von Anregungen und Anregern
- zwischenmenschliche und organisationale Kontakte, Vergleiche und Kooperationen
- gegenseitiges Zurverfügungstellen bestehender Beziehungen, Vergünstigungen, Einflusssphären in regionalen, organisationalen und anderen Hinsichten.

Als absehbare mittelbare Folge steht zu erwarten, dass z. B. Deutschland seinen Patenschaftsverbund mit drei afrikanischen, zwei südamerikanischen und einem innerasiatischen Patenstaat zu einem mindestens ebenso fruchtbaren Miteinander bringen möchte, wie man es von Frankreich, Italien oder Polen mit den Staaten ihrer jeweiligen Beteiligung erfährt, dass also eine ebenso wohlmeinende wie wohltuende Konkurrenz in der wechselseitigen Unterstützung und Förderung entsteht – zu allseitigem Vorteil.

Wo gibt es produktivere Verabredungen auf der Welt? Wir sollten bald beginnen; denn die Zeit verfließt schneller als dass unser bisheriges Entwicklungstempo noch zu verantworten wäre.

Teil IV
Illustrationen

19

Die Kunst des Miteinanders illustriert von Lutz Backes

Bis hierhin gab's was zu lesen, zu wägen und im einen oder anderen Fall vielleicht sich etwas vorzunehmen – ich kalkuliere: mit Gewinn.

Jetzt folgen eine Reihe von Illustrationen von dem (nicht nur) zeichnerischen Genie Lutz Backes, der (auch unter seinem Karikaturisten-Künstlernamen ‚Bubec') weltweites Renommee erworben hat und auch Ihnen mit dem Puma-Logo aus seinen frühen Jahren häufig vor Augen ist. Seine Bekanntschaft hab ich machen dürfen. Als er von meinem Buchprojekt erfuhr, hat er es auf sich genommen, zu den Inhalten der Kapitel mit spitzem Zeichenstift Illustratives und Bissiges zu Papier zu bringen. Dafür bin ich sehr dankbar, weiß ich doch aus meinem psychologisch-fachlichen Hintergrund, welchen mnemotechnischen Zugewinn eine Bebilderung zum gelesenen Text leistet. Ein Effekt, der mir sehr gelegen kommt.

Für das verlegerische Umsetzen ergab sich nun die praktische Alternative, entweder die jeweilige Zeichnung vor oder in dem betreffenden Kapitel unterzubringen, oder aber all die gekonnten Zeichnungen nach dem ununterbrochenen Textteil dem genussfreudigen ‚Augenmenschen' als geschlossene Sammlung zu unterbreiten.

Verlag und ich haben die zweite Variante, die Bildersammlung vorgezogen. Sie bietet den visuell Genussbereiten eine Intensität, die auf anderem Wege nicht erreichbar wäre. Denjenigen anderen, die ausschließlich an den dem Text zu entnehmenden Anregungen zum Miteinander interessiert sind, bleiben sie als derzeit noch ungehobener Schatz zwischen den Buchdeckeln erhalten. Für diejenigen, die sich beim Lesen der Texte intensiver, auch plastischer mit den geschilderten zwischenmenschlichen Situationen identifiziert, ein wenig ‚Kino im Kopf' entwickelt haben, bietet sich die erinnerungstechnisch lohnende Möglichkeit, sich – Bild für Bild – zu fragen, für welches Kapitel oder für welche inhaltliche Mitteilung Lutz Backes genau diese Zeichnung wohl illustrierend gedacht haben mag (denn er hat ja auch die Kapitel gelesen und durch sein Karikaturistenhirn bewegt). Aus diesem letztgenannten Grund sind die Illustrationen in bunter, unsystematischer Reihenfolge angeordnet.

Wie immer Sie es handhaben mögen, ich hoffe, es ist in Ihrem Sinne.

19 Die Kunst des Miteinanders …

19 Die Kunst des Miteinanders ...

19 Die Kunst des Miteinanders ...

 Springer Gabler springer-gabler.de

Mit Humor geht alles besser

Jetzt im Springer Shop bestellen:
springer.com/978-3-658-30094-4

GPSR Compliance
The European Union's (EU) General Product Safety Regulation (GPSR) is a set of rules that requires consumer products to be safe and our obligations to ensure this.

If you have any concerns about our products, you can contact us on

ProductSafety@springernature.com

In case Publisher is established outside the EU, the EU authorized representative is:

Springer Nature Customer Service Center GmbH
Europaplatz 3
69115 Heidelberg, Germany

www.ingramcontent.com/pod-product-compliance
Lightning Source LLC
LaVergne TN
LVHW020342260326
834688LV00045B/1491